庆祝中国新闻出版研究院成立30周年
（1985—2015）

中国新闻出版研究院纪事

中国新闻出版研究院 编

图书在版编目（CIP）数据

中国新闻出版研究院纪事 / 中国新闻出版研究院编. -- 北京：中国书籍出版社，2015.11

ISBN 978-7-5068-5294-4

Ⅰ.①中… Ⅱ.①中… Ⅲ.①出版工作—研究机构—大事记—中国—1985—2015 Ⅳ.①G239.2

中国版本图书馆CIP数据核字(2015)第269812号

责任编辑 / 吴　琼
特约编辑 / 孙鲁燕
责任印制 / 孙马飞　马　芝
封面设计 / 汉石美迪
出版发行 / 中国书籍出版社
　　地　　址 / 北京市丰台区三路居路97号（邮编：100073）
　　电　　话：(010) 52257143（总编室）　　(010) 52257140（发行部）
　　电子邮箱 / chinabp@vip.sina.com
经　　销 / 全国新华书店
印　　刷 / 三河顺兴印务有限公司
开　　本 / 787毫米×1092毫米　　1/16
字　　数 / 300千字
印　　张 / 26.75
版　　次 / 2015年11月第1版　　2015年11月第1次印刷
书　　号 / ISBN 978-7-5068-5294-4
定　　价 / 66.00元

版权所有　　翻印必究

庆祝中国新闻出版研究院
成立**30**周年

宋木文题词：创建中国出版科学研究所是党中央、国务院为加强出版工作而做出的一项重要决策。建所二十五年，出版学从有无之争到坚实确立，科研成果丰厚，科研队伍成长，内外影响广泛。可喜，可贺！出版理论建设兼有基础性和指导性，对出版事业持续、健康发展起着重要作用，科研所今后必定得到加强，再加强，以其科研成果和科研队伍的高水平引领出版业，成为国内权威、国际一流的出版科研机构。

于友先题词：书香科研　传承文明

石宗源题词：继承、创新、探索、砺行，为早日建成出版强国、传播中华文明，而奋进有为！

龙新民题词：多创科研硕果 服务出版伟业

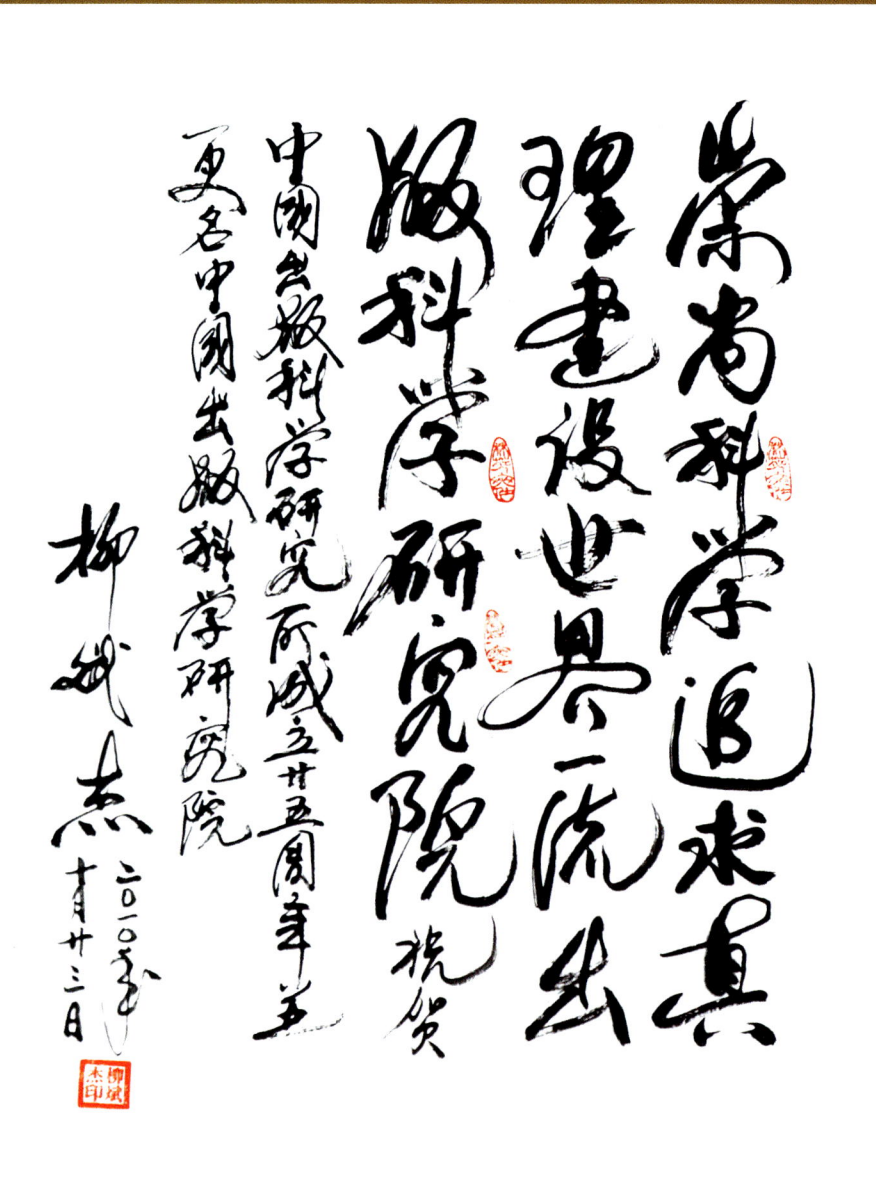

柳斌杰题词：崇尚科学 追求真理 建设世界一流出版科学研究院

孙寿山题词：精心服务出版科研　全力传播中华文明

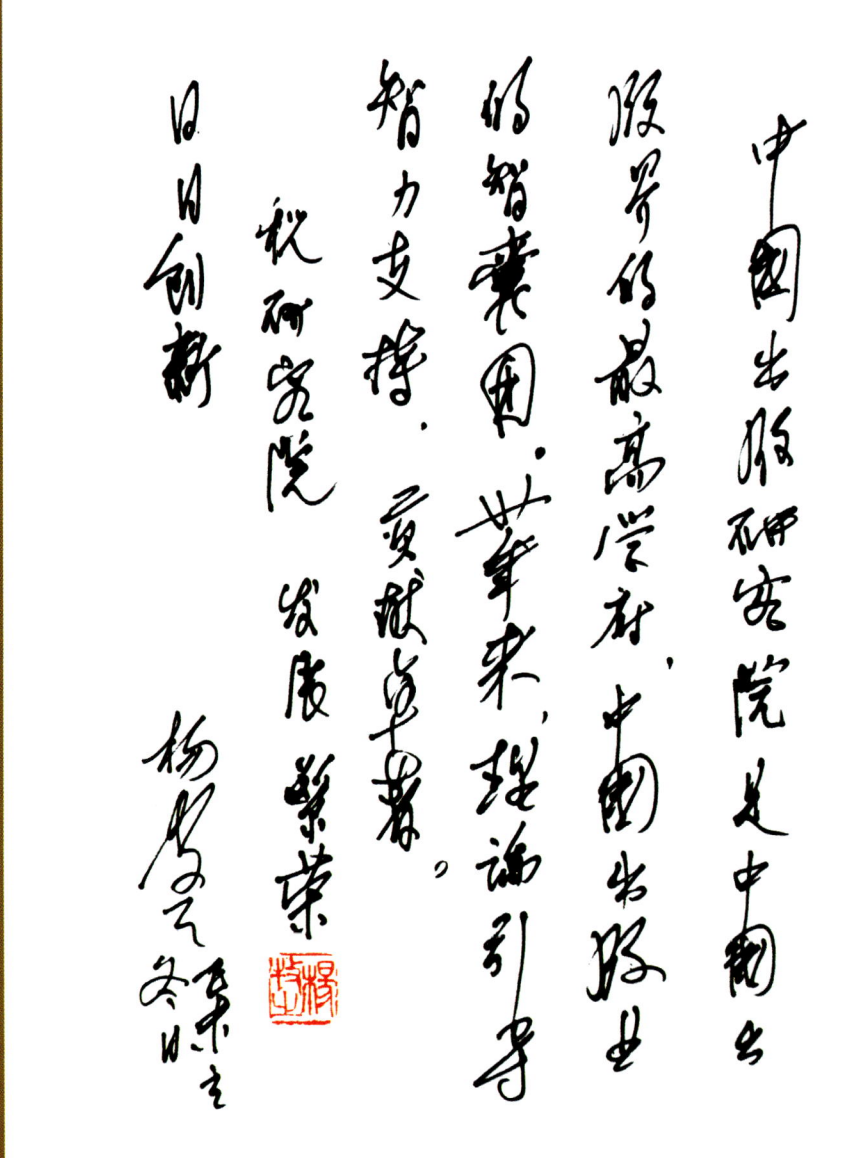

杨牧之题词：中国出版研究院是中国出版界的最高学府、中国出版业的智囊团。三十年来，理论引导、智力支持、贡献卓著。祝研究院发展 繁荣 日日创新桂晓风题词：为领导机关决策服务，为生产单位出精品服务，为服务于中国梦的新闻出版业繁荣兴盛提供思想理论支持，在这一进程中充分体现研究院的作用和价值。

石峰题词：筑出版根基　传华夏文明

贺中国新闻出版研究院三十周年院庆

覃思新闻出版精研一业
彰显智库优长惠泽万众

李东东
乙未秋

李东东题词：覃思新闻出版精研一业　彰显智库优长惠泽万众

王蒙题词：更好的书报　更好的阅读

熊召政题词：转识成智亲残卷　养性修心善读书

唐浩明题词：读书之事　进德修业

巢峰题词：出版是造就人类灵魂的工程师；中国新闻出版研究院则是研究新闻出版的过去、现在和将来的一座光芒四射的明灯。

中国新闻出版研究院成立30周年纪念活动领导小组

组　　　长：魏玉山
副　组　长：黄晓新
成　　　员：范　军　张　立　董毅敏　王　平

领导小组办公室：
主　　　任：王　平（兼）
副　主　任：李晓晔　穆桂强　李大伟　黄逸秋　王　扬
　　　　　　游　翔
成　　　员：丘　淙　黄立平　孙鲁燕　拜庆平　张明波
　　　　　　许　婧

中国新闻出版研究院纪事（1985—2015）编辑组

组　　　长：魏玉山
执行组长：王　平
成　　　员：游　翔　孙鲁燕　张明波　许　婧　丘　淙
撰　　　稿：孙鲁燕　许　婧
各部门供稿：（按姓名首字笔画为序）
　　　　　　王　珺　王卉莲　介　晶　丘　淙　冯建辉
　　　　　　刘颖丽　刘利彬　闫　鑫　苏唯玮　李晓晔
　　　　　　李建红　杨　昆　张羽玲　陈含章　宗　蕾
　　　　　　房　琍　武雅彬　孟晓明　赵　冰　香江波
　　　　　　黄立平　黄逸秋　逯　薇　董淑华　穆桂强
统　　　稿：孙鲁燕　游　翔
审　　　阅：魏玉山　黄晓新　范　军　张　立　董毅敏
　　　　　　王　平
联　　　络：许　婧　张明波
资料提供：中国出版网　信息中心　人事部　张明波

编撰说明

时光荏苒。距离我们 2010 年 11 月庆祝中国出版科学研究所成立 25 周年,编撰出版《中国出版科学研究所纪事》(1985—2010),又是五年过去了。2015 年,我们迎来了中国新闻出版研究院成立 30 周年。为了纪念这一日子,完整体现中国新闻出版研究院 30 年来的历史进程,我们把上一本《纪事》及新编撰的 2010—2015 年的内容重新整合加工,形成了这本完整的《中国新闻出版研究院纪事》(1985—2015)。

本《纪事》以 1983 年 6 月 6 日中共中央、国务院发布《关于加强出版工作的决定》中提出"要建立出版发行研究所,充实印刷技术研究所,加强出版、印刷、发行的科研工作"为起点,截至到出版截稿前的 2015 年 9 月,主要记录中国出版发行科学研究所筹备、建所,1985 年 3 月中国出版发行科学研究所成立,1989 年 8 月更名为中国出版科学研究所,2010 年 9 月 17 日中央机构编制委员会批复同意中国出版科学研究所更名为中国新闻出版研究院,30 年来中国新闻出版研究院发展中的大事、要事,同时也尽可能呈现全院及各部门有记录价值的活动、业务及历程等,因此称为"纪事",没有称为"大事记"。

本《纪事》的正文部分主要包括重要活动、重要课题、重要会议、重要出版物、重要文件、重要管理制度、重要人事变动等内容，按照年、月、日的顺序依次排列，以时系事，或一日一事，或一日几事，每事一条，每条一记，逐条撰写。同一日的信息，首条记录日期，其后以"同日"记；如日期信息已无法获得，则记载月信息，在相同月份下以"本月"记。此外，有些年份还将研究院及各部门的重要活动及业绩等进行分类整理、归纳，以"本年"记，以便突出重点，方便读者了解和查阅，也从另一角度对研究院的发展进程予以记录。

本《纪事》正文后收入附录，主要包括中国新闻出版研究院30年来的组织机构变化情况，中国新闻出版研究院历届领导班子以及党委、纪委、工会、团支部（团委）组成人员名单，全体职工名单，共计十届全国出版科学研讨会情况，研究院获得历届全国出版科学研究优秀论文奖以及获得五届中华优秀出版物中出版科研论文奖的情况，还有研究院内部历年的优秀出版科研成果奖评选结果，先进集体、先进工作者及受表扬人员情况等，其目的是较完整地记录30年来中国新闻出版研究院的发展状况及工作业绩。

特别要指出的是，在前后两本《纪事》的编撰过程中，研究院的新老领导和广大职工，都付出了很大的努力，他们从不同方面对《纪事》进行了审阅和补充。没有细心职工的资料保留和无私奉献，没有历任领导及各部门提供的有关资料，没有编辑组人员的辛苦付出，没有全院职工的共同努力，就不会有本《纪事》的顺利编撰出版。

如有疏漏之处，还请大家批评指正。

编者

2015年10月

目 录

1983 年 ……………………………………………	1
1984 年 ……………………………………………	1
1985 年 ……………………………………………	6
1986 年 ……………………………………………	11
1987 年 ……………………………………………	15
1988 年 ……………………………………………	20
1989 年 ……………………………………………	34
1990 年 ……………………………………………	40
1991 年 ……………………………………………	45
1992 年 ……………………………………………	56
1993 年 ……………………………………………	69
1994 年 ……………………………………………	86
1995 年 ……………………………………………	106
1996 年 ……………………………………………	118
1997 年 ……………………………………………	129
1998 年 ……………………………………………	141
1999 年 ……………………………………………	148
2000 年 ……………………………………………	153

2001年	158
2002年	163
2003年	174
2004年	180
2005年	188
2006年	199
2007年	208
2008年	220
2009年	236
2010年	250
2011年	267
2012年	286
2013年	312
2014年	331
2015年	356

附 录

一、中国新闻出版研究院30年来组织机构变化情况	377
二、中国新闻出版研究院历届领导班子成员名单	381
三、中国新闻出版研究院历届党委、纪委成员名单	384
四、中国新闻出版研究院历届工会组成人员名单	386
五、中国新闻出版研究院历届团支部（团委）组成人员名单	387
六、中国新闻出版研究院职工名单	389
七、中国新闻出版研究院离退休人员名单	392

目 录

八、中国新闻出版研究院优秀出版科研成果奖评选结果…… 392

九、历届全国出版科学研究优秀论文评奖活动及中华优秀
    出版物（论文）奖情况………………………………… 402

十、中国新闻出版研究院历年先进集体、先进工作者、突出
    贡献奖获得者及受表扬名单…………………………… 406

十一、中国新闻出版研究院年近年获得的各类重要奖项…… 416

1983 年

6 月

6 日　中共中央、国务院发布《关于加强出版工作的决定》。其中明确提出："要建立出版发行研究所，充实印刷技术研究所，加强出版、印刷、发行的科研工作。"还提出："要加速建设北京印刷学院，在以后条件具备时，可改为出版学院。要选择有条件的大学设立图书发行专业。"这是中央文件中首次提出成立出版科研机构及加强出版科研工作。

12 月

26 日　中国青年出版社邵益文根据文化部出版局借调的通知，到文化部出版局见副局长刘杲。刘杲说："请你来，是为筹备出版研究所的。""要建立出版发行研究所，加强出版发行的科研工作"，这是今年 6 月中共中央、国务院《关于加强出版工作的决定》中提出的要求。

1984 年

2 月

本月　文化部出版局副局长刘杲就筹建中国出版发行科学研究所向出版局分党组报告。包括《关于筹建中国出版发行科学研

究所的建议（草稿）》《关于筹建中国出版发行科学研究所的初步设想》（1984年2月11日）、《中国出版发行科学研究所暂行条例（草稿）》（1984年2月）等。

3月

16日 印发文化部出版局顾问王益撰写的《筹建出版发行研究所刍议》给有关部门和同志。

28日 刘杲召开会议，王益到会，倪子明、邵益文、崔源禹、干青、方厚枢等参加，座谈筹建出版发行研究所的问题。

4月

5日 文化部出版局召开局务会议。遵照中共中央、国务院《关于加强出版工作的决定》中要建立出版发行研究所、加强出版发行的科学研究工作的指示，就筹建这一机构进行了研究，提出了《关于筹建中国出版发行研究所的报告》，报送文化部。

29日 刘杲和邵益文、叶再生、方厚枢一起去看望《当代中国的出版事业》一书的主编王子野。刘杲向他汇报了此书编撰工作的进展情况，并说明由研究所负责具体的编撰组织工作。这是出版局交给研究所筹备组的第一项研究编撰任务。

5月

18日　邵益文收到边春光5月15日发自杭州的信。信上说："研究所能够开张，《当代中国的出版事业》能够问世，那对出版事业的发展，无疑是很大的贡献。""世界技术革命给我们最大的启示，就是应该更加重视智力和知识在经济社会发展中的作用。是否可以这样看，出版事业就是一种知识和信息，促进经济发展。如果这个看法是对的，那么出版发行研究所的建立就是非常必要的，投入较多的力量也是值得的。"

7月

11日　讨论《当代中国的出版事业》一书发行部分编写提纲，王子野主持会议。王益、刘杲、史育才、王仿子、周天泽、倪子明、邵益文、叶再生、方厚枢和新华书店王璟、汪轶千、郑士德以及其他编写人员参加。会议原则同意发行部分的编写提纲，同时肯定了全书先总论后分论的写法，明确编委会原则上不吸收外地同志参加。

20日　文化部党组书记、部长朱穆之主持文化部部务会议，决定批准筹建中国出版发行科学研究所，正式成立以王益为组长，叶再生、邵益文为副组长的筹备组。办公地点在文化部出版局院内。

8月

4日　邵益文从中宣部出版局办公室编的一份《出版情况反映》中了解到胡乔木提出搞编辑学，同时与教育部协商，下一年起在北大、复旦、南开三所大学中文系试点办编辑学专业，各招30名学生，要文化部出版局提供与编辑学相关的书籍作为教材。邵益文立即找有关研究者商谈编写《图书编辑学》一书。

14日　文化部办公厅发出"厅办字[84]第57号"文化部文件，同意筹建中国出版发行科学研究所。内称"您局［84］文出字第247号《关于筹建中国出版发行科学研究所》的请示，业经7月20日部务会议（见部务会议纪要第5期）讨论同意筹建，请照会议议题上的原则办理。此复。文化部办公厅1984年8月14日，抄送干部司、计财司"。

22日　王益找叶再生、邵益文，商议制订年底前工作计划以及找房子、办刊物等事项，并鼓励说："你们放手干，有事可找我。"

本月　根据文化部出版局指示，研究所筹备组在调查研究的基础上，草拟《中国出版发行科学研究所暂行条例（草案）》。

9月

本月　研究所筹备组向各省、出版社和新华书店系统发出函件和《出版科研业余研究人员登记表》，着手调查出版系统的业余研究人员，得到各地各单位的积极响应。

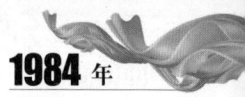

本月 《出版工作》杂志根据刘杲等同志的意见,刊出文化部批准筹建中国出版发行科学研究所、任命筹备组负责人的消息。

10月

10日 《当代中国的出版事业》召开第一次编委扩大会议。会议由王子野主持,史育才、刘杲、邵益文、郑士德等参加,着重讨论了该书的编纂方案。

18日 文化部向国务院报送《关于建立中国出版发行科学研究所的报告》。

11月

13日 王益、叶再生、邵益文应约去劳动人事部编制局谈研究所编制问题。王益作简要介绍。邵益文根据出版局意见谈了三个问题:(1)出版研究所全国只有一个;(2)关于研究所的任务的说明;(3)编制人数确定的根据。人事部编制局庞副局长最后表示,办这个研究所我们支持,将来发展了90人也许不够,对当时提出的研究所年底前进人数量表示同意。

本月 研究所筹备组迁至东四前厂胡同办公。同时开始向各单位和有关专家征求对《中国出版发行科学研究所暂行条例(草案)》的意见。陈翰伯、王子野、罗竹风、胡道静等都提出了修改意见。

12月

3日 王益召开筹备组会议，讨论筹办刊物问题。12月6日王益阅发了办刊报告，报出版局审批。

11日 劳动人事部向国务院报送《关于建立中国出版发行科学研究所的意见》，同意文化部10月18日的《报告》。12月21日，国务院主管文教工作的副秘书长将文化部的《报告》和劳动人事部的《意见》报送国务院副总理李鹏同志。李鹏同志于当天作了批示，并请中共中央书记处书记胡启立同志阅批。12月25日，胡启立同志批示，要求中共中央宣传部提出意见。

本月 文化部出版局发出（84）办字第522号文件，通知有关单位向中国出版发行科学研究所提供资料。

1985年

1月

14日 《中国出版发行科学研究所简报》第一期和第二期发出。

24日 文化部出版局局长边春光邀请朱语今、赵晓恩、叶再生、邵益文、孙培镜等召开座谈会，酝酿编纂《出版词典》问题。该词典也是研究所的第一项科研课题。

28日 《关于成立中国出版发行科学研究所的说明》上报文化部。

本月 研究所筹备组开始在京内外访问或召开座谈会，向有关部门的领导、专家和一些出版社、书店征询对开展出版科研工作的意见，历时半年，征询达150多人次。

2月

4日 文化部向中共中央宣传部报送《关于建立中国出版发行科学研究所的说明》。

9日 邵益文应邀参加中国青年出版社总编辑阙道隆主持召开的讨论编写《实用编辑学》一书的工作会议。

9日 文化部出版局交研究所建立"科技图书翻译查重中心"的任务。叶再生主持此项工作。随后拟好"查重办法"及有关制度，于2月27日送出版局有关部门审定。

26日 中共中央宣传部向胡启立同志报送文化部《关于建立中国出版发行科学研究所的报告》，同意文化部的意见。

3月

1日 胡启立同志在中宣部报送的文化部的报告上批示："拟同意文化部意见，请乔木、力群、李鹏同志审批。"3月3日至9日，

李鹏、胡乔木、邓力群等领导同志圈阅同意。

21日　劳动人事部发文，经国务院批准，同意成立中国出版发行科学研究所，人员编制90人。

4月

20日　研究所向文化部出版局报送《出版词典》编纂计划方案。

5月

20日　研究所召开全体党员会议，成立临时党支部。邵益文任党支部书记，王秀芹任组织委员，余甘澍任宣传委员。有关事宜报文化部出版局机关党委审批。

28日　边春光召开《出版词典》工作情况汇报会。朱语今、邵益文、孙培镜、袁继荨、余甘澍、张劲松等参加。会上商谈了编纂体例及下一步工作计划。

29日　研究所党支部召开第一次支委会，商量组织工作和思想工作。

6月

19日　文化部任命邵益文为中国出版发行科学研究所副所长，主持工作。

28日 所人事处下文，任命余甘澍为所办公室副主任，王秀芹为人事处人事科科长，王新华为资料室图书科科长。

7月

19日 文化部出版局副局长宋木文主持文化部出版局局务会议，讨论中国出版发行科学研究所的工作。邵益文汇报了筹建情况。会议确定研究所工作要贯彻理论和实践相结合、专业研究和业余研究相结合、基础理论研究和应用研究相结合的原则，同时要贯彻边建所边工作的方针。

20日 研究所主办的学术性、资料性刊物《出版与发行》创刊。

26日 研究所向文化部出版局呈送《申请建立中国书籍出版社的报告》。

8月

6日 研究所向国家出版局呈送《关于召开首届全国出版科学学术讨论会的报告》。

9月

4日 《瞭望》周刊刊发中国出版发行科学研究所成立的报道，并介绍了研究所的基本任务和近期活动。

5日　国家出版局发出《关于建立全国科技图书翻译选题查重中心的通知》，目的在于加强管理，避免选题重复造成浪费。中心设在中国出版发行科学研究所。

14日　《当代中国的出版事业》第二次编委扩大会议召开。编委会主任王子野，副主任王益、史育才、范敬宜（后更替为杨玉池、林茂荪）。刘杲主持会议。主要讨论该书的编写提纲（初稿），同时着手组稿。决定编委会办公室设在中国出版发行科学研究所，负责人为邵益文。

10月

23日　文化部任命陆本瑞为中国出版发行科学研究所副所长。

11月

5日　《出版词典》第一次编纂工作会议在北京召开，讨论该书的编纂方案。主编边春光，副主编宋原放、朱语今主持会议。《出版词典》编辑部负责人袁继荨也参加了会议。邵益文和上海辞书出版社副总编严庆龙就筹备工作和编纂工作的有关问题作了说明。

12月

20—26日　研究所主持的首届全国出版科学研讨会在重庆举行，着重讨论图书的性质、特点和作用，出版学、编辑学的性质、内涵和定义，出版队伍建设等问题。会议由邵益文、叶再生主持。

会后，新华社就此发了社讯，《人民日报》在头版刊登了消息，中央电视台《新闻联播》也作了报道。

1986年

1月

27日　研究所团支部成立，选举王文友为支部书记。

本月　研究所搬到北京军区司令部赵家楼招待所办公。

3月

1日　研究所决定和湖北省出版局联合召开编辑学学术研讨会，并写出报告请国家出版局审批。出版局副局长刘杲于3月7日批复同意。3月10日发出准备开会的通知。

12日　国家出版局金国宣来研究所谈出版研究工作，邵益文、余甘澍接待。主要内容为：（1）调查副编审以上离退休人员情况；（2）聘任部分编审为研究所研究员；（3）和有关院校编辑专业挂钩，并了解编辑专业课程设置、教学计划等；（4）计划5月份开座谈会。

本月　国家出版局党史资料征集工作领导小组成立，王益任组长，叶再生、蔡歧青任副组长，办公室设在研究所。

4月

14日 国家出版局党史资料征集工作领导小组召开第一次会议，讨论"国家出版局中共党史资料征集工作领导小组1986年工作要点（讨论稿）"和五年（1986—1991）规划的初步设想（草案）。

16日 王益主持召开《国外出版动态》复刊座谈会，邵益文、叶再生、蒋伯宁等参加。

5月

15—17日 受国家出版局委托，研究所召开"图书编辑人才培养工作座谈会"。上海大学、复旦大学、北京大学、清华大学、南开大学等高等学校编辑学专业和一些直属出版社的负责人、专家参加，并介绍了开办编辑专业的情况。国家出版局边春光局长、刘杲副局长出席会议并作重要讲话。会议由邵益文主持。国家出版局于6月3日印发了会议纪要。

5月22—6月2日 《出版词典》第一次编委扩大会议在北京召开，宣布成立经国家出版局批准的《出版词典》编委会。主编边春光，副主编宋原放、朱语今主持会议。会议讨论通过了《出版词典》的编纂方案、条目设置原则和工作分工。

7月

1日 研究所编辑职称评审委员会成立。叶再生为主任,邵益文、袁继荨为副主任,张美芬、蒋伯宁、王新华、王秀芹为委员。

3日 邵益文主持召开《出版与发行》编辑部会议,决定:(1)立即申请刊号;(2)下一年1月起改为公开发行;(3)下一年第一期起改刊名为《出版发行研究》。

4日 余甘澍调党史征集办公室工作,研究所办公室工作由梁文斌接任。

5日 研究所接受国家出版局委托,承担《国外出版动态》复刊任务(仍为月刊、内部发行)。到1987年12月止,共出版18期,停刊后其任务由1988年3月创刊的《出版参考》(当时为半月刊、内部发行)承担。

8月

9日 研究所职称评审委员会召开第一次会议,评出4个高级技术职务。

18—25日 《出版词典》第三次编纂工作会议在吉林省延吉市举行,边春光到会作重要讲话。会议邀请当时在延吉市出差的中宣部出版局局长许力以出席并讲话。邵益文讲了地方分支、民族分支的编纂要求和《出版词典》的中国特色。袁继荨主持会议。

9月

6日 研究所召开第二次专业技术职务评委会，评定中级、初级技术职务。

8日 国家出版局发出（86）出综字第774号文件，同意设立中国书籍出版社，社号491。主要出版有关出版发行业务方面的图书：如国内外有关出版发行科学研究的学术著作，出版发行业务方面的教材、工具书、史料、人物传记、普及性读物，以及优秀的书刊评论文集等。

10—11日 党史资料征集工作会议召开。王益主持会议。文化部副部长吕志先到会。会议内容为讨论"征集规划""落实""抢救"名单。

10月

11日 国家出版局党组成员卢玉忆根据党组意见和邵益文谈《中国出版年鉴》并入研究所，其编辑部作为研究所的一个部门。

15日 国家出版局向各省、自治区、直辖市出版局（总社），中央有关出版部门，在京直属单位转发《国家出版局党史资料征集工作座谈会纪要》和史料征集、编纂工作五年规划的初步设想（草案）的通知，要求各地方、各部门提出修改、补充意见。

20—29日　延安清凉山新闻出版革命纪念馆建成开馆。出版系统代表团由国家出版委员会主任委员王子野、国家出版局顾问王益率领的10人组成。余甘澍是代表团成员，代表研究所参加。

10月20日—11月2日　以边春光为团长的中国出版代表团访问日本。代表团成员邵益文在访日期间，约见日本出版学会会长清水英夫等人，交流出版研究状况。双方表示今后要加强两国间的出版学术交流。

本月　中国书籍出版社出版第一本图书《实用编辑学》，由阙道隆主编。这也是我国第一本图书编辑学著作。

11月

20—27日　第二届全国出版科学学术讨论会在武汉举行，主要讨论编辑工作的地位和作用，审议《出版词典》中有关编辑工作等部分的释文稿。邵益文主持会议，国家出版局局长边春光作重要讲话。

1987年

1月

14日　邵益文参加《科技编辑学概论》执笔者会议，讨论书稿的修改问题。会议由王耀先主持，庞家驹、罗见龙、申非等同志参加。

本月 《首届全国出版科学技术讨论会论文集》由重庆出版社出版。

本月—3月 研究所为制订1987—1990年科研规划征求意见。

3月

20—24日 研究所在福州市举行了为期5天的科研规划座谈会。26个省（自治区、市）的新闻出版局（总社）负责科研工作的同志共50余人出席。新闻出版署特邀顾问边春光到会并讲话，中宣部出版局副局长袁亮应邀参加会议并讲话。副所长邵益文就1990年前科研规划的制订过程和出版科学研究的方针等问题作了说明。

4月

22日 根据边春光提议，中国书籍出版社召开《实用编辑学》书评会，邵益文主持。这也是出版社召开的第一次书评会。

同日 孙煜华从河南讲师团回研究所，分配到党史征集办公室工作。

本月 研究所制订和实行《中国出版发行科学研究所1987—1990年科研规划》。

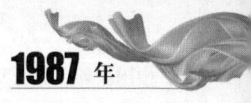

6月

22—29日　新闻出版署党史资料征集领导小组在大连举行会议，讨论《关于党的出版史料征集、管理和编纂工作五年（1987—1991年）规划的部分设想（草案）》《党的出版史料征集工作简则》（初稿）。组长王益，副组长叶再生、蔡歧青主持会议并讲话。

26日　研究所和中国出版工作者协会联合邀请箕轮成男等三位日本出版学者来华，开始在北京讲学。

7月

18日　新闻出版署秘书长于永湛、计财司司长唐砥中来研究所谈办公用房和经费等问题。

25—29日　研究所和新华书店总店在哈尔滨联合召开第三届全国出版科学学术讨论会，讨论深化发行改革等问题。开幕式由邵益文主持，王益作重要讲话。汪轶千、陆本瑞、郑士德出席会议并发言。

本月　《中国出版年鉴》编辑部迁入研究所。

8月

20日　研究所欢送王文友参加讲师团赴河南执教。

31日　方厚枢被破格评为编审。

本月　新闻出版署任命曹治雄为《当代中国的出版事业》编委办公室主任。

9月

5日　新闻出版署副署长刘杲到研究所宣布研究所领导班子组成。任命边春光为所长，陆本瑞为常务副所长，邵益文、邓从理、方厚枢为副所长。

9—15日　研究所在乌鲁木齐召开全国第一次图书编辑学研讨会。会议由邵益文主持，边春光出席并讲话。戴文葆、徐柏荣、阙道隆、林穗芳、张业汉等参加。

本月　研究所搬到西坝河东里71号楼办公。

10月

7日　新闻出版署党史资料征集工作领导小组任命余甘澍为新闻出版署党史资料征集工作领导小组办公室主任（正处级）。

23日　所领导班子会议，讨论中国书籍出版社的工作。明确了出版社的性质、领导关系、出书范围、工作制度，并决定写出报告上报新闻出版署。

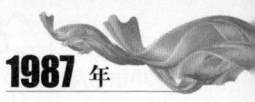

本月　第二届全国出版科学学术讨论会论文选《编辑学论集》出版。

11月

9日　所领导班子会议，决定：（1）《出版与发行》不搞编委会，可聘特约编审、特约编辑，以实干为主；（2）《出版与发行》下一年起改名《出版发行研究》，并正式报新闻出版署。

30日　边春光主持讨论《编辑实用辞书》的编纂方案。申非、邵益文、林穗芳、阙道隆、吴道弘、蔡云、陈仲雍、叶佐群、胡守文、孙培镜等参加。31日，报经新闻出版署备案，《编辑实用辞书》（后改名为《编辑实用百科全书》）编委会成立。边春光为主编，王耀先、孙培镜、申非、叶佐群、陈仲雍、邵益文、林穗芳、阙道隆为副主编。

12月

2日　邵益文、魏玉山按照新闻出版署机关党委要求去河南慰问研究所讲师团成员。

14日　研究所职称评审委员会召开会议，通过邓从理、曹治雄的编审推荐，王玉璋、张清雅的副编审推荐。

1988 年

1 月

3 日 新闻出版署发文，批准研究所主办的《出版与发行》期刊从 1988 年元月起改为《出版发行研究》，版本、刊期不变。

6 日 新闻出版署发文批准研究所出版《出版参考》半月刊（内部发行）。

9 日 根据有关规定，在出版战线工作满 30 年者可获荣誉证书。研究所上报 7 人，即方厚枢、陆本瑞、邵益文、袁继荨、余甘澍、冯建成、毛鹏。

11 日 所领导班子会议。主要内容：（1）酝酿成立本所临时党委，提名袁继荨等 3 人为临时党委委员；（2）与天津市版协联合召开第四届全国出版科学学术讨论会；（3）邵益文会同科研组织处起草研究所《学术委员会组织条例》、研究所《特约研究员组织条例》；（4）通过《编辑实用辞书》主编、副主编名单（共 6 人）；（5）添置一部微机，费用由《中国出版年鉴》编辑部筹措；（6）建几间活动房子作为新书仓库和车库。

12 日 叶再生参加由中央党史资料征集委员会、中央组织部、中央档案馆暨中直机关党委、中央国家机关党委联合召开的关于编写组织史的会议，会上布置了编写《出版组织史（建国至十三

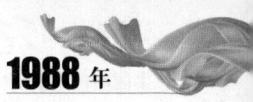

大）》的任务，要求最迟于1988年6月底完成。

13日 《中国出版年鉴》编辑部派人向于光远等同志征集对于年鉴和1988年选题的意见。

13—16日 应新加坡图书出版商协会和时代出版集团之邀，新闻出版署宋木文署长特派陆本瑞出席国际出版印刷大会，并在会上作了《中国的图书出版业和图书市场》的讲演。

14日 研究所机关正式通电。之前由于租用的办公地点是未开园的幼儿园，没有通电，是从其他工地临时接通的用电，很不稳定，研究所的工作和职工生活都遇到一定困难。

18日 研究所领导班子会议。决定：（1）和西安交大研究生院联合招收以培养编辑人才为方向的自然辩证法专业的硕士研究生；（2）讨论通过并上报研究所临时党委组成人员名单；（3）张清雅汇报出版研究刊物编辑经验交流会筹备工作情况，决定3月2日开会。

18日 研究所向新闻出版署上报成立临时党委的报告。

20日 研究所科研组织处草拟《特约研究员组织条例》及《学术委员会组织条例》。

21日 《出版参考》经北京市新闻出版局批准，获发国内统一刊号：CN11—1743。

26日 研究所派科研组织处去西安交大商谈关于培训硕士研究生事宜。

27日 邓从理赴新闻出版署向刘杲请示关于中国书籍出版社办理工商营业执照问题。

29日 研究所领导班子会议,传达中宣部召开的宣传部长会议精神,研究落实同天津版协联合召开第四届出版科学学术讨论会等问题。

30日 新闻出版署机关党委信希华等来所,和边春光、邵益文谈有关建立本所临时机关党委的问题,同意向署机关党委汇报、研究。

30日 中国书籍出版社编辑部与新闻出版署研究室谈《世界主要国家新闻出版法汇编》一书的出版问题。

本月 研究所开始编印中国出版发行科学研究所活动纪事,每月一期。最初由办公室承担。

本月 《邓小平的思想理论研究》选题经请示新闻出版署同意立项。

本月 从即月开始,研究所编发《新闻出版史料征集简报》,共出14期,至1990年6月停刊。

2月

1日　研究所领导班子会议，讨论研究所"学术委员会组织条例"，"聘任特约研究员条例"两个草案和"第四届出版科学学术讨论会计划"；科研组织处汇报和西安交大商谈培训研究生事宜。

2—4日　《编辑实用百科全书》第二次编纂工作会议在北京召开。边春光主持讨论全书框架结构、分支安排、分工和编纂进度等。其间，高等教育出版社原副总编辑王耀先向邵益文建议成立中国编辑学会。考虑到当时成立全国性学术团体的条件尚不够成熟，不如像上海市编辑学会那样，先成立地区性的北京编辑学会，同时吸收在京的中央一级出版社参加。这样既不影响地区性社团性质，又可吸收各部委所属出版社参加，似乎比较可行。之后，邵益文先后向中国出版发行科学研究所所长边春光、新闻出版署主管副署长刘杲汇报成立编辑学会的问题。边春光表示：可以找一些老同志听听意见；刘杲指示：可以酝酿一下。

5日　研究所科研组织处向新闻出版署汇报、请示关于与西安交大联合培养研究生事宜。9日，新闻出版署向各省、自治区、直辖市新闻出版局发报名通知。

8日　《出版发行研究》第一期出版发行。

同日　全所职工大会，办公室、人事处负责人传达上级关于安全、保卫工作的通报及要求。邵益文宣布研究所成立安全小组。

9—16日　王耀先、邵益文和阙道隆等草拟、修改《关于建立北京编辑学会的倡议》。2月下旬，边春光审改《倡议》并上报新闻出版署。

10日　《出版词典》编辑部向上海辞书出版社发古代出版史、民族出版史、地方出版史原稿。

11日　边春光、陆本瑞、邵益文、方厚枢、邓从理同河北省新闻出版局研究室同志讨论《中国出版人名词典》的编纂工作及合作事宜。

同日　科研组织处与人民教育出版社张志公交谈酝酿组织北京编辑学会事宜。

15日　中国出版发行科学研究所和河北省新闻出版局联合发出《关于编纂〈中国出版人名词典〉的通知》。

22日　研究所召开领导班子会议。（1）讨论《出版发行研究》杂志准备在"编刊经验交流会"上的发言稿；（2）商量研究所学术委员会有关问题，讨论了研究所学术委员会组成人员名单，包括正副所长5人以及叶再生和所外的戴文葆、袁亮、王耀先、庞家驹、郑士德共11人。同时上报新闻出版署审批。

24日　全所职工大会，传达国务院购买国库券文件，布置认购工作（至27日共认购国库券2475元，比上级下达的指标超额185元）。

27日　边春光为《出版词典》近代人物列条问题召开座谈会，征求仲秋元、许力以、常紫钟、沈静芷等出版界老同志意见。邵益文和袁继萼参加。

同日　《出版发行研究》杂志就1988年《出版发行研究》第一期刊物封面题词失真一事召开会议，研究提高工作质量、严格把关等问题。

本月　制定《中国出版发行科学研究所特约研究员组织条例（草案）》。

3月

1日　由中国出版发行科学研究所主办、以报道国内外出版信息为主要任务的全国性情报刊物《出版参考》（半月刊）创刊。初创时期，每期8面，内部发行。

2—7日　边春光在海口主持"出版研究刊物座谈会"。邵益文及科研组织处、《出版发行研究》杂志有关同志参加。边春光讲话，要求出版专业刊物加强出版理论问题和实际问题的研究。

5日　新闻出版署党史资料征集工作领导小组在北京召开会议，听取1987年征集工作情况汇报，讨论并通过了1988年征集工作计划。在京领导小组成员及征集办公室同志参加。

10日　边春光在广东省出版协会召开的干部会议上讲话，题

目是《当前出版工作十题》。

陆本瑞赴商务印书馆商议研究所大学生实习进修问题。

16日 分配到研究所的大学生赵从旻、杨贵山赴江苏人民出版社实习。这也是建所以来有组织的大学生集中实习活动。

22日 《当代中国的出版事业》编委办公室就本书工作情况向王子野、刘杲提出书面汇报。

23日 边春光同张慈中谈研究所建立书刊装帧研究室的方案。

26日 宋木文、刘杲批复邵益文起草的酝酿成立编辑学会问题的信,表示赞同。

《中国出版年鉴》编辑部向新闻出版署报出1988年年刊预算。

29日 新闻出版署批复研究所《关于召开第四届全国出版科学学术讨论会的请示》,同意备案。

4月

1日 新闻出版署署长宋木文、副署长刘杲批示:"赞同《关于建立北京编辑学会的倡议》。"

7日 研究所邀请原国家版权局周水玉作访美报告,研究所部分同志参加。陆本瑞主持。

11—14日 分配到研究所的大学生周宝华、牟春华赴商务印书馆实习。

17—19日 《中国出版人名词典》第一次编委会在河北石家庄召开,宣布成立以边春光为主任,方厚枢、冯玉墀、宋孟寅为副主任的编委会。会议讨论了编纂方案和工作进度。

20日 研究所向学术委员会委员发出聘书。

25日 经新闻出版署批准,中国出版发行科学研究所学术委员会成立。由边春光任主任,戴文葆、叶再生任副主任,委员有陆本瑞、邵益文、邓从理、方厚枢、袁亮、庞家驹、郑士德、王耀先。

本月 研究所向在京各出版社发出《关于建立北京编辑学会的倡议》。指出:"为了加强编辑学研究,探讨编辑出版工作规律及编辑出版改革中的理论和实际问题,及时交流有关的研究信息和研究成果,促进编辑学专业和教育队伍素质的不断提高,并为有关出版管理机关提出参考建议……倡议仿效上海等地建立编辑学会。"《倡议》说明学会的日常办事机构设在中国出版发行科学研究所;建议请新闻出版署特邀顾问边春光召开一次倡议人会议,商量有关草拟会章并酝酿建立机构等筹备事宜。签名的倡议人有(以姓氏笔画为序):王代文、王克勤、王耀先、田耕、陈四益、苏亮、苏志中、邵益文、吴道弘、罗见龙、张志公、周振甫、岳家骏、金常政、庞家驹、遇衍滨、阙道隆、戴文葆等。

5月

9日　新闻出版署党委机关电复,同意研究所建立党委会。

23日　研究所学术委员会第一次会议召开,边春光主持。会议讨论通过《中国出版发行科学研究所学术委员会条例》《中国出版发行科学研究所特邀研究员条例》和第一批特约研究员23人名单:张惠卿、吴道弘、林穗芳、阙道隆、孙培境、申非、罗见龙、金常政、孙五川、徐柏容、宋原放、罗竹风、高斯、张玟、巢峰、吉少甫、施燕平、蔡学俭、杨中岳、张业汉、谢振伟、薛钟英、王振铎。

26日　陆本瑞赴新闻出版署办理中国书籍出版社对外独立核算事宜。

28日　陆本瑞赴新闻出版署计财司谈成立读者服务部和办公用房问题。

29日　向新闻出版署发出《关于申请成立读者服务部的请示报告》。

本月—10月　新闻出版署党史资料征集工作领导小组先后召开了华东、华北、东北、西北、中南、西南6个地区和中央部委所属出版社的征集工作座谈会。

6月

3日　邵益文和上海辞书出版社社长兼总编巢峰、副总编严庆龙商量《出版词典》定稿和出版的工作安排问题。

7日　党史征集办公室代新闻出版署发出（88）新出机字第595号文件——转发《华东地区党史资料征集工作座谈会纪要》的通知。

本月　《中国出版年鉴（1987）》由中国书籍出版社出版。本年鉴自本年起，改由中国出版工作者协会和中国出版发行科学研究所合编，由方厚枢任主编。

7月

4日　王文友在河南省商丘地区胜利完成讲师团工作任务返回研究所。

8日　研究所领导召开碰头会，决定同意购置电脑排字系统。

18日　新闻出版署发文决定：西绒线胡同甲7号院内新建800平方米楼房作为研究所办公用房。

18日　党史资料征集工作领导小组召开会议，研究新闻出版署组织史编写工作。这一工作由署交领导小组完成。

18日　中国书籍出版社《马克思恩格斯的书刊出版活动》一书发排。

21日　陆本瑞、徐明走访印刷研究所照排中心负责人，该所赠研究所一套"科印"微机排版软件。

同日　党史征集办公室将"新闻出版署组织机构沿革及领导人名录"（初稿）和"新闻总署组织机构沿革及领导人名录"（初稿）呈报新闻出版署审批。

22日　研究所邀请日本出版学会副会长、一桥大学教授山本武利，日本出版学会理事、关西学院大学教授津金泽等来研究所访问并向北京市出版界人士讲学。邵益文、张清雅等人在北海仿膳宴请欢迎。

7月22日—8月10日　研究所组织32人分五批去兴城疗养。其中职工18人，家属14人。

30日　研究所科研办公室张清雅接待西安交大毛祖德来京洽谈关于下一年招收研究生问题，并将商谈关于召开招收研究生会议的意见报署人教司。

8月

9—11日　叶再生和党史征集办公室的同志参加署党史资料征集工作领导小组在哈尔滨召开的东北地区党的出版史料征集工

作座谈会。

16日　第四届全国出版科学学术讨论会征文评选委员会成立。边春光任评委会主任，孙五川任副主任。

19日　陆本瑞主持新闻出版署召开的出版高等教育可行性问题科研小组会议，研究开题报告。

20日　边春光主持成立北京编辑学会倡议人会议。北京编辑学会筹备委员会成立。邵益文、张清雅等参加了会议。

28日　陆本瑞和王益、郑士德会见日本安井幸正，并座谈日本发行工作。

9月

6日　研究所召开党员大会总结支部工作，选举党委委员。7日，党委会召开第一次会议，讨论分工。

12日　即日出版的《出版科研动态》刊登《图书为特殊商品的概念来自苏联》一文。提到薛钟英（研究所特约研究员、原四川省新华书店经理）在给研究所的信中说，在翻阅《全国新华书店出版工作会议专辑》时发现，图书为"特殊的商品"的概念来自苏联。这是1949年10月，在全国新华书店出版工作会议期间，苏联文化代表团成员，苏联国际书店经理德奥米多夫在解答有关苏联当时出版事业问题时提出的。文章也刊登了德奥米多夫的原

话。这一出版学研究的概念也是出版界长期以来关注的。

17日　新闻出版署机关党委批复，同意由邵益文、王秀芹、袁继莩、农奋东、魏玉山五位同志组成中共中国出版发行科学研究所第一届委员会，邵益文任书记。

29日　全所职工联欢会，为孙煜华、牟春华举行集体婚礼。这也是研究所为职工组织的第一次和迄今唯一一次集体婚礼。

10月

17日　新闻出版署以（88）新出机字第1187号文"批转新闻出版署党史资料征集工作领导小组《关于召开中南、东北地区党的出版史料征集工作座谈会的情况及下达第一批全国性选题的请示报告》的通知"。

19—23日　第四届全国出版科学学术讨论会在天津举行。边春光、孙五川主持会议，叶再生、陆本瑞、邵益文、邓从理、方厚枢出席。与会的30多位发行工作者联合提出整顿图书流通领域工作秩序的建议。

11月

2日　研究所召开全体党员大会，传达党的十三届三中全会精神并选举所党的纪律检查委员会成员。

7日　研究所召开所务会议，初步议定下一年召开出版发行教材的编写审定、外国出版研究和出版科研重点课题等3个规划座谈会。

14日　新闻出版署机关党委批准研究所党的纪律检查委员会由袁继荨、朱诠、丘淙3人组成，袁继荨任书记。

25日　方厚枢与《出版参考》编辑部、出版发行处、资料室等有关人员商谈1989年《出版参考》的激光照排准备工作等问题。

本月　新闻出版署委托中国出版发行科学研究所和北京印刷学院联合组成新闻出版署高等出版教育调研组，对署属高等出版教育进行可行性研究。调研组由陆本瑞任组长，陆振声任副组长，王耀先任顾问。

12月

3日　研究所向有关省市装帧研究会和艺术院校发出成立中国书籍装帧艺术研究中心的通知。

10日　由《中国出版年鉴》编辑部负责编辑的《出版学科大事年表》（共30万字）交《中国大百科全书·新闻出版卷》编辑部。

24日　边春光主持书籍装帧艺术研究中心研究员座谈会，向特邀研究员颁发聘书，陆本瑞参加。

同日　北京人民广播电台新闻节目播报《邓小平的思想理论研究》一书即将由中国书籍出版社出版的消息。1989年1月25日，中央电视台播报《邓小平的思想理论研究》出版的消息。

28日　中国出版发行科学研究所书籍装帧艺术研究中心举行成立大会。研究中心聘请装帧艺术界老前辈曹辛之、中央工艺美院教授邱陵和余秉楠、人民文学出版社张守义、人民出版社郭振华、人民美术出版社王荣宪、商务印书馆姜梁、外文出版社张灵芝、北京出版社尚佩芸、作家出版社苏彦斌10位专家为特约研究员。聘任张守义为中心主任，苏彦斌为副主任。

31日　方厚枢参加全国年鉴研究中心在京干事单位会议，宣布第二届干事选举结果。《中国出版年鉴》继续当选为该"中心"第二届干事单位。

1989年

1月

18日　研究所由北京市西坝河迁至北京市西城区西绒线胡同甲7号办公。26日，党史征集办公室、资料室、发行处租北京市31中小楼办公。

25日　所务会议决定，鉴于《出版词典》编辑工作已接近尾声，新的课题研究即将开始，决定将原《出版词典》编辑部改为

编辑出版研究室。编辑部主任袁继莩改任编辑出版研究室主任（正处级不变）。这也是研究所建所以来成立的第一个研究室。

2月

23日 研究所上报为成立北京编辑学会和有关问题向新闻出版署的请示报告，并同意学会办事机构设在研究所。新闻出版署于4月19日复文同意。

28日 全所党员大会召开，选举邵益文为出席新闻出版署机关党代会代表。

3月

9—17日 应联合国亚洲文化中心的邀请，边春光率代表团赴日本访问。

11日 邵益文应邀参加新闻出版署和国家计委联合发起的"出版产业政策研究"课题会议。

4月

3—12日 研究所书籍装帧艺术研究中心在北京举办书籍装帧艺术培训班，邀请联邦德国及国内专家就有关书籍装帧设计、期刊封面、版式设计、装帧史及国外书籍装帧艺术等集中授课。

10日 研究所召开所务会议。研究决定聘请中宣部出版局赵含绅任《出版发行研究》主编。

5月

本月 "出版知识译丛"首卷《出版概论》正式出版。

7月

11日 根据7月8日访问民政部社团司的意见，为便于在民政部办理登记手续，筹备组提出把北京编辑学会改为中国首都编辑学会，上报新闻出版署审批。

28日 科研办起草关于当年出版理论研讨会改变主要议题的请示报告。

本月 新闻出版署批准成立编辑出版专业教材领导小组。边春光所长兼任组长，办事机构设在研究所，陆本瑞协助工作。

8月

2—14日 根据刘杲交待的任务，方厚枢编写《中国四十年来的出版概况》。

7—12日 教材领导小组在山东烟台召开教材规划座谈会，制订了《关于编辑出版类高等教材编写出版规划初步方案》，还分别成立了编辑、出版两个专业的教材编审委员会。宣布成立以边春光为组长、袁亮为副组长、陆本瑞等为成员的署编辑出版教材领导小组。计划编写编辑和出版类教材18种。这一规划后经新闻出版署正式批准。

9—17日　邓从理参加中国出版代表团访问朝鲜民主主义人民共和国。

15日　新闻出版署正式复文同意研究所更名为"中国出版科学研究所"。

23—25日　中国出版对外贸易总公司和北京图书馆共同在北京主办"中文图书资料收集、整理与利用学术研究会",来自美国、澳大利亚、新加坡、中国香港以及中国内地部分大图书馆的专家出席。方厚枢应会议邀请,到会作《中国四十年来的出版概况》的发言。

本月　由边春光任主编的"出版知识丛书"首卷《图书进销学》正式出版。

9月

3—14日　《出版发行研究》编辑部在山东省德州地区调查图书发行改革等情况。

16日 邵益文、邓从理、张清雅、王玉璋初步讨论出版业务类图书（含三套有关丛书）的选题计划。

17日 "中国近现代编辑出版优良传统课题组"成立，邵益文任组长。

18日 边春光同方厚枢一起参加中科院文献情报中心召开的检索性书刊排版与造库系统的技术鉴定会。

20日 陆本瑞赴新闻出版署外事司商议《外国出版概览》（暂名）一书编辑出版问题。

26日 研究所精神文明协调领导小组成立，张清雅任组长。

27日 陆本瑞、邵益文去新闻出版署参加中国首届编辑出版专业图书评奖委员会会议。

本月 "出版高等教育可行性研究课题组"成立，陆本瑞任组长。

10月

22—25日 由日本出版学会主办的第四届国际出版学研讨会在日本东京举行。中国戴文葆、邵益文、宋原放、赵斌4人应邀参加并发言。邵益文在会议上作了《中国出版科研的发展》的发言。

本月　研究所成立外国出版研究室。

11月

1—7日　由新闻出版署党史资料征集工作领导小组主办的"中国近代现代出版史学术讨论会"在湖南省大庸市举行。组长王益，副组长叶再生、蔡歧青主持会议，研究所常务副所长陆本瑞、副所长方厚枢参加了会议。

12月

2日　由新闻出版署政策法规司、《出版工作》和《新闻出版报》联合发起的"全国第一届编辑出版理论优秀图书评奖"活动发奖大会在北京举行。此次活动有33家出版社的84种图书参加评奖。经出版界的编辑专家、学者组成评审委员会，最后以无记名投票方式选出10种获奖图书。其中由中国书籍出版社出版的3种，即，韩仲民著《中国书籍编纂史稿》、阙道隆主编的《实用编辑学》、林穗芳编著的《列宁和编辑出版工作》。

29日　边春光同志因心脏病猝发，经抢救无效于10时45分在办公室逝世，享年64岁。中宣部副部长李彦、新闻出版署署长宋木文等同志闻讯后立即赶来探望。1990年1月15日，边春光同志遗体告别仪式在八宝山革命公墓举行。

本月　由研究所和河北省新闻出版局组织全国出版界共同编纂的《中国出版人名词典》由中国书籍出版社出版发行。

本年　中国书籍出版社共出版图书10种，包括周文熙的《马克思恩格斯的书刊出版活动》、张玟的《图书编辑学简论》、王耀先的《科技编辑学概论》等专业基础读物。翻译出版了《出版概论》《出版学概说》《外国出版史》。增订、再版了《邓小平的思想理论研究》。

本年　在全国第一届编辑出版理论优秀图书评奖活动中，由研究所编辑出版的《中国书籍编纂史稿》《实用编辑学》和《列宁和编辑出版工作》等三部书获奖。

1990年

1月

9—12日　由全国年鉴中心召开的第一次全国年鉴学术研讨会在哈尔滨举行。全国年鉴研究中心副总干事、《中国出版年鉴》主编方厚枢在会上发言。

2月

16日　《出版发行研究》编辑部召开部分出版社总编辑工作研讨会。人民、科学、高教、北大、机工、宇航、群众、中青等出版社的总编辑参加了会议，座谈了出版工作中坚持马克思主义和党的基本路线等问题。

本月　以陆本瑞为组长的课题组完成《新闻出版署直属高等院校出版专业设置及可行性研究报告》。5月至6月，署技术发展司向出版、教育等方面专家征求对这一研究报告的评审意见，共收回评审意见45份，均作了肯定的评价。

4月

19—23日　研究所和中国出版工作者协会、江苏省版协在南京联合召开全国出版科学研讨会。这是研究所的第五届年会，版协的第四届年会。会议的主要议题是以十三届四中、五中全会精神为指针，坚持理论联系实际，认真总结中华人民共和国成立40年来，特别是党的十一届三中全会以来出版发行工作的经验和教训，提高出版工作者坚持四项基本原则、反对资产阶级自由化的自觉性，努力促进社会主义出版事业的发展和繁荣。新闻出版署有关部门、中国版协、江苏省新闻出版局、研究所负责人王子野、王益、宋原放、王业康、杨牧之、蒋迪安、邵益文、邓从理、方厚枢等出席会议并讲话。会议由王子野等同志主持。

5月

本月　新闻出版署决定，在边春光去世后，编辑出版专业教材领导小组组长由陆本瑞担任。5月25—29日，教材领导小组在杭州召开教材编审委员座谈会，进一步研究了教材编写工作条例、编写体例和几部教材的编写提纲等。

6月

7—14日 应研究所邀请,日本出版学会会长箕轮成男等一行4人来我国访问。8、9两日,4位学者在北京分别就日本及世界各国出版教育概况,日本出版研究的历史、现状和问题等作了专题报告。

9日 《出版发行研究》编辑部在北京召开"继承发行工作优良传统座谈会",部分在京的老发行专家出席会议并发了言。

25日 新闻出版署发出通知,准予中国书籍出版社重新登记注册。

28日 由中国书籍出版社出版的《邓小平的思想理论研究》(增订本)荣获"第二届全国最佳党建读物奖"。

本月 《中国出版人名词典》由中国书籍出版社出版,共收全国出版界人物10 945人。

7月

2日 新闻出版署直属机关党委召开表彰大会,6个先进基层党组织、36名优秀共产党员、7名优秀党务工作者受到表彰。研究所毛鹏被评为优秀共产党员,参加了表彰大会。

7—12日 中国图书评论学会,《中国图书评论》和《出版

发行研究》编辑部与河北省新闻出版局联合举行的"文库"编辑研讨会在河北省承德市召开。北京、上海、河北、黑龙江等省市7家出版社的16名代表参加。《出版发行研究》编辑部代表介绍了我国"文库"编辑出版概况。与会代表认为,这是我国首次对"文库"这种大型系列图书进行研讨活动,对于加强对系列图书的出版引导工作有积极的意义。

8月

4—9日 研究所和湖南省出版工作者协会联合在湖南衡山召开图书编辑学研讨会。会议主题是总结回顾近几年来编辑学研究进展,强调理论联系实际,把这一研究引向深入,充分发挥科学理论指导编辑实践的作用,促进出版事业的繁荣与发展。邵益文主持会议并讲话。

8月30日—9月6日 由中国出版工作者协会、中国出版科学研究所和日本国际文化交流中心、日本讲谈社联合举办的"中日书籍装帧艺术展"在北京中国工艺美术馆举行。

10月

7—18日 经新闻出版署批准,以陆本瑞为团长的中国出版教育代表团一行5人前往苏联进行为期10天的考察和交流。

23—30日 为祝贺日本编辑出版学校建校25周年和促进中日两国的出版学术交流,研究所陆本瑞、张美芬和研究所特约研

究员阙道隆，应日本出版学会、日本编辑出版学校邀请赴日本访问讲学。

27—31日 "中国新民主主义革命时期革命文化史料征集成果展览"出版部分筹备会在江西景德镇举行。

11月

30日 应美国R.R.鲍克公司来信要求，方厚枢为美国《乌利奇国际期刊指南》1991—1992年版提供有关《中国出版年鉴》介绍资料，供该书免费刊登。

同日 方厚枢和"全国年鉴研究中心"在京干事单位，邀请中央级部分年鉴编辑部负责人在研究所开会，商讨12月12日在京召开北京地区100余家年鉴主编或编辑部负责人情况交流会筹备工作，以及研究《年鉴工作与研究》丛刊创刊号组稿等事项。

12月

1日 研究所召开中层干部会。新闻出版署副署长刘杲、人教司副司长陆圭章来所宣布袁亮等同志任职的决定。任命袁亮为中国出版科学研究所所长，陆本瑞为常务副所长（正局级）。

13日 全国年鉴研究中心学术研究规划组和《年鉴工作与研究》丛刊编辑部在研究所开会，商讨年鉴科研规划和丛刊创刊等问题，方厚枢和出版年鉴编辑部同志参加了会议。

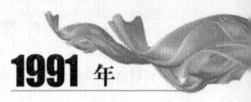

14日 陆本瑞赴新闻出版署催办补拨5万元经费事宜。

18日 邵益文参加新闻出版署技术发展司召开的关于《印刷科研体制改革及其实施》课题报告评议会。

25日 《中国出版人名词典》获中国出版工作者协会等单位主办的1990年首都精装书籍装帧全优奖一等奖。方厚枢、王玉璋、张炤渭与河北人民出版社寇锦章等出席在中国大百科全书出版社召开的颁奖大会,接受获奖证书和奖牌。

27日 邵益文、袁继荨接待上海辞书出版社张诚濂来访,商谈《出版词典》校样及亏损补贴等问题。

1991年

1月

9日 中国书籍出版社和有关单位举办由本社出版的《世界名著鉴赏大辞典》首发式。王平、孙起孟、洪学智、刘忠德等领导同志和有关方面人士出席,研究所陆本瑞、方厚枢、叶再生、曹治雄、王玉璋等参加,邓从理讲了话。

29日 研究所和上海市出版工作者协会发出准备联合召开中国近现代出版优良传统专题学术讨论会的通知。

31日　方厚枢和河北省新闻出版局研究室寇锦章商谈布置编印《中国出版人名词典》补正录有关事项。

2月

22日　方厚枢赴新闻出版署期刊司商谈有关年鉴改为按期刊出版申请刊号问题。

27—28日　研究所领导同有关处室开会，研究中国书籍出版社单独设立账户及有关财务、会计工作问题。

3月

2日　袁亮给新闻出版署副署长刘杲写信，报告研究所当年安排的4个科研课题和拟召开第六届全国出版科学研讨会的计划。刘杲于3月12日批示同意。

6—7日　陆本瑞出席中国书刊发行业协会成立大会，当选为中国书刊发行业协会第一届理事会常务理事。

14日　《出版发行研究》编辑部召开会议，研究有关开展"读者阅读兴趣"的调查并讨论职称评定办法修改意见等。

26日　袁亮与《新闻出版报》总编辑谢宏和《图书发行报》主编梁英联系，请两报发消息，宣传研究所本年度第六届全国出版科学学术讨论会的计划。

4月

2日　袁亮参加中宣部出版局等3个单位召开的《出版家列传》《编辑家列传》《中国期刊大辞典》3部著作编写出版工作会议。

6日　袁亮、陆本瑞给新闻出版署领导写信，反映研究所宿舍困难的严重情况，请求署里帮助解决。

10日　袁亮、陆本瑞、邵益文召开编辑出版研究室和外国出版研究室全体会议，宣布聘任该室负责人，并共同讨论两室工作。

12日　研究所和新闻出版署图书司共同发出通知，要求20家出版社总结出版工作基本经验。

16日　袁亮、邵益文召开科研办公室全体会议，宣布聘任该室负责人，并共同研究科研办公室的工作。

17日　陆本瑞去新闻出版署外事司就大陆、台港举办90年代中文图书出版新趋势研讨会的筹备工作交换意见。

19日　袁亮向刘杲汇报由研究所《出版发行研究》等6个单位组织"首届全国出版科学研究论文评奖活动"，并于20日以研究所名义正式向署领导报送开展上述评奖活动的请示报告。5月4日，刘杲批示同意。

20日　为准备召开第六届全国出版科学学术研讨会，新闻出版署图书司和研究所联合邀请6家出版社的领导座谈如何坚持"二为"方针问题。薛德震、杨德炎、郑文林、阙道隆、王维新、边海滨出席。潘国彦、邵益文主持。

22—29日　编辑出版专业教材领导小组在洛阳召开编辑、出版两类教材编审委员会，讨论15部教材编写提纲。会议由陆本瑞主持，袁继荨、毛鹏、章宏伟等参加。

本月　经新闻出版署批准同意，研究所成立4个课题组，开展"资产阶级自由化对出版工作的影响、危害和我们的对策""出版社坚持社会主义方向、贯彻'二为'方针的规律性问题探讨""我国近现代出版优良传统研究""我国出版社专业分工研究"4个课题的研究工作。

5月

4日　刘杲批示同意研究所关于举办首届全国出版科学研究论文评奖活动的报告。

21日　研究所召开所长办公会议，传达讨论中央关于给部分专家发放政府特殊津贴的精神。根据署里下达的一个推荐指标，研究所决定推荐一位候选人，并于22日上报推荐材料，后获批准。

27日　研究所召开所长办公会议，商定调整所精神文明建设协调领导小组成员名单等。

30日　方厚枢赴新闻出版署期刊司联系将《出版参考》由内部发行改为公开发行，联系拟将《中国出版年鉴》改为期刊出版申请登记事宜。

31日　研究所召开学术委员会委员和在京特约研究员联席会议。会上，介绍了出版研究工作以及研究所当年开展学术活动的情况，并座谈如何进一步开展出版科研工作。到会的学术委员10人，特约研究员8人，研究所中层干部5人。会上还宣布了学术委员会人事调整。由于原主任边春光同志逝世，经新闻出版署批准，任命袁亮为学术委员会主任，同时增补杨牧之为委员。

6月

3日　研究所召开所长办公会议，临时调整所领导班子分工，陆本瑞分管《出版参考》、中国书籍出版社和出版发行处；邵益文分管《出版发行研究》。

7日　袁亮征得谢宏同意，首届出版科研论文评奖活动增加《图书发行》报为发起和主办单位。

11—12日　陆本瑞、袁继萼与卢玉忆副署长等先后在北京大学、清华大学座谈、调查和了解编辑专业办学和出版成人教育等情况。

21日　研究所团支部召开会议，选举李宁、杨贵山、赵从旻、龚家莹四位同志组成新一届团支部委员会。赵从旻任书记，龚家莹任副书记。

27日 新闻出版署批准同意研究所纪委升格,纪委书记袁继萼提为副局级。

7月

1日 研究所部分同志参加新闻出版署举办的庆祝建党70周年歌咏大会。

1—8日 研究所精神文明协调领导小组组织部分同志参加新闻出版署举办的乒乓球比赛。

6日 研究所与新闻出版署外事司联合发出《关于推荐〈世界出版概观〉一书的函》。

8日 研究所召开所长办公会议,研究确定由袁亮、邵益文兼任《出版发行研究》主编,陆本瑞兼任《出版参考》主编。9日,《关于〈出版发行研究〉、〈出版参考〉更换主编的报告》上报新闻出版署。27日新闻出版署批文同意。

9日 邵益文会见韩国出版学会名誉会长安春根教授。

10—12日 邵益文代表研究所参加新闻出版署直属机关第二次党代表大会,并被选为大会主席团成员。

11日 研究所《关于申请〈妩媚飘逸〉挂历准印证的报告》上报北京市新闻出版局,15日北京市新闻出版局向研究所颁发了

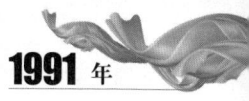

该挂历的准印证。

12日 研究所《关于〈出版发行研究〉申请广告的报告》上报新闻出版署。27日新闻出版署批示同意。

15日 研究所发出《关于资产阶级自由化对出版工作的影响及其对策的调查卷》，由科研办寄给200位出版工作者。

同日 研究所召开所长办公会议，研究并决定印发研究所《领导班子关于加强自身建设的若干规定》（征求意见稿），向各处室征求修改意见，还研究了其他工作。

本月 《出版发行研究》杂志被选为"出版·发行工作的核心期刊"。

8月

3日 研究所召开所长办公会议，研究确定年鉴编辑部主任农奋东调离后由柳华临时负责等项工作。

8日 研究所《关于专业职务岗位设置方案请示报告》上报新闻出版署。

14日 研究所《关于广告经营制度的报告》发往西城区工商局。

15日 邵益文根据办公会议意见与科研办公室的同志谈添置微机设备等事项。

26日 由研究所编写的供领导参考的内部资料《出版科研动态》第1期正式印发。该资料于1989年11月开始编印,先试刊7期。1998年7月16日停止编印,共编印正式资料42期。

8月30日—9月13日 由新闻出版署党史资料征集工作领导小组、文化部党史征集委员会等五单位共同主办的"新民主主义革命时期革命文化史料展览"在北京中国革命博物馆举行。胡乔木、邓力群等同志为展览剪彩。陆本瑞出席了开幕式。

9月

3日 陆本瑞、邵益义接待吉田公彦等日本朋友来研究所访问。

9日 研究所召开所长办公会议,研究编辑《新中国出版史料》一书的计划等工作。

24日 袁亮、陆本瑞给宋木文、刘杲等新闻出版署领导写信,谈研究所办公用房面临的困难和建议。

25日 新闻出版署技术发展司通知,拨给研究所1991年度4个课题科研经费4万元。

27日 研究所召开所长办公会议,决定中国书籍出版社成立

编审委员会，由陆本瑞兼任出版社社长、编审委员会主任，袁继莩兼任副主任。

10月

1日 方厚枢获得国务院颁发的特殊津贴和证书，从7月起享受津贴。

5—10日 赵从旻、张俊杰参加新闻出版署直属机关第五届团代会。

6日 研究所第六届全国出版科学学术讨论会应征论文评审委员会，对一部分论文进行评审。参加评委会的有陆本瑞、邵益文、邓从理、方厚枢、杨牧之、阙道隆、吴道弘、宋镇铃、袁继莩、张清雅、毛鹏等。

12日 研究所科研办公室向有关部门领导同志，各省、市、自治区新闻出版局、出版工作者协会和有关同志发出《出版科研动态》第1、2期。

17—22日 邵益文赴汉城参加第五届国际出版学研讨会。在此期间，在汉城参观了三省出版博物馆，访问了三联书店。

19日 袁亮收到李瑞环同志办公室回信，信中谈到李瑞环同志同意将他的一次内部讲话收入研究所编辑出版的《坚持以马克思主义为指导繁荣社会主义出版发行事业》一书。研究所是9月

21日去信，李瑞环同志是9月29日同意的。

26日 陆本瑞主持召开中国书籍出版社编辑部全体会议，宣布袁继荨为出版社编审委员会副主任，并主持编辑部日常工作。

10月31日—11月4日 第六届全国出版科学学术讨论会在杭州召开。会议的中心议题是关于资产阶级自由化对出版的影响和我们的对策，坚持为人民服务、为社会主义服务的社会主义方向的探讨。到会的入选论文作者和特约代表70余人。陆本瑞致开幕词。袁亮作了题为《关于资产阶级自由化对出版影响、危害的回顾与建设有中国特色的社会主义的思考》的发言。邵益文作了题为《坚持"二为"方针，繁荣社会主义出版事业的若干问题探讨》的发言。会议由袁亮、陆本瑞主持。新闻出版署署长宋木文和中央宣传部出版局局长刘国雄到会讲话。

11月

2日 方厚枢赴新闻出版署联系中国年鉴研究会向民政部办理社团登记，新闻出版署已批准发文。

5—12日 方厚枢赴西安参加并主持全国第二届年鉴学术研讨会。其间召开的中国年鉴研究会理事会上，方厚枢被选为副会长兼学术工作委员会主任。

11—12日 刘杲、袁亮先后主持召开"首届全国出版科研论文奖"评委会。经过认真评审和无记名投票，100篇论文获首届

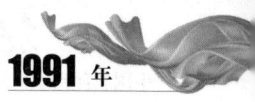

全国出版科研优秀论文奖。邵益文、邓从理、《出版发行研究》编辑部有关同志也参加了这次会议。

19—27日　《中国出版人名词典》补正录重新编排,改为铅印,27日发排。

20—24日　《出版发行研究》编辑部朱诠、张立参加在贵阳召开的农村图书发行问题研讨会。经研究所领导同意,《出版发行研究》编辑部决定将会上反映的全国农村图书发行调查研究报告汇编,出版一期《出版发行研究》的增刊——《农村图书发行研究专辑》。

27日　研究所科研办公室向全所职工发出研究所《关于在所内设立〈出版科研优秀成果奖〉的通知》。

30日　研究所科研办公室制定《关于本所人员自费复制材料的暂行规定》。

12月

2日　研究所根据王仿子的建议,向新闻出版署报送《关于筹备编纂〈新中国出版史料〉的报告》。1992年10月7日,新闻出版署批复同意上述报告。以后,此书书名改为《中华人民共和国出版史料》,由研究所和中央档案馆共同编纂。

3—7日　由新闻出版署党史资料征集工作领导小组主办的

"新民主主义革命时期出版史学术讨论会"在山西省太原市召开，副组长叶再生、蔡歧青主持了会议。方厚枢参加。

11—12日　陆本瑞为《出版参考》新年专稿分别向王子野、王益、王仿子、许力以等约稿。

16日　研究所向新闻出版署计财司报送关于中国书籍出版社单独立账号的申报。

24日　由《出版发行研究》和《新闻出版报》等8个单位联合主办的首届全国出版科研优秀论文奖颁奖大会在人民大会堂江苏厅举行。大会收到雷洁琼副委员长的题词："坚持双百方针开展出版科研新局面"，王任重副主席的题词："加强出版科研为繁荣社会主义出版事业服务"。中国出版工作者协会主席、本次活动评委会主任王子野在会上讲话，新闻出版署副署长、评委会常务副主任刘杲主持会议。研究所袁亮、陆本瑞、邵益文、邓从理、方厚枢及吴功伟、朱诠等同志参加了会议。

1992年

1月

4日　新闻出版署通知，免去邓从理、方厚枢副所长职务，退居二线。

21日　中国书籍出版社1992年选题报告经所长办公会议讨论通过后上报新闻出版署。

29日　赵从旻、李宁被评为新闻出版署直属机关团委1991年度优秀团干部。邵益文参加了署机关团委召开的表彰会。

2月

19日　研究所召开全所大会，袁亮作了题为《把中国出版科学研究所办成马克思主义的出版理论阵地》的讲话。陆本瑞代表所领导作了《1991年工作总结和1992年工作计划》的报告。

24日　研究所召开所长办公会议，研究确定当年3个研究课题。研究成立所专业技术职务评委会。

29日　新闻出版署发出《关于将党的出版史料征研任务转交给中国出版科学研究所的通知》，在署党史资料征集工作领导小组撤销后，原党史征集工作办公机构和工作人员，转交科研所统一领导和管理。

本月　根据新闻出版署计财司要求研究所财务部门独立的意见，研究所决定设立本所财务室（科级），作为一个独立的部门直属所领导。另外，所内书刊出版单位的财务也单独立账。

3月

12日 研究所召开所长办公会议。研究公费医疗改革方案、召开专业职务评委会问题以及制订出售废旧纸张书刊管理办法等。

17、19、26日 袁亮、方厚枢主持召开所专业技术职务评审委员会第一次至第三次会议。评审并投票决定晋升高中级职务的人员名单。

18日 研究所公布行政处《关于公费医疗制度改革的暂行规定》、科研办公室《关于统一处理废旧纸张的通知》。

19日 陆本瑞召集中国书籍出版社编辑部全体人员开会，宣布周彦文任副总编辑，主持编辑部工作。

20、27日 研究所专业职务评委会向新闻出版署职称改革领导小组报送《关于评聘本所中级专业职务人员的报告》和《补充报告》。

21日 研究所《关于申请购买大型面包车的报告》上报新闻出版署计划财务司。

27日 研究所1991年度职工宿舍调配工作基本结束。共有24位同志的住房困难状况得到了改善。其中有9位同志住进了两居室和一居室，有3位老同志以合住形式增加了住房面积，有12位中青年同志以合居形式住进了新居。

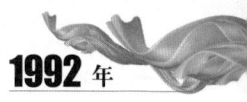

28日 研究所1992年科研课题开题报告上报新闻出版署。

31日 研究所召开第七届出版科学学术讨论会论文评审委员会会议，评审入选论文。陆本瑞、邵益文、邓从理、方厚枢、张清雅、孔祥贵、吴道弘、阙道隆等参加。这届讨论会收到论文114篇，初步入选67篇，还有一部分论文需要再研究。

本月 袁亮、方厚枢被新闻出版署聘为署编辑专业高级职务评审委员会委员。

本月 在新闻出版署批准研究所课题计划后，研究所成立3个课题组，开展"毛泽东邓小平出版理论和出版实践""出版社深化改革研究""我国图书出版结构研究"3个课题的研究工作。

4月

2日 《出版发行研究》制定征集广告办法。

8日 宋木文和谢宏、石峰、王涛一起来研究所座谈了解出版改革问题。袁亮向他们汇报了研究所学习小平同志重要谈话、讨论加快出版改革开放的一些认识和建议。陆本瑞、方厚枢等同志参加座谈。

14日 研究所召开研究所学术委员和特约研究员联席会议，研讨进一步解放思想，加快出版改革开放。会议由袁亮主持。出席会议的有学术委员戴文葆、叶再生、杨牧之、邵益文、邓从理、

方厚枢、王耀先、庞家驹、郑士德和在京的特约研究员张惠卿、阙道隆、吴道弘、金常政、孙培镜以及所内部分研究人员。

22—24日、28日　编辑出版研究室张清雅、赵从旻、张劲松、孙鲁燕等分别与人民出版社、北京理工大学出版社、机械工业出版社和北京印刷学院第二期编辑培训班部分学员座谈编辑培训问题。

29日　编刊室召开《出版发行研究》编者、读者、作者座谈会筹备会，计划着重讨论深化出版改革、出版基础理论研究等问题，并征求改进刊物编辑工作的意见。

5月

3日　研究所举办图书发行讲座，请日本编辑出版学校关根登介绍日本图书发行情况，陆本瑞主持。

9—13日　研究所同上海出版工作者协会、广西出版工作者协会在桂林召开第七届全国出版科学学术讨论会。会议的中心议题是总结发扬我国近现代出版工作优良传统，促进出版改革开放，繁荣有中国特色的社会主义出版事业。这届讨论会共收到论文165篇，入选论文92篇。来自27个省、自治区、直辖市的论文代表以及特邀代表62人参加会议。袁亮、陆本瑞主持会议。会上，袁亮作了题为《发扬出版优良传统，促进出版改革开放》的讲话。邵益文作了《弘扬出版优良传统，为建设有中国特色的社会主义出版事业服务》的讲话。

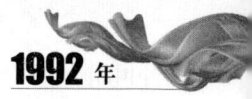

20日 研究所召开所长办公会议,研究享受政府津贴人员推荐等工作。为加强中国书籍出版社的领导力量,决定聘任张清雅为总编辑,丘淙、章宏伟任编辑室副主任。

28日 陆本瑞走访王益同志,商谈他的文集出版事宜,并回告周天泽等三位同志去江苏参加华中出版局史书稿讨论会出差费用由研究所开支等问题。

29日 研究所召开所长办公会议,根据各处室意见,决定向署推荐6位同志享受政府特殊津贴。6月1日,将推荐材料送新闻出版署。后有5位同志获得批准。

6月

2日 袁亮召集有关同志一起研究修改研究所《关于完善聘任制的试行办法》。

4日 研究所调整充实中国书籍出版社的领导力量和编辑力量。随后,在出版社实行目标管理制和全员聘任制,以加强出版社的工作。

7日 邵益文、方厚枢根据新闻出版署外事司要求,接待伊朗文化和伊斯兰指挥部两位学者来访,向他们介绍中国的出版研究情况。

16日 新闻出版署发出新出办(1992)837号文件《关于建

立中国编辑学会筹备工作组的通知》。内容是：（1）中国编辑学会已于 1992 年 2 月 10 日在民政部办理了登记手续；（2）学会筹备组由王耀先等 8 人组成，以邵益文、王耀先为召集人；（3）学会办事机构设在中国出版科学研究所内。

24 日　研究所召开所长办公会议，研究讨论根据国务院有关部门文件精神，参照署机关的做法，决定研究所实行岗位奖金办法。

本月　研究所在新闻出版署领导下，负责组织编撰的《当代中国的出版事业》（上、中、下）一书的书稿全部完成。经署党组审核同意后，于 6 月 16 日送交当代中国出版社。此书于 1993 年 8 月出版。

本月　据统计，1992 年上半年中国书籍出版社共出版图书 15 种（其中重版图书 2 种）。

7月

1 日　新闻出版署召开先进党支部、优秀党员表彰大会。研究所朱诠被评为优秀党员。袁亮、邵益文等出席了大会。

同日　研究所公布关于部分高级专业人员可以不坐班的规定。

2 日　经新闻出版署人教司同意，研究所在所内正式公布《关于完善聘任制的试行办法》。

3日 团支部邀请人民出版社编审林穗芳到研究所讲编辑业务知识课。

10日 研究所根据袁亮建议,向新闻出版署报送《关于编辑出版〈出版工作论丛〉的请示报告》。8月13日,10月21日,袁亮先后给刘杲写信,两次请求署领导审批研究所关于出版《出版工作论丛》的请示报告。11月9日,新闻出版署批示同意。这套书的书名后改为《中国出版论丛》,计划出版11卷。

16日 新闻出版署发出通知,审批同意研究所当年上报的"我国图书出版结构研究""毛泽东的出版理论与实践""出版社深化改革研究"3个科研课题计划,每一课题各拨经费1万元。

20日 研究所公布《关于干部、高级专家退(离)休暂行办法》。

22—25日 方厚枢受新闻出版署指派,应香港贸易发展局邀请,赴香港参加"国际出版研究讨论会"。

25日 经新闻出版署审批同意,研究所发出《关于准备召开第八届全国出版科学学术讨论会的通知》。

同日 接到新闻出版署7月2日通知,陆本瑞、邵益文被评为编审,余甘澍、朱诠、张炤渭、周彦文被评为副编审。中级职称评定的情况:王秀芹被评为劳动经济师;王文友、赵从旻、魏玉山、章宏伟、丘浈、张劲松、张立、孙煜华等被评为编辑;王

新华、郑占凯被评为技术编辑；俞翔被评为会计师；龚家莹被评为翻译；董淑华被评为工程师；陈俊月、薛苏陵被评为一级校对。

27日　研究所召开科研成果评审委员会会议，评出6篇科研成果获得研究所首次科研成果奖的二等奖和三等奖。

30日　中国书刊发行业协会、《出版发行研究》《图书发行》编辑部等单位共同在北京召开图书发行体制改革座谈会，邵益文参加。

8月

3日　研究所召开所长办公会议。包括研究确定研究所难以承担出版史研究会的主管或主办单位的任务，会后报告署领导等内容。

本月　中国书籍出版社正式宣布试行全员聘任制，并宣布聘任名单，同时签订协议书。

9月

11日、16日　新闻出版署直属机关党史团史知识竞赛在中国大百科全书出版社举行。研究所由魏玉山、孙煜华、张俊杰、杨贵山、姜远丽组成的代表队参赛并获得三等奖。邵益文、王秀芹等前往观看。

24日 "新闻出版署直属高等院校出版专业设置及可行性研究"课题组工作已告结束。陆本瑞就课题经费开支账目及新闻出版署颁发的科技进步奖金的处理意见，给有关同志发出一封信。

25日 召开全所庆祝国庆表彰先进大会。表彰了获得研究所1992年度先进工作者称号的7位同志（其中俞翔还被研究所推荐为新闻出版署直属单位先进工作者），获得研究所首届科研成果奖（计6项科研成果）的7位作者，获得新闻出版署党史团史知识竞赛三等奖的研究所代表队的5位同志。

26日 团支部、编辑出版研究室共同举办出版业务系列讲座第三讲"著作权法实施与问题"。

10月

1日 研究所袁亮、陆本瑞、邵益文、叶再生、曹治雄获得国务院颁发的政府特殊津贴和证书。

13—14日 中国编辑学会在北京召开成立大会。刘杲当选为会长。会议选举出16位副会长，邵益文为常务副会长兼秘书长。袁继萼为副秘书长。袁亮担任顾问。陆本瑞等出席了成立大会。学会办事机构设在研究所，负责处理日常事务。

15—19日 根据新闻出版署有关领导的意见，余甘澍、魏玉山对原新闻出版署党史资料征集工作领导小组在京成员逐一登门拜访，通报领导小组工作结束后撤销的情况，征求意见，并请他

们继续关心和支持这项工作。

15日　研究所向新闻出版署报送去《关于申请职工住房的报告》，要求为研究所领导骨干和老同志解决住房困难。

同日　袁亮主持会议，陆本瑞、邵益文及中国书籍出版社编辑室领导参加，研究出版社编辑室目标管理责任制的方案。

20日　中国出版工作者协会常务领导班子开会决定，将《中国出版年鉴》编辑出版工作从1992年卷起收回中国出版工作者协会主管。研究所所长办公会议召开，同意版协意见，并在24日向各处室发出《关于〈中国出版年鉴〉改变管理体制的通知》。27日研究所和版协联名向新闻出版署送去报告。

26日　研究所召开所长办公会议，讨论修改人事处拟制的《考勤制度》（征求意见稿），还研究了其他人事工作。

28日　陆本瑞参加中国书籍出版社编辑室会议，研究中国书籍出版社编印发一条龙的承包问题。

29日　袁亮、陆本瑞与中国书籍出版社编辑室张清雅正式签订《中国书籍出版社编辑室目标管理方案》。

同日　科研办公室召开会议，讨论决定在微机房、文印室实行目标管理，并提出初步方案，待审批。

11月

14日 研究所出版史料征集办公室给宋木文、刘杲、卢玉忆写信,汇报登门慰问原党史资料征集工作领导小组成员的情况和反映。

25日 新闻出版署召开大会,表彰署机关暨直属单位先进集体和先进工作者。研究所财务室主任俞翔被评为"先进工作者"。

30日 研究所召开所长办公会议,研究讨论《关于所内各业务部门出书的规定》、《中国出版科学研究所在五年内上一个新台阶的初步计划》、《考勤制度》、出版发行处承包方案以及元旦、春节补助等问题。

12月

2日 新闻出版署发出同意研究所出版《毛泽东生平历险》一书的批复。

同日 袁亮给新闻出版署计财司吴江江写信,请他解决和落实《出版工作论坛》和《新中国出版史料》丛书的经费问题以及请求分配两套宿舍以解决研究所领导干部和老同志的宿舍困难问题。接着,又委派张清雅向吴江江当面报告以上要求,得到吴江江的同意和支持,使问题得到解决。

同日 陆本瑞赴新闻出版署向吴江江申请印制5 000套《当

代中国的出版事业》的无息贷款 15 万元，吴江江同意于 1993 年 3 月拨给。

4 日　研究所向新闻出版署计财司送上要求解决和落实研究所 3 000 平米办公用房问题的报告。

7 日　研究所人事处根据所长办公会议决定，发出《关于评选工作成绩较显著的正副处级干部的通知》和《关于评选认真遵守考勤制度奖的通知》。

11 日　研究所召开学术委员和特约研究员联席会议。会议主题是学习贯彻十四大精神，加快出版改革。袁亮就进一步解放思想、建立适应社会主义市场经济体制的出版体制、坚持社会效益高于经济效益、加强宏观管理等问题发了言。发言的还有郑士德、戴文葆、张惠卿、叶再生、林穗芳、吴道弘、阙道隆等，金常政、孙培镜提供书面发言。参加会议的还有陆本瑞、邵益文、邓从理、方厚枢和研究所有关科研人员。

14 日　研究所向新闻出版署报送《关于党的出版史全国性选题编纂情况及下达第五批全国性选题的报告》。1993 年 1 月 6 日，新闻出版署向全国各省、自治区、直辖市、计划单列市新闻出版局发出通知，同意并转发了上述报告。

16 日　经研究所领导同意，财务室发出《关于修改职工子女医疗费报销规定的通知》和《关于发放婴幼儿补贴的通知》。

19日　研究所召开出版专业高等教材编审委员会会议，评审《校对业务基础》书稿。

同日　中国书籍出版社全部落实《出版工作论丛》胡愈之等10人文集的组稿工作。

29日　召开所长办公会议。讨论修改《关于所内各业务部门出书的暂行规定》，研究编辑出版研究室提出的筹建书稿服务社的设想，研究决定春节补助以及其他问题。

本月　研究所组织编撰的《出版词典》由上海辞书出版社出版。1994年2月9日《出版词典》获上海市优秀图书（1991—1993）二等奖。

本月　中国书籍出版社由一个编辑室扩大到总编室、3个编辑室、发行部和会计室6个处室，全社人员由6人增加到20人，占全所在编人数的三分之一。

本月　综合研究室成立。

1993年

1月

5日　研究所公布《关于所内各业务部门出书的暂行规定》。

同日　研究所召开所长办公会议，研究租用北京市31中学办公用房到1993年6月底止，由行政处提出调整办公室方案等内容。

9日　研究所召开所长办公会议，研究决定成立所内1992年考勤小组等工作。

11日　研究所召开1992年考勤小组会议。经过讨论和投票决定，有19名工作人员获得1992年认真执行考勤制度奖。

同日　研究所召开中层干部会议，宣布：根据所内无记名投票推荐和所长办公会议决定，有10名中层干部获得成绩显著的中层干部奖，3名司机获安全奖，并公布了获得以上三项奖励的奖金数额。

12日　研究所给王益、许力以、王仿子、刘杲写信，请他们担任《新中国出版史料》丛书顾问。

14日　袁亮、邵益文主持召开《出版发行研究》编辑部会议，研究编辑部实行目标管理制、编印发一条龙等问题。宣布编辑部由朱诠具体负责。

20日　新闻出版署召开颁发政府特殊津贴证书和慰问专家座谈会，会上宣布经国务院批准的新闻出版署直属单位第二批享受政府特殊津贴的名单。其中有研究所袁亮、陆本瑞、邵益文、叶再生和《当代中国的出版事业》编辑部曹治雄同志。陆本瑞、邵

益文、方厚枢、叶再生、曹治雄等参加了座谈会。

同日　新闻出版署任命洪忠炉为研究所副所长。

22日　研究所公布《关于考核出勤若干规定》。

27日　研究所召开所长办公会议。主要研究加强出版科研工作，要求做好第八届全国出版科学学术讨论会的准备工作，加快近两年来7个科研课题的研究和综合报告的撰写工作，以及1993年课题的制订和申报工作。此外还研究了向北京市新华书店要求按合同解决研究所100平方米的库房问题。

2月

1日　研究所召开所长办公会议。讨论了研究所租用房屋解决存放图书、出版发行处实行目标管理的方案等问题。

2—7日　中国书籍出版社全体人员分两组参加"全国图书看样订货会"和"全国集个体图书看样订货会"。

3日　研究所召开所长办公会议。传达新闻出版署计财司召开的清产核资会议精神，研究成立本所国有资产清产核资领导小组，组长邵益文，副组长冯高潮、俞翔，成员郑占凯、张小渔、王新华、闫秀英。

8日　研究所召开所长办公会议，研究所领导班子新的分工。

洪忠炉分管中国书籍出版社、出版发行处工作，并兼任中国书籍出版社社长，陆本瑞不再兼任社长。会上还传达了新闻出版署人教司会议精神，并决定成立所职称考核领导小组，由袁亮任组长，成员有陆本瑞、邵益文、洪忠炉、邓从理、方厚枢、袁继荨、王秀芹。

11日　研究所接新闻出版署人教司通知，署管干部叶再生、邓从理、方厚枢、袁继荨办理离退休手续。

同日　研究所召开所长办公会议。传达讨论新闻出版署人教司《关于深化企事业单位人事制度改革有关问题的通知》。还研究决定，原出版发行处郑占凯集中力量筹办公司，出版发行处业务合并到中国书籍出版社。

22日　研究所召开所长办公会议，会上议论了出版社设"四奖一提高"的计划，即设选题奖、编辑奖、发行奖、宣传奖和提高稿费。

24日　研究所召开所长办公会议，会议研究解决出版发行处合并到中国书籍出版社有关问题的处理意见。决定原出版发行处改名为中国书籍出版社发行部，聘任吴功伟为发行部主任，聘任郑占凯筹办公司，并任公司经理。

25日　党委办公室组织全所参观首钢总公司。

本月　新闻出版署评委通过邓从理、袁继荨为编审。

3月

9日 研究所召开所长办公会议。研究决定以下问题：（1）将编辑出版研究室和外国出版研究室合并为综合研究室，原两个研究室的牌子仍保留，聘任魏玉山为综合研究室第一副主任（副处级），赵从旻为副主任（副处级），并将出版史研究室承担的《新中国出版史料》丛书编辑工作交给综合研究室负责。（2）讨论通过研究所《出版发行处合并到出版社后几个有关问题的处理规定》。（3）研究接受浙江谢振伟的建议，中国书籍出版社可以投资到杭州设一个发行点。（4）决定设立老干部活动室，解决离退休干部回机关看文件问题；还决定离休干部除原已确定每人可以订阅一份《人民日报》外，再增加订阅一份《参考消息》；讨论决定返聘邓从理做《新中国出版史料》编辑工作，返聘方厚枢做1990—1991年卷《中国出版年鉴》工作，返聘袁继荨做出版专业教材工作。（5）加强两个刊物的广告工作，修订征集广告、刊登广告的优惠办法。（6）研究决定《出版参考》从编刊室分出来，成立独立的编辑部，并在近期内提出方案，逐步实行编印发目标管理责任制。聘任柳华为《出版参考》编辑部副主任（副处级）。

18日 袁亮和三位副所长一起召开新成立的综合研究室全体人员会议，研究明确以下问题：（1）要经过充分酝酿，在室内实行目标管理制和全员聘任制。（2）开拓思路，制订和实施研究室的长期和近期的科研计划。（3）加强团结，齐心协力把综合研究室的工作搞好。

同日 袁亮和三位副所长同《出版发行研究》编辑部朱诠、

财务室俞翔开会，讨论通过《〈出版发行研究〉编辑部实行目标管理责任制的方案》。

同日　陆本瑞为解决研究所资料室藏书问题，与北京印刷学院联系。印刷学院原则同意借几间房子给研究所。

22日　《出版科研动态》增刊编印完成，并分送有关领导。

24日　研究所召开党委会，研究成立工会、妇委会问题。

24日　《出版发行研究》编辑部实行目标管理制和全员聘任制。

本月—4月　研究所制订《中国出版科学研究所1993年至1997年工作计划》。

4月

3日　洪忠炉、张清雅主持召开中国书籍出版社编辑部会议，以《毛泽东历险记》一书为例进行图书质量分析，研究今后如何把好图书质量关。

15—22日　《出版发行研究》编辑部与重庆出版社联合召开"社会主义市场经济条件下的编辑出版工作研讨会"。

19日　中国书籍出版社张清雅赴中国青年出版社，同胡守文社长商谈关于联合出版《边春光出版文集》事宜，中国青年出版

社表示愿无偿承担该书的印制任务。

30日 研究所召开所长办公会议,决定所财务室升格为财务处。

5月

3日 日本编辑出版学校关根登在研究所作了题为《日本出版流通的现状》的报告。

4日 研究所印发《〈出版发行研究〉广告征集及奖励办法(修订)》。

同日 研究所印发《关于加强中国书籍出版社工作的意见》。

5日 研究所向新闻出版署上报《关于申请解决部分专业人员住房困难的报告》。

8日 新闻出版署通知研究所,署领导已批准同意研究所《1993年至1997年工作计划》,随后收到文字指示。宋木文4月27日批示:"赞成这个五年计划。关键在实践,出成果。"刘杲在4月28日批示:"似可考虑在现有计划之中,列出若干重点。请谢宏同志阅。"后谢宏同志圈阅。

20日 新闻出版署工会委员会给研究所发来《关于成立中国出版科学研究所工会委员会的批复》。

同日 《出版发行研究》编辑部根据所领导的意见,与河南省海燕出版社共同举办"中青年出版科研论文海燕奖有奖征文活动"。

25日 根据新闻出版署人教司的要求,研究所将《我所试行全员聘任的情况》上报人教司。

29日 研究所科研办公室和人事处、行政处有关同志前往北京印刷学院,就研究所向印刷学院借用两间教室用于存放研究所资料室库存书籍一事与对方达成初步协议。

6月

4—7日 研究所与陕西省新闻出版局、陕西省出版协会联合在延安召开第八届全国出版科学讨论会。会议的主题是纪念毛泽东诞辰100周年,研究学习毛泽东、邓小平的出版理论。研究所所长袁亮、常务副所长陆本瑞主持会议并讲话。副所长邵益文等参加会议并讲话。全国有22个省市的论文作者、特邀代表等近50人参加了会议。

22日 杨爱荣向洪忠炉提出创办并个人承包书店的方案。研究所领导研究了这个方案,并明确这个书店属所工会办的三产,由工会论证决定。

28日 研究所召开所长办公会议。研究成立研究所普法领导小组以及有的同志和有的处室申请办三产等问题。

7月

5日 研究所召开所务会议。传达新闻出版署关于实行房改的意见,研究同意对住房实行商品化的精神。

同日 袁亮主持召开离退休干部座谈会。听取大家的意见,介绍研究所执行离退休干部政策的情况。袁亮和其他所领导均讲了话,对改善离退休干部政治待遇和生活待遇问题作了规定。

8日 研究所向新闻出版署送交《中国出版科学研究所财产清查总结报告》。

同日 《出版发行研究》编辑部与综合研究室联合召开"编辑工作之魂"座谈会,袁亮、邵益文参加座谈,并发表了意见。

16—17日 研究所召开所专业技术职务考核领导小组会议,对中层以上干部和副高以上干部逐个进行了考核和评议。

20日 张清雅、魏玉山、朱宇拜访叶至善,讨论编辑《叶圣陶出版文集》有关事宜。

22—26日 新闻出版署委派陆本瑞率团赴港参加第四届香港书展,内地100多家出版社和著名作家刘恒随团参加。

27日 新闻出版署清产核资领导小组验收组来研究所,研究所清产核资的报告通过验收。

29日　研究所向新闻出版署上报《关于申请解决部分专业人员住房困难的第二次报告》。

8月

4日　洪忠炉、魏玉山、孙煜华到中宣部出版局听取刘国雄局长介绍研究解放前商务、中华、开明等几家大出版社如何发展起来并左右图书市场这一课题的目的、要求。

同日　研究所接到新闻出版署办公室通知，要研究所向丁关根同志办公室按期报送《出版发行研究》杂志。

5日　研究所召开所务会议。讨论并同意《中国书籍出版社关于奖励办法暂行规定》，讨论财务处起草的《关于加强财务管理的若干规定》，并提出修改意见。讨论同意研究所向金城造纸股份有限公司入股5万元，以中国书籍出版社的名义入股。

6日　研究所召开所务会议。研究推荐袁亮为中国出版工作者协会第三次会员代表大会代表。

同日　研究所收到刘杲8月5日给袁亮的一封信，信中转达了于友先提出要出版科研所加强直接为出版改革、出版发展服务的科研工作。

24—25日　中国出版工作者协会第三次会员代表大会在北京举行。大会推举产生由178人组成中国版协第三届理事会，为中

国版协的最高领导机构。理事会推举51人组成常务理事会作为理事会的常设机构。研究所袁亮被推选为常务理事，方厚枢被推选为常务理事兼副秘书长。

26日　第六届国际出版学研讨会在北京召开。来自日本、韩国、菲律宾、马来西亚、新加坡等国家以及香港、台湾地区的学者和专家参加。

30日　新闻出版署转来中央党史研究室组织编撰《第二第战线》丛书《文化卷》的来函和刘杲、于永湛等同志的批示，由研究所承担《文化卷》"出版部分"的编撰工作，经费实报实销。

同日　研究所召开所务会议，讨论决定，研究所和北京住宅总公司联合经营北京市泰隆实业公司。

31日　袁亮、陆本瑞出席《出版法》起草小组会议。起草小组组成人员作了调整，袁亮仍为副组长，陆本瑞仍为小组成员。

本月　经编委会和各有关单位几年的努力，《当代中国的出版事业》上、中、下三卷，约140万字，由当代中国出版社出版、发行。

9月

9日　袁亮给新闻出版署石峰写信，并将研究所代拟的《关于出版战线"新中国第一"征文活动的通知》送去，建议以署办

公室名义发各省新闻出版局及其他出版单位。经署领导同意，此通知于9月13日发出。

10日 根据新闻出版署领导同志的意见，研究所写出《中国出版科学研究所建所8年来的工作情况报告》，并于9月13日上报署领导。

14日 研究所将新闻出版署拨付《当代中国的出版事业》一书的出版亏损补贴10万元划拨当代中国出版社。

18日 台湾图书出版事业协会秘书长陈恩泉一行5人访问研究所，和大陆出版专业刊物的负责人进行座谈。

19日 在许力以主持下，研究所袁亮、陆本瑞、方厚枢、《出版发行研究》朱诠、《中国出版》郭毅青与台湾出版界5位朋友一起座谈，交流办出版专业刊物和出版年鉴的信息和情况。

23日 邵益文起草向新闻出版署申请解决《编辑实用百科全书》印制经费的报告。

24日 研究所召开所务会议。研究决定中国书籍出版社设立总编室，第一、第二编辑室，会计室。聘任丘淙为总编室副主任，章宏伟为第一编辑室副主任，朱宇为第二编辑室负责人，张小渔为发行部副主任。

25日 毛泽东生平和思想研讨会组委会通知：新闻出版署有

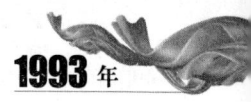

1篇论文入选,即袁亮撰写的《学习毛泽东同志关于编辑出版工作几个重要思想》,并邀请袁亮参加会议。12月26日至30日,袁亮应邀参加中央五部委召开的"毛泽东生平和思想研讨会",并在小组会上发言。

29日 研究所召开《新中国出版史料》丛书编辑部第一次会议,研究收集有关史料和丛书的编辑工作。会议决定:(1)近期召开丛书顾问会;(2)当年年底编出1949—1950年卷;(3)继续到中央档案馆和有关单位查阅史料。

10月

5日 研究所召开所务会议。研究起草修改研究所科研工作若干规定稿;研究决定向新闻出版署申报《编辑实用百科全书》专项经费问题。

6日 研究所向新闻出版署申报出版《出版发行研究》增刊《双效书出版发行经验专辑》事宜。

12日 因署领导通告,争取署党组专门研究一次研究所的工作,研究所召开所务会议,讨论了向署党组会汇报的几个方面的工作,还研究了其他事项。

同日 经所领导批准,《出版发行研究》编辑部开始执行《关于提高编辑、校对质量的规定》。

15日 研究所向中宣部出版局报送《中国出版科学研究所建所8年来的工作情况报告》。

19日 研究所召开《中华人民共和国出版史料》多卷集顾问和编辑部正副主任联席会议。研究并明确了出版史料收集、整理、编辑工作几个重要问题。顾问王益、许力以、王仿子，编辑委员会主任袁亮，副主任陆本瑞、邓从理、余甘澍，编辑部工作人员魏玉山等参加了会议。会议由袁亮主持。

20日 袁亮与魏玉山、杨贵山商量开展国外出版宏观管理体制的课题研究问题，由综合研究室承担这项任务。

29日 经研究所领导研究批准，《出版发行研究》改进装帧质量，自1994年第1期起，封面改128克铜版纸、覆膜；内文改60克胶版纸，增加成本由编辑部自行消化，1994年经费仍维持64 000元。

11月

1日 研究所召开所务会议。研究争取署图书司同意中国书籍出版社适当扩大出书范围等问题。

4日 陆本瑞出席1993年台湾书展开幕式。

6日 袁亮、洪忠炉同所财务处和中国书籍出版社会计室全体同志研究加强财务工作并形成《研究所、出版社财务会议纪要》，

于11月9日印发有关处室。

8日　洪忠炉等接待台湾图书馆张锦郎来访，了解台湾对中国书籍出版社出版专业图书的反映情况。

22日　研究所召开所务会议。研究以下问题：（1）决定召开所专业职务评审委员会，评审所内同志申报的中级职务问题；（2）决定召开第三次民主生活会，由正副所长进行自查自纠；（3）决定发通知，在所内开展评"三奖"活动，即评选先进工作者、科研成果奖和考勤奖；（4）研究几位离休干部下一年是否返聘问题，决定除一位同志需要继续返聘外，其余几位同志不再返聘；（5）由党委向署党委报告研究所党委换届工作等。

同日　邵益文接待日本一桥大学教授山本武利来访。

本月　《中国出版论丛》首卷《王益出版发行文集》由中国书籍出版社正式出版。王益前来中国书籍出版社签名赠书。研究所、社领导向中共中央宣传部领导丁关根、郑必坚、徐惟诚、翟泰丰、龚心瀚和新闻出版署领导于友先、于永湛、桂晓风、谢宏、杨牧之、张伯海、刘有志赠送《王益出版发行文集》。

本月　邵益文、张劲松等完成"近现代中国编辑家的优良传统课题报告"的研究撰写任务。

12月

4日　洪忠炉、方厚枢、章宏伟到北京印刷学院参加中国印刷博物馆奠基典礼，并参加第一届中国印刷史学术研讨会，听取湖北省英山县关于发现毕昇墓碑的情况介绍。

18日　研究所召开新晋升中级专业技术人员会议。有11位同志从1993年12月开始，晋升为中级专业技术职务，即朱宇、孙鲁燕、毕鉴、杨贵山、周建新、周宝华、徐焕生、张俊杰、郭燕琍、姜远丽、李志红。

20日　研究所向新闻出版署上报《中国书籍出版社关于买卖书号的自查自纠报告》。

23日　研究所向新闻出版署上报所里根据工资改革方案测算的结果。

24日　研究所印发《中国出版科研所科研工作的若干规定（试行）》，从1994年1月1日起执行。

25日　冯高潮带领研究所男女小合唱队参加新闻出版署直属单位纪念毛泽东同志诞辰100周年演唱会，演唱了《长征》《咱们的领袖毛泽东》等歌曲。

26—30日　袁亮作为论文作者参加中宣部、中央文献研究室、中央党史研究室、中央党校、解放军总政治部召开的毛泽东生平

1993 年

和思想研讨会,并在文化小组会上作了《学习毛泽东同志关于编辑出版工作几个重要思想》的发言。

本年 研究所进行及完成的课题:袁亮《毛泽东邓小平出版理论和出版实践》;陆本瑞《出版社专业分工》;邵益文《出版社坚持"二为方针"的规律性探讨》;魏玉山、孙煜华《百战不殆的秘密——解放前商务印书馆、中华书局成功原因浅析》的调研报告,已上报中宣部出版局和徐惟诚同志,供参阅。

本年 中国书籍出版社出版的重点图书:"中国出版论丛"第一本《王益出版发行文集》《法国图书出版业》《文秘实用手册》。

本年 《出版发行研究》杂志:开始实行全员聘任制和岗位责任制并制订减亏指标。丁关根同志对杂志发表的《靠改革完善机制、靠机制实现优质》《配套改革见成效》两篇文章给予肯定。

本年 研究所制定的主要规章制度:《中国出版科研所科研工作的若干规定》从 1994 年 1 月 1 日起正式实施;中国书籍出版社制定《关于加强出版社工作的十条规定》《奖励办法暂行规定》《编辑工作目标管理细则》《关于书稿档案的管理规定》等;《出版发行研究》编辑部制定《关于提高编辑校对质量的规定》《广告征集及奖励办法》;财务处制定《加强财产管理的若干规定》《财务开支审批制度的若干规定》。

1994 年

1 月

3 日　研究所召开中层干部会。宣布研究所实行专业职务评聘分开的规定。

4 日　陆本瑞召集《出版参考》编辑部工作人员研究自办征订发行等问题。

7 日　新闻出版署副署长于永湛、计财司司长吴江江来研究所了解情况，指导工作。署领导批付研究所 10 万元，作为购买汽车的补贴。

28 日　研究所向新闻出版署上报关于申请工资总额包干的报告和实行新工资制度的报告。

31 日　《新税制学习手册》由中国书籍出版社出版。该书出版周期为 14 天，创中国书籍出版社出书时间最短纪录。

2 月

2 日　研究所召开所务会议。研究解决以下问题：（1）全国宣传思想工作会议、全国新闻出版局长会议等会议精神的传达问题；（2）按新工资标准发放工资，固定部分全发，津贴部分先

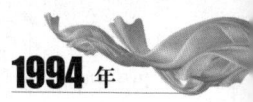

发60％，待制定津贴分配方案后多退少补；（3）到中央党校分校学习的人员安排；（4）同意中国书籍出版社和《出版发行研究》编辑部按目标管理规定兑现奖励；（5）获得中、高级专业职务人员，属中层干部的由所里聘任，一般工作人员由有关处室提出是否聘任意见，报主管所领导同意后聘任等。

15日　研究所召开所务会议。研究当年计划向署里申报两个课题："社会主义市场经济与出版改革"，"出版发展战略"；研究各处室提出的定机构、定人员的意见；根据一些群众意见，决定原计划评选全年考勤奖不再进行，以后纳入每月考勤工作中。

18日　袁亮给中宣部刘国雄同志写信，将综合研究室魏玉山、孙煜华写的研究报告《百战不殆的秘密——解放前商务印书馆、中华书局成功原因浅析》，送中央宣传部领导同志审阅。

同日　根据署办公室通知要求，袁亮将对中宣部《关于深化改革繁荣出版事业的若干意见》的修改意见报署领导。

同日　研究所党委向新闻出版署上报《中国出版科学研究所关于反腐败斗争阶段工作总结的补充报告》。

21日　研究所召开所务会议。研究决定中国书籍出版社成立第三编辑室。聘任吴功伟为出版社第三编辑室主任，戎凤喜为出版社发行部第一副主任。

28日　研究所召开所先进工作者评委会。根据所内职工推荐

意见，评选出1993年度所先进工作者12名。按姓氏笔画排列如下：王新华、丘淙、冯高潮、戎凤喜、朱宇、闫秀英、毕鉴、张清雅、俞翔、韩文虎、章宏伟、魏玉山。

3月

7日　由袁亮、洪忠炉多次倡议筹建中国出版科研奖励基金的工作取得初步进展。经洪忠炉与杭州大学出版社经营部经理仇德淦多次协商，仇德淦捐助10万元。经洪忠炉、张清雅提议，所领导班子同意，中国书籍出版社也捐助10万元。

同日　洪忠炉、张清雅接待台湾知音出版社何志韶来访。

9日　袁亮组织召开研究所领导班子民主生活会。新闻出版署张伯海、朱健增、宋英亮到会指导。

11日　袁亮主持召开研究所两个科研课题小组全体成员会，论证研究所当年计划上报的"我国出版10年发展战略""社会主义市场经济与出版改革"两个课题的总体设想、研究大纲及研究方法等，大家同意上报。

12日　研究所召开所务会议。研究讨论《新闻出版署直属单位津贴实施方案、设计的原则、方法及审批程序的暂行规定（征求意见稿）》，并提出修改意见；讨论同意《综合研究室目标管理与全员聘任制试行方案》；听取财务处汇报上一年研究所收支情况。

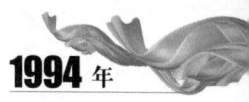

15日 袁亮主持召开《中华人民共和国出版史料》编辑部会议,研究第一卷的审稿和编辑工作。

18日 经多次讨论修改,研究所作出《关于1993年工作总结和1994年工作计划》,并于24日上报新闻出版署党组成员和署有关司以及中宣部出版局,同时发所内各处室。

21日 袁亮和中宣部出版局原局长许力以、新闻出版署原副署长刘杲联名发出《关于建立中国出版科研奖励基金的倡议书》。在研究《倡议书》的过程中,袁亮向署有关负责同志和有关司负责同志汇报过。29日,将《倡议书》寄送全国25个省市新闻出版局局长、副局长和新华书店总店经理,在寄送的《倡议书》中,附有袁亮写的信,希望得到他们的关心和支持。30日,又将《倡议书》寄送9家中央一级出版社负责人,并附有以研究所名义给他们的信,希望他们支持。

24日 研究所向署技术发展司报送研究所《关于〈社会主义市场经济与出版改革〉、〈我国出版10年发展战略〉两科研课题申请报告》及两课题的《项目开题报告》。

同日 《出版参考》编辑部拟订自办发行管理费使用提留办法,经所领导审批同意即日起实施。

25—30日 《出版发行研究》编辑部与福建省出版协会、鹭江出版社在厦门联合召开深化出版改革研讨会,来自全国15个省(自治区、直辖市)的32名代表出席了会议。会议共收到论文21篇。

30日　召开所务会议。研究解决以下问题：（1）讨论通过研究所公费医疗改革方案；（2）讨论同意研究所计划生育的规定；（3）研究设立精神文明奖；（4）讨论当年献血工作及补助营养费的问题；（5）做好召开先进工作者表彰会的准备工作；（6）讨论决定研究所建所10周年纪念活动方案。

31日　洪忠炉接待新加坡国立大学中文系高级讲师（副教授）牟美高来访。

本月　研究所综合研究室开始实行目标管理和全员聘任制试行方案。

4月

7日　新闻出版署办公室批复同意中国书籍出版社成立杭州图书发行机构。

8日　研究所召开所务会议。主要内容包括：（1）讨论通过《中国出版科研所工资津贴部分实施方案》征求意见稿，决定印发，向全所职工征求意见；（2）讨论通过《中国出版科研所关于考核出勤若干规定》修改稿，决定印发，向全所职工征求意见；（3）研究决定给职工增加误餐补助和"五一"节的补助问题等。

9日　袁亮同王新华及有关同志研究资料室和电脑室的改革设想。主要包括：（1）逐步建立若干套有关出版理论、出版法规、出版资料方面的电脑检索系统；（2）逐步添置电子排版设备，

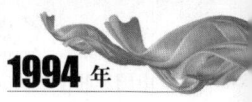

扩大排版业务；（3）实行目标管理制和全员聘任制；（4）进一步发挥电脑在出版科研方面的作用，并逐步使电脑室成为能创收的实体。

18日　研究所召开所务会议。研究建立分级考核制度。正、副所长由全体中层干部无记名投票方式提出考核意见，经所考核小组研究后报署人教司审批；中层干部的考核，由所考核小组根据所属部门职工意见进行逐个研究后，用无记名投票方式决定中层干部档次；一般职工由部门联合考核小组进行考核，用无记名投票方式，决定档次。

27日　研究所印发研究所《建所10周年纪念活动计划》。

29日　袁亮、洪忠炉同中国书籍出版社总编辑张清雅等研究该社设立"双效"优秀奖的规定。

本月　研究所印发并实行所《职工医药费报销的若干规定（试行）》《计划生育工作有关规定》。

5月

3日　研究所召开所务会议。主要内容包括：（1）讨论通过研究所《关于考核出勤若干规定》，决定从五月一日起执行；（2）成立所考核领导小组，由正副所长、党委书记和委员、工会主席组成，即由袁亮、陆本瑞、邵益文、洪忠炉、王秀芹、魏玉山组成，袁亮为组长；（3）决定成立三个部门联合考核小组；（4）研究

了考核原则和办法。这次会议研究职工考核工作的内容,整理成《工作人员考核计划》,由所考核领导小组于5月24日印发。

同日　研究所下发《关于考核出勤若干规定》。

5日　研究所成立建所10周年纪念活动筹备小组,由余甘澍、王秀芹、沈菊芳、周建新组成,余甘澍为组长。袁亮、邵益文、洪忠炉同小组全体同志开会,研究筹备工作。

6—11日　根据所务会议决定,研究所组织全所中层干部用无记名投票的办法,填写《所领导干部考核民意测验表》,对四位正副所长的思想、学习、工作、作风等方面和总的方面进行评价并提出分等意见(即优秀、称职、基本称职等)。发出17张票,收回15张票。他们的意见作为所领导分等的重要依据之一。

7日　印发《中国出版科学研究所关于财务开支审批权限的若干规定》。

13日　研究所领导班子决定袁亮、邵益文为研究所稳定工作负责人,稳定工作办公室设在党办。

17—18日　洪忠炉参加国家科委和财政部联合召开的科研院所财务管理改革经验交流会。

19日　袁亮召开"在社会主义市场经济条件下建立出版机制"课题组全体会议,陆本瑞、邵益文和课题组长张清雅以及全组成

员参加，研究和落实课题调研工作方案。

23日 研究所向署计财司基建处报送《关于中国出版科学研究所住房情况的报告》（1994年5月19日），集中反映职工住房困难情况。

24日 研究所召开所领导反腐倡廉专题民主生活会。会议由袁亮主持，三位副所长和全体中层干部参加。新闻出版署纪检书记陆圭章、人教司葛运通到会指导。袁亮、陆本瑞、邵益文、洪忠炉根据中央关于领导干部廉洁自律的新五条规定，进行对照检查。到会中层干部进行评议和批评。陆圭章、葛运通讲了话。

25日 袁亮召开"我国出版发展战略研究"课题组全体会议。课题组长洪忠炉和全组成员参加。研究和落实课题的研究方案和研究方法。

26日 研究所召开1993年度优秀科研成果奖评审委员会会议。会议由袁亮主持，并根据所内外专家评审意见，讨论通过8位同志8篇论文获得1993年度优秀科研成果奖二等奖，决定发证书和奖金。这8位同志（按姓名首字笔画为序）是：王建华、孙煜华、孙鲁燕、闫京萌、杨贵山、周建新、章宏伟、魏玉山。根据所务会议决定，研究所领导人的科研成果不参加评审。

27日 邵益文、冯高潮、王秀芹等出席署1993年精神文明单位表彰会，研究所被评为精神文明单位。

31日　《关于工作人员差旅费开支的若干规定》经征求大家意见及研究所领导审阅同意，印发各处室，自6月1日起实行。

本月　经新闻出版署批准后，研究所成立两个课题组，对"我国出版10年发展战略""社会主义市场经济与出版改革"开展研究工作。

6月

3日　研究所收到新闻出版署技术发展司《关于拨付1994年度科研项目经费的通知》（1994年5月27日），对研究所上报的两个科研课题共拨款10万元。

9日　研究所召开所务会议。传达新闻出版署人教司对研究所津贴实施方案的几点意见。会议讨论决定，按人教司要求，修改研究所津贴实施草稿。

10日　研究所召开研究所学术委员和在京特约研究员联席会议，座谈在社会主义市场经济条件下建立提高图书质量的出版机制问题。会议由袁亮主持，杨牧之、郑士德、庞家驹、王耀先、吴道弘、阙道隆、孙培镜、金常政、叶再生、陆本瑞、邵益文、洪忠炉、邓从理等出席。

同日　《人民日报》在理论版发表袁亮撰写的《繁荣我国出版事业的指导原则》一文。此文是作者研究论文《邓小平对出版理论的新发展》的一部分。

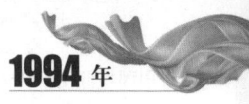

14日 研究所召开所务会议。讨论通过研究所《工资津贴部分实施方案》最后稿,决定印发各处室,再一次征求意见。

同日 《中国书籍出版社关于各部室及编辑人员职责的若干规定(试行)》印发给出版社贯彻执行。

18日 研究所向署图书司上报研究所《关于中国书籍出版社出书范围的报告》。

20日 研究所召开所考核小组全体会议。(1)根据全体中层干部无记名投票提出的所领导分等的意见,所考核小组审定,袁亮为一等,陆本瑞、邵益文、洪忠炉为二等,报署人教司审批;(2)根据中层干部所在联合考核小组群众无记名提出分等意见,所考核小组审定,张清雅、王秀芹、魏玉山、章宏伟、王新华、丘淙6位中层干部为一等,有8名中层干部为二等。

22日 陆本瑞和袁继荨、毛鹏研究教材工作,并宣布从6月1日起由教材领导小组返聘毛鹏继续承担出版教材专业编审委员会常务工作。

23日 研究所向新闻出版署人教司上报研究所《关于工资津贴部分实施方案》(以下简称《方案》)及《说明》。新闻出版署人教司于6月27日批准了上述方案。随后将《方案》印发全所。

同日 洪忠炉、张清雅、章宏伟到北京饭店同法国ARJIL银行亚太地区总经理刘柯宁(法籍华人)谈版权问题。

28日 研究所召开所考核小组全体会议。根据各联合小组用无记名投票办法对一般工作人员评出等级的结果，考核小组审定，戎凤喜、朱宇、毕鉴、杨贵山、孙鲁燕、姜远丽、闫秀英、韩文虎8位同志为一等，48位同志为二等，3位同志为三等。

6月28日、7月13日 研究所分别召开所务会议，研究决定，根据工作需要恢复资料室建制，从科研办分离出来，成为处一级机构。资料室工作包括原资料室工作和电脑室工作。

29日 研究所印发《关于全所工作人员考核结果的通知》。

本月 《出版发行研究》杂志和海燕出版社联合举办的中青年出版科研论文"海燕奖"揭晓，共有10篇文章获奖。

7月

1日 新闻出版署召开先进基层党组织、优秀党员、优秀党务工作者表彰大会。研究所魏玉山被授予署1993年优秀党员称号，王秀芹被授予署1993年优秀党务工作者称号，受到表彰。

2日 研究所召开所务会议。内容包括讨论同意中国书籍出版社1994年承包方案，上交利润30万元，超额部分按20%提成等。

9—17日 袁继萼代表编辑出版教材领导小组和编审委员会赴合肥参加高校编辑学专业负责人会议和新增补的编辑、出版教材编审委员座谈会。

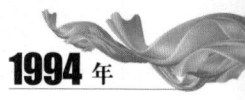

11日　中国书籍出版社向研究所上交上半年出版利润17万元。

12—15日　《出版发行研究》编辑部与《东北之窗》编辑部在大连联合召开"首届期刊经营管理研讨会"。

13日　根据所务会议决定,人事处发出通知:资料室为处一级机构;聘任王新华为资料室主任,沈菊芳为科研办公室副主任,周建新为所务会议秘书。

15日　根据中央档案馆有关局的建议,研究所领导研究,同意由研究所和中央档案馆联合编辑《中华人民共和国出版史料》这套多卷本的大型史料书。

同日　洪忠炉主持召开所保密小组会议,传达贯彻上级精神,研究如何做好保密工作,防止泄密事件的发生。并向署里写了研究所检查保密工作情况的书面汇报。

18日　根据所务会议决定,并请示新闻出版署计财司负责同志同意,研究所人事处发出通知,聘任闫秀英为财务处负责人,同意俞翔辞去财务处副处长职务。

20日　洪忠炉、张清雅主持召开中国书籍出版社编辑人员会议。学习新闻出版署《图书质量管理规定》等文件。宣布实施《中国书籍出版社出版流程暂行规定》,同时小结近期出版社图书文字质量差错情况,并提出了具体要求。

22日 研究所召开《中华人民共和国出版史料》编辑部全体人员会议。与会同志汇报研究1949年卷稿件的审阅情况,并研究编审工作中应注意的问题。会议决定争取此卷在1994年底出版。

22—26日 《出版发行研究》编辑部与黑龙江出版工作者协会、黑龙江教育出版社在哈尔滨联合举办"校对管理研讨会"。来自7省市的24名作者提交了21篇论文。

25日 陆本瑞完成"出版社专业分工研究课题"的起草工作,报告稿分送张伯海、宋镇铃、杨牧之,征求他们的意见。

28日 研究所全体工作人员聆听《人民日报》前驻莫斯科记者周象光介绍前苏联情况。

29日 综合研究室魏玉山、杨贵山完成西方出版管理体制课题第三篇研究材料《美国出版管理体制》。此稿将刊登在《出版科研动态》上,上报领导机关参考。

本月 中国书籍出版社因在希望书库出版工作中做出重要贡献,获得中国青少年发展基金会颁发的荣誉证书。

8月

5日 研究所召开所务会议。研究确定《毛泽东邓小平出版理论出版实践探讨》一书入选论文篇目;研究编辑一本研究所建所10周年纪念册,并确定了纪念册的内容;研究召开第九届出

版研讨会的经费计划等。

10日 研究所《关于对署一级科研课题管理工作的规定》印发各处、室。

15日 研究所出版史料征集办公室代新闻出版署起草的《关于〈第二条战线〉资料丛书〈文化卷〉征集编纂工作的通知》报新闻出版署。

9月

1日 新闻出版署向各省、自治区、直辖市新闻出版局发出《关于〈第二条战线〉资料丛书〈文化卷〉征集编纂工作的通知》。署里指定这项工作由研究所承担。

2日 陆本瑞参加在北京举行的海峡两岸三方出版座谈会,并就大陆出版业和图书市场发展趋势发了言。

5日 新闻出版署党组发出通知,任命吴克明为研究所党委书记兼副所长,免去陆本瑞常务副所长职务,免去邵益文党委书记兼副所长职务。

7日 研究所将《中国出版科研所领导班子分工安排》上报署领导并印发各处室。

15日 研究所印发《关于加强财务管理的若干意见》。

22日　研究所和中国出版工作者协会国际合作出版促进会向新闻出版署期刊司报送《关于〈出版参考〉调整主办单位的申请报告》。

10月

7日　研究所召开第九届年会论文评审委员会会议。会议由袁亮主持，吴克明、洪忠炉、陆本瑞、邵益文、邓从理、毛鹏等出席。会议对收到的177篇论文，逐篇进行了讨论评审，有100篇论文入选。

17日　新闻出版署期刊司以期管字（94）第184号文批复《出版参考》调整主办单位的申请报告，同意由中国出版工作者协会国际合作出版促进会与中国出版科学研究所合办，并以国际合作出版促进会为主要主办单位。双方商定陆本瑞仍任《出版参考》主编。

18日　研究所召开所务会议，讨论《关于职能配置、内部机构和人员编制方案（草稿）》《关于实行有偿服务、内部结算的实施细则（草稿）》。

同日　经所务会议研究决定，研究所成立所财务大检查小组，洪忠炉、闫秀英任正、副组长。

19日　研究所向新闻出版署期刊司和北京市新闻出版局期刊处报告：邵益文因年龄关系和不再担任副所长，不再担任《出版

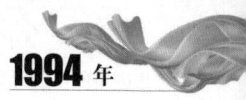

发行研究》主编，袁亮担任《出版发行研究》主编，吴克明担任执行主编。

19日　中国书籍出版社向新闻出版署图书司报送申请追加书号的报告。

同日　研究所印发《关于实行有偿服务、内部结算的实施细则》给各处室，11月1日起执行。

21日　研究所向署报送《中国出版科研所1994年第四季度工作安排》，同时印发各处室。

25日　吴克明、洪忠炉、冯高潮赴署计财司，同吴江江商谈研究所经费、办公用房、职工住房等情况。

同日　召开所务会议，通报署计财司吴江江对解决研究所经费、办公用房、职工宿舍三个问题的意见。还研究了加强综合研究室力量以及中国书籍出版社与湖北省青年心理研究所协作出书存在的问题要尽快做出检查等问题。

27日　洪忠炉、闫秀英和署计财司王丽、宋文英赴国家科委，向吴波尔处长汇报研究所科研、出版情况和经费严重不足的困难，希望予以支持。

28日　研究所向于永湛、吴江江报送《请落实我所办公用房的报告》。

11月

1日 袁亮参加中国出版工作者协会国际合作出版促进会会议,并在会议上介绍了国外出版情况和研究《出版参考》扩版等问题。

10日 袁亮参加全国人大常委会法律委员会、教科文卫委员会、法制工作委员会召开的《出版法》草案座谈会,并对草案的修改发表了意见,希望人大常委会尽快通过。

15—19日 中国出版科学研究所、中国编辑学会和广东省出版工作者协会在广州联合召开全国出版科学研讨会,这也是研究所第九届出版研讨会年会。会议的主题是研究在社会主义市场经济条件下,深化出版改革,建立相应的出版机制,促进出版繁荣的问题。新闻出版署署长于友先出席会议,并就深化改革、加强管理、促进繁荣的问题发表了重要讲话。广东省委常委兼宣传部长于幼军、中国编辑学会会长刘杲、中宣部出版局局长高明光、广东省新闻出版局局长周圣英等同志也在会上发表了讲话。研究所所长袁亮作了《关于建立出版机制的几个问题》的发言。参加会议的论文作者和特邀代表共63人。会议还组织与会同志到深圳市进行学习考察和参观。会议由周圣英、袁亮、吴克明主持。

22日 洪忠炉到长城饭店参加外文出版社和台湾光复企业集团联合出版《大美百科全书》汉字简化字版本的新闻发布会。

25日　中国书籍出版社就最近图书市场发现《红星艳事》《明星生活》《明星趣谈》《明星焦点》等书均盗用本社名义一事，在《新闻出版报》刊登声明，请各地新闻出版行政管理部门协助查处。

29日　研究所召开全所职工大会。这是一次全国出版科学研讨会精神的传达会，也是一次深化研究所体制改革、增强自我发展能力的动员会。在会上，袁亮、吴克明传达了全国出版科学研讨会的情况和于友先等几位领导同志讲话的精神，还介绍了广东科技出版社、广东高教出版社等单位进行改革的成功经验，要求全所同志结合研究所实际，对今后研究所的改革和发展提出建议和意见，争取研究所下一年工作有一个新的发展。

本月　研究所印发《关于汽车使用暂行规定》。

12月

1日　吴克明、洪忠炉同资料室同志研究实行目标管理问题。

12日　新闻出版署下发文件，对中国书籍出版社同湖北省青年心理研究所1992年协议出版《资本主义管理大辞典》《精选二十五史文白对照与导读》两书（于1994年出版）进行处罚，没收两书的利润。中国书籍出版社接受处罚，吸取教训，改正错误。

20日　袁亮召开会议，研究第九届出版科研年会论文集入选篇目，计划入选44篇，书名定为《建立出版机制的经验和理论》。

27日 研究所召开全所工作人员大会。会上，综合研究室、科研办、出版社一编室、二编室、三编室、总编室、发行部、财务室、出版史征集办、《出版发行研究》编辑部、行政处、资料室、人事处（党委办）、财务处等部门负责人先后作述职报告。

28日 研究所召开全所工作人员大会，由袁亮、吴克明、洪忠炉作述职报告。袁亮在会上指出，研究所的工作格局是：两个基点、一个服务，即科研工作和中国书籍出版社的工作是两个基点，行政后勤部门是为两个基点服务。1994年的工作，科研工作超过了前几年，开展了广泛的调查研究工作，取得了一些成果；中国书籍出版社的工作也超过了前几年，创利70万元；研究所体制改革也取得了新的进展。1995年，要继续坚持党的基本路线，深化改革，一手抓科研，一手抓出版社，争取向以所带社、以社养所的目标更进一步。

同日 研究所召开党委会，讨论通过、正式批准毕鉴为中共预备党员。这是研究所建所十年来发展的第一个党员。

29日 研究所召开所务会议，研究修改《聘任制试行办法（修订稿）》；研究职工住房特困户的情况，并讨论修改《关于申请解决我所中层干部和业务骨干特困户住房的报告》。

31日 截至目前的统计，中国书籍出版社1994年创利70万元，超额完成1994年确保创利30万元的目标。

本月 中国书籍出版社于1993年6月出版的《故事大王》

一书，侵犯了上海少年儿童出版社《故事大王》杂志商标权。经双方协商赔偿该杂志社1万元。中国书籍出版社从中吸取教训，今后加强著作权、版权和商标权的观念，防止类似问题的发生。

本月　由研究所组织编撰的《编辑实用百科全书》由中国书籍出版社出版。

本年　研究所进行和完成的主要课题：《我国出版十年发展战略》《社会主义市场经济与出版改革》；《毛泽东出版理论概述》《邓小平出版理论概述》《出版社专业分工研究》《近现代中国编辑家的优良传统》；《出版社深化改革研究》与1994年《社会主义市场经济与出版改革》课题合并；《西方国家出版管理体制》研究报告中的美国、日本、英国、加拿大等国家的出版管理体制4篇研究报告在研究所的《出版科研动态》刊登，受到中宣部出版局、新闻出版署及出版界一些老同志好评；魏玉山、孙煜华根据中宣部常务副部长徐惟诚提出的任务，完成《百战不殆的秘密——解放前商务印书馆、中华书局成功原因浅析》。

本年　中国书籍出版社编辑加工和出版的图书：《毛泽东邓小平出版理论出版实践探讨》编辑加工中；《建立出版机制的经验和理论》交稿；《中华人民共和国出版史料》1949年卷发排；《第二条战线·文化卷》（出版部分）完成史料征集；《中国出版工作论丛》一套书被新闻出版署列入"八五"重点图书规划，已出版《王益出版发行文集》《许力以出版文集》《边春光出版文集》；出版《中国新闻出版法规简明实用手册》。

本年 研究所制定的主要规章制度：综合研究室从1994年3月起实行《目标管理与全员聘任制试行方案》，资料室从1994年6月起酝酿《目标管理与全员聘任制试行方案》。到1995年初，除行政部门外，其余处室已基本实行目标管理与全员聘任制。

本年 1994年起逐步推行发津贴分等级，发奖金拉开差距的办法。除基本工资外，津贴分一、二、三等发放。

1995年

1月

3日 研究所向新闻出版署负责同志和有关司负责同志上报《关于申请解决我所中层干部和业务骨干特困户住房的报告》。

5日 洪忠炉、张清雅等接待台湾知音出版社社长何志韶来访。

26日 洪忠炉代表研究所同各部室负责人签订防火责任书，要求安全防火责任到室，责任到人，做到万无一失。

2月

8日 吴克明主持召开《出版发行研究》承包方案评审小组会。袁亮、洪忠炉和小组其他成员参加。会议认真讨论了编辑部同志提出的3个目标管理和全员聘任制方案。最后经无记名投票，张

立的方案被采纳。11日,吴克明主持召开《出版发行研究》编辑部工作会议,并受所评审小组的委托,向编辑部同志宣布对《出版发行研究》承包方案的评选决定。

13日 研究所召开所务会议。研究为完成署里下达的研究出版体制框架的课题,成立以吴克明为组长的课题组,并尽快申报立项,开展研究工作;以研究出版体制框架为主题,召开第十届出版科研年会,尽快进行筹备工作和征集论文工作等。

15日 吴克明主持召开庆祝中国出版科学研究所成立十周年筹备小组会,讨论庆祝活动的具体事宜,并作了具体分工。日常筹备工作由沈菊芳负责。参加会议的有余甘澍、王秀芹、周建新等。

21日 研究所考核小组发出通知,公布职工1994年考核结果。评为一等的有13名同志,评为二等的有43名同志。

本月 邵益文、毛鹏执笔完成"社会主义市场经济条件下出版社坚持'二为'方向问题的探讨"课题的研究撰写任务。

3月

6日 研究所将《1994年工作总结和1995年工作计划》上报署领导,并同时下发各处室。

7日 根据所务会议决定,研究所聘任章宏伟为中国书籍出版社副社长、副编审,聘任丘㴉为中国书籍出版社总编室主任,

聘任孙继芬为人事处负责人。

9日　中国书籍出版社接到新闻出版署图书司3月7日发文，批准核发中国书籍出版社1995年书号115个。

10日　根据所务会议决定，并报新闻出版署人教司、计财司批准，聘任闫秀英为财务处副处长。

11日　研究所向新闻出版署里报送《关于申请几部学术著作出版经费补贴的报告》。

12日　研究所向于友先、谢宏报送《关于加强同国外出版界联系的请示报告》。

14日　研究所向新闻出版署报送《关于召开第十届全国出版科学研讨会的请示报告》。

16日　研究所召开所、处两级干部会，研究关于年终奖金分配的有关政策问题。《关于年终奖金分配的暂行规定》同日印发。

20日　洪忠炉、张清雅和中国书籍出版社中层干部到新闻出版署参加第二届新闻出版署直属出版社优秀图书奖颁奖大会。中国书籍出版社的《法国图书出版业》一书荣获设计二等奖，《王益出版发行文集》一书荣获校对二等奖。

21日　经所务会议研究决定，为精简机构，出版史料征集办

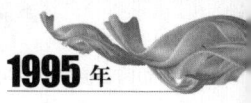

公室合并到综合研究室，其工作任务和人员由综合研究室统一负责和管理，但出版史料征集办公室的名义保留，以便对外联系工作。

25日 研究所印发研究所《关于义务献血工作奖惩管理办法》。

本月 研究所科研办公室编发两期《出版科研动态》。一期是毛泽东与邓小平论出版自由；一期是法国的出版管理体制。

4月

1日 从即日起，资料室试行《目标管理与全员聘任制方案》。4月5日，洪忠炉、王新华分别代表研究所和资料室签字。

4日 根据中央纪委第五次全会的精神，吴克明代研究所草拟《关于工作人员廉洁自律的若干要求》，经全所和所务会议讨论修改，于4月13日正式公布。

10日 研究所召开所务会议。内容包括决定成立所稳定工作小组，研究制定职工休假具体办法等。会议决定所稳定工作小组组长为吴克明，副组长为洪忠炉，成员有张清雅、孙继芬、冯高潮等。

11日 研究所召开中层干部、党委委员、纪委委员、支部委员以上干部会，部署制定研究所"九五"规划。袁亮在会上讲了研究所的发展设想，力争做好"四多"、"四服务"工作。"四

多"是：多出科研成果，多出人才，多出有价值的出版专业著作，多创经济效益。"四服务"是：为出版管理机关决策服务，为出版改革和发展服务，为党的基本路线服务，为维护全国大局服务。为实现这一设想，研究所全体同志一要有志气，二要有点精神，努力工作，不断作出新的贡献。

12日 研究所召开所务会议。吴克明通报新闻出版署政工师评委会评审研究所推荐的几位申报高级政工师、政工师的结果。

同日 根据新闻出版署下达的研究建立有中国特色社会主义出版体制基本框架的课题任务，研究所成立课题组，开展对这个问题的研究工作。吴克明主持召开课题组工作会议，全面讨论课题研究工作，特别是调研工作计划实施问题。

13日 经所务会议研究决定，人事处向各处室发出《关于职工休假问题的通知》。

17日 洪忠炉接待美国长青文化公司总裁刘冰来访。张清雅、魏玉山、杨贵山参加。

5月

本月 中国书籍出版社出版由研究所和中央档案馆联合编辑的《中华人民共和国出版史料》第一卷（即1949年卷）。

6月

1日　洪忠炉同北京市翼科物资设备公司经理武晓明商谈关于研究所与北京市住宅总公司物资部合办的北京市翼科物资设备公司，因资金困难决定停办，并在朝阳区工商局办理撤销手续问题。

5日　新闻出版署党组成员、中纪委驻署纪检组长刘有志同署纪检组成员信继魁等4位同志来研究所检查贯彻中纪委"两个不准"和了解"小金库"等问题。

14日　研究所召开研究所学术委员和在京特约研究员联席会议，座谈建立有中国特色社会主义出版体制的基本框架问题。

19日　研究所召开全所表彰先进大会。会上，表彰了1994年度13名先进工作者、表彰了获得1994年度优秀科研成果奖6篇论文的作者、表彰了中国书籍出版社获得署直属出版社优秀图书奖的两本图书的设计和校对二等奖、表彰了研究所获署直属单位春季运动会乒乓球赛女团亚军的队员和领队，还宣布了研究所被评为署直属精神文明单位。

本月　研究所科研成果《西方六国出版管理研究》一书，由中国书籍出版社出版。

7月

3—5日 以陆圭章为组长的新闻出版署考察组来研究所考察领导班子。袁亮、吴克明、洪忠炉先后向考察组汇报了工作。考察组还分头向中层干部了解情况。

14日 为贯彻落实中纪委关于"两个不准"的规定精神,研究所制定印发《关于工作餐标准的有关规定》。

25日 研究所向于友先、于永湛报送《关于请求解决我所办公用房和住房的报告》。

8月

15日 于友先、于永湛和吴江江、王涛来研究所现场办公。在袁亮、吴克明、洪忠炉汇报工作后,于友先、于永湛等先后讲话,谈到帮助解决研究所经费困难、住房紧张等实际问题。

9月

1日 研究所向新闻出版署报送《关于中国出版科学研究所调整出版中级专业职务评审委员会的报告》,9月18日,署职改办复文同意。

6日 洪忠炉、冯高潮、孙海红赴中华书局同总经理助理李岩等商谈中华书局业务楼分割问题。

1995 年

8日　袁亮、吴克明、洪忠炉接待北京市新华书店经理鲁杰民等，商谈解决市店欠研究所60平方米库房的问题。

14日　中宣部出版局发函批复研究所7月14日的请示报告，同意研究所出版《毛泽东邓小平的编辑出版思想概述》的研究著作，并指出："这是一部有价值的研究著作，对于帮助广大出版工作者进一步学习、领会毛泽东、邓小平同志关于宣传文化工作特别是关于出版工作的论述，可以起到积极的作用。"批复中还指出，对书名再作斟酌。研究所后商定书名为《毛泽东邓小平与中国出版》。新闻出版署图书司于10月12日批复，同意出版。

《毛泽东邓小平与中国出版》一书由中国书籍出版社于11月出版后，新华社、中央人民广播电台、《人民日报》（海外版）、《光明日报》、《新闻出版报》、《出版参考》、《中国图书商报》、《图书发行研究》等均作了报道。

18日　洪忠炉带领研究所30多位同志参加新闻出版署纪念抗日战争胜利50周年演唱会。研究所演出大合唱《团结就是力量》，并获署工会联合会二等奖。

26日　洪忠炉、张清雅到中国革命博物馆参加中国出版工作者协会举办的中国书籍装帧艺术展览会。中国书籍出版社出版的《编辑实用百科全书》参展。

本月　研究所制定《中国出版科学研究所"九五"规划》，上报新闻出版署，并印发各处室。

本月 北京市新闻出版局、北京市出版工作者协会、北京市美术家协会向陆本瑞授予第一届北京书籍装帧艺术展览荣誉奖。

10月

6日 研究所召开出版专业职务评审委员会，有8名评审委员参加。

15日 中国书籍出版社出版北京语言学院教授兼中国联合国研究中心主任李铁城新著《联合国五十年》一书。钱其琛副总理题写书名，并将该书分别赠送江泽民总书记，李鹏总理，中央政治局委员、中央书记处书记兼中央宣传部长丁关根等领导同志。钱副总理陪同江主席到美国纽约出席联合国五十周年特别纪念会议时，将该书带到纽约赠送联合国总部。

27日 研究所印发《职工住房分配方案（试行）》。

10月31日—11月2日 经新闻出版署批准，由中国出版科学研究所、湖北省新闻出版局、湖北省出版工作者协会联合在武汉举行全国出版科学研讨会，即中国出版科学研究所第十届年会。会议研讨出版体制框架和阶段性转移两个问题。来自全国20个省、市、自治区40多位论文作者代表参加会议。新闻出版署副署长于永湛、新闻出版署办公室副主任王涛出席会议并讲话。研究所袁亮向会议提交了《建立我国出版管理新体制的初步思考》的发言稿。吴克明主持会议并讲话。魏玉山、赵从旻、沈菊芳、孙鲁燕等参加了会议。

本月 研究所编发《出版科研动态》3期，刊登3篇研究出版体制基本框架的文章。

11月

10日 经所务会议同意，研究所成立财务大检查小组，洪忠炉任组长，成员有俞翔、郭云。

14日 研究所向署领导报送《关于中华书局业务楼面积使用分割方案的请示报告》。

20日 研究所分房小组公布《1995年职工住房分配方案的补充规定》。

23日 中国出版科学研究所召开党员大会。主要内容有：（1）审议和通过中共中国出版科学研究所第一届党委会和第一届纪委会向党员大会的工作报告。（2）选举产生中共中国出版科学研究所第二届委员会和第二届纪律检查委员会。到会正式党员29人，预备党员1人，共30人。应邀参加党员大会的新闻出版署直属机关党委组织部长宋英亮在会上讲了话。随后，研究所召开了第二届党委会，民主选举了党委书记，各委员进行了分工，并将党委、纪委选举结果以及书记和委员的分工报署直属机关党委审批。

本月 中国书籍出版社出版《毛泽东邓小平与中国出版》一书。

12月

4日 研究所召开所务会议。研究决定12月8日在所内召开建所十周年座谈会,决定给所内全体职工发纪念品,并决定给中宣部和新闻出版署有关负责同志发感谢信和赠送纪念品等问题。

5日、18日 《人民日报》于5日发表《中国出版科研所十年著述颇丰》的报道,《光明日报》于18日发表《中国出版科研所以成果纪念办所十年》的报道。在此之前,《新闻出版报》于7月21日发表《中国出版科研所成立十年,出版科研硕果累累》的报道。

8日 研究所召开建所十周年座谈会,全所职工参加。袁亮、吴克明、陆本瑞、方厚枢、袁继萼等同志均发言,回顾过去,展望未来。洪忠炉主持会议。

11日 研究所分房小组公布分房名单第二号通告。

14日 研究所分房小组公布分房名单第三号通告,解决了5户住房困难户。

18日 研究所召开所务会议。内容包括传达人事部等部委《关于印发机关、事业单位工作人员正常晋升工资档次办法的通知》,并决定向所内全体职工传达等内容。

22日 研究所完成《中国出版科学研究所1995年暨"八五"

工作总结和1996年工作要点》起草工作。于1996年1月3日上报新闻出版署。

29日 袁亮、吴克明、洪忠炉听取中国书籍出版社财务科郭云汇报。中国书籍出版社1995年创利71万元。

本月 中国出版科研奖励基金领导小组颁布了《中国出版科研奖励基金章程》。章程指出，奖励基金领导小组致力于推动出版科研工作，鼓励出人才、出成果，繁荣出版事业，面向国内外募集奖励基金。

本月 由王益翻译的《图书出版的艺术和科学》一书由中国书籍出版社出版发行。

本年 研究所进行和完成的课题："出版社坚持'二为'方针的规律性探讨"；"有中国特色社会主义出版体制基本框架研究"，1996年完成；"我国出版十年发展战略的若干问题研究"，1996年完成；"社会主义市场经济和出版改革研究"，1996年完成；《第二条战线·文化卷·出版部分》，中央党史研究室下达任务，方厚枢、余甘澍等负责；中宣部出版局和新闻出版署"跨世纪人才工程"、"图书发行体制改革"。

中国书籍出版社出版的专业图书："毛泽东邓小平编辑出版思想研究"课题成果《毛泽东邓小平与中国出版》；"国外出版管理研究"课题成果《西方六国出版管理研究》；《中国出版论丛》1993年8月起和新闻出版报社共同编辑，本年度出版的有王益、许力以、边春光、王仿子、陈翰伯、陈原的出版文集，胡愈之、

叶圣陶、王子野、宋木文、刘杲的正在编辑；《中华人民共和国出版史料》1991年经新闻出版署批准由研究所和中央档案馆共同编辑，1995年5月出版"1949年卷"。

1996年

1月

4—11日　应研究所邀请，韩国出版学会代表团来访。代表团于4日到达北京。当天，袁亮、吴克明、洪忠炉会见了韩国出版学会代表团，包括韩国出版学会会长闵丙德、顾问尹炯斗、理事李钟国三位教授。参加接待工作的有沈菊芳、魏玉山、张立等。

8日　研究所召开所务会议，决定聘任张立为《出版发行研究》编辑部副主任等。

15日　研究所向浙江省新闻出版局发函，请协助四川同志去杭州召开《中国抗日战争时期大后方出版史》一书编委扩大会议。发函前，已征得了新闻出版署有关负责同志同意。

22日　研究所党委公布《关于工作人员在交往中收受礼品登记、宴请登记、干部收入申报登记的规定》。

同日　研究所发出《关于调整我所精神文明建设协调小组成员的通知》。

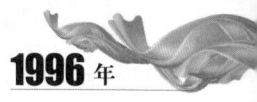

2月

1日 研究所发出《关于干部聘任制试行办法》《关于实行工人签订岗位责任书和聘用干部的暂行办法》《关于考勤管理暂行办法》。

2日 研究所召开所务会议。主要研究决定：(1)从当年开始，以后每两年召开一次年会；(2)由综合研究室魏玉山向国家社科基金办申报"出版发行体制及管理"的课题；(3)向新闻出版署申报"周恩来、刘少奇、朱德、陈云与中国出版"的课题；(4)抓紧完成过去未完成的几个课题，对已完成的5个课题研究报告，要抓紧向署里报送；(5)抓紧完成第十届年会论文集稿件的终审工作，争取尽快送河北教育出版社出版；(6)当年要举办第二届全国优秀出版科研成果评奖活动，由科研办代拟通知稿；(7)为加强研究所科研工作，从当年开始在每年国拨研究所事业费中拨出3%作为科研经费；(8)传达署人教司劳资会议精神，并研究尽快完成研究所全体人员的考核工作。

29日 洪忠炉、冯高潮、孙海红、孙继芬、王新华到六里桥中华书局业务大楼实地考察办公用房，研究同中华书局业务大楼面积使用分割的第二次方案。

3月

4日 研究所召开所务会议。主要研究：1.晋升工资的部分尽快发到人；2.决定发1995年终奖，并由有关处室研究提出

名单；3.研究抽人办三产的问题。

5日　研究所向新闻出版署领导上报《关于中华书局业务楼面积使用分割方案的第二次请示报告》。

8日　由中国书籍出版社选送的1995年出版的10种图书，经新闻出版署印刷产品质量监督检测中心图书印刷质量检测，其中《徐灵作品选》等2种图书为优等；《毛泽东邓小平与中国出版》等4种图书为良好；《教师口才学》等3种图书为合格；《陈翰伯出版文集》有坏字和版面脏迹过多的问题，定为不合格。

11日　研究所召开所务会议。主要内容有：（1）听取沈菊芳汇报去河北教育出版社联系出版第十届年会论文集的情况，并研究决定有关事项；（2）研究举办第二届全国出版科研优秀论文奖活动，由科研办起草通知稿。

同日　研究所印发修订后的《关于工作人员差旅费开支的新规定》。

18日　袁亮接到王益批评中国书籍出版社工作的信。当天召开出版社中层以上干部会，宣读了王益的信，并研究了改进工作的措施。

28日　研究所向新闻出版署领导上报《关于中华书局业务楼划分的第三次方案的情况报告》。

 1996年

30日　研究所分房小组公布《分房小组四号公告》，调整了5位职工的住房。

4月

15日　研究所召开所务会议研究科研工作，决定尽快向新闻出版署申报《周恩来、刘少奇、朱德、陈云与中国出版》的研究课题。决定研究所以后逢双年办一次全国出版科研论文评奖活动，逢单年举办全国出版科研年会。决定尽快做好第十届年会论文集的出版工作。

29日　研究所召开所务会议。研究课题调查工作，决定派人去四省调查地市一级出版体制问题。

30日　研究所向新闻出版署上报《关于举办第二届全国出版科学研究论文评奖活动请示报告》。

本月　研究所将《毛泽东邓小平与中国出版》《出版社专业分工研究》《近现代编辑优良传统》《社会主义市场经济条件下出版社坚持"二为"方向问题的探讨》4个课题最后的研究报告和《科研成果报告表》等上报新闻出版署。

5月

2日　中国出版工作者协会主席宋木文来研究所看望大家。

15—26日　沈菊芳随中国对外出版外贸总公司书展团赴韩国参加"'96汉城第二届国际图书博览会"。这届博览会有30多个国家700余家出版社参加。

22日　袁亮接待山东大学刘光裕教授来访，研究成立编纂中国古代出版史的领导小组、编委会等问题，决定由研究所向新闻出版署提出建议。

23日　研究所成立综合治理领导小组，组长为吴克明，组员为张清雅、冯高潮、时亮远。

27日　经所务会议讨论决定，在洪忠炉治病休息和身体康复以后，不再负责中国书籍出版社的日常工作，只管选题和人事工作。中国书籍出版社从即日起由张清雅、章宏伟、丘淙、朱宇四位同志组成社务管理委员会，承担处理出版社的各项工作。出版社的日常工作由张清雅主持，并实行社务委员会集体领导和分工负责制。出版社的重大问题，应经集体讨论决定，根据分工，各司其职。

同日　研究所印发《关于财务管理暂行规定》。

29日　研究所召开所务会议。主要内容有：（1）根据聘请所外专家的评审意见，研究决定所里1995年优秀科研论文获奖的论文及作者名单；（2）研究第二届全国出版科研评奖活动的有关事项。

31日 吴克明、洪忠炉、冯高潮、孙海红等到中华书局,同总经理邓经元、副总经理沈锡麟、总经理助理李岩等商谈六里桥中华书局业务楼分割问题。新闻出版署计财司文叶荣等参加。

同日 召开所务会议。根据当天上午与中华书局负责人协商的结果,研究决定所里对中华书局业务楼分割方案的最后意见。

6月

3日 洪忠炉在研究所接待美籍华人、美国洛杉矶长青文化公司总经理刘冰来访。

14日 中国出版科研奖励基金领导小组和中国出版科学研究所联合向全国发出《关于第二届全国出版科学研究论文评奖活动的通知》。

17日 研究所召开全所表彰先进大会。会议表彰了先进工作者10名、优秀党员3名以及获优秀科研成果奖的一部专著和6篇论文的作者。会上,先进代表魏玉山、朱宇、俞翔发言。

7月

8日 研究所召开全国第二届出版科研论文奖评审委员会正副主任会议。许力以、刘杲、袁亮主持。会议研究了评审工作有关事项,包括评奖工作的意义、标准、经费等问题。会议商定,由许力以、刘杲、袁亮联名向署领导写报告,请示专拨评奖经费。

10日　研究所召开所务会议。内容包括研究决定向署推荐一名享受政府特殊津贴人选（后未获批准），出版社一、二编辑室合并，出版科研论文评奖等有关工作。

11日　章宏伟、张瑞参加中国青少年基金会召开的表彰为希望书库作出贡献的76家出版社和12家印刷企业会议暨首发式。中国书籍出版社是受表彰的出版社之一。其中，《联合国五十年》《成长的喜悦与烦恼——中学生青春期教育自读课本》两书入选希望书库。

13—17日　中国书籍出版社参加中国出版成就展，在新闻出版署直属出版社展区展出出版社"八五"期间出版的部分图书。

15日　许力以、刘杲、袁亮联名给于友先、于永湛、杨牧之、石峰写信，请新闻出版署拨付5万元，解决第二届全国出版科研论文评奖活动的经费不足问题。即日，于友先、于永湛、杨牧之、石峰等先后批示同意，拨付5万元。

26日　研究所收到新闻出版署7月18日《关于下达1996年度科学技术研究项目计划的通知》，同意研究所上报的"周恩来、刘少奇、朱德、陈云与中国出版"课题，此课题由袁亮承担。

8月

19日　研究所召开所务会议。内容包括通过所内创收，设置所内津贴的办法等内容。

24日　袁亮完成新闻出版署直党委布置的撰写论文任务，题目为《邓小平编辑出版思想研究》，共12 000字，打印后及时上报署党委。

本月　中国出版科研奖励基金领导小组和研究所共同制定了《第二届全国出版科学研究论文奖入选标准》，并分发给评委会全体委员。

9 月

4日　研究所发出通知，根据人教司《关于通过创收增加津贴由研究所自己决定》的意见，规定研究所职工的津贴，包括国家规定津贴和所内津贴，合计不低于工资总额的40%。

11日　综合研究室召开会议，欢送杨贵山以访问学者身份前往英国牛津布鲁克斯大学出版研究中心进行为期一年的学习研究。

12—25日　研究所先后两次召开中层干部会议。会议根据署人教司通知精神，讨论决定在研究所试行浮动职务补贴的办法。

28日　新闻出版署副署长桂晓风和李牧力、阎国庆来研究所开会，宣布任命余敏为研究所副所长，主持行政工作，免去袁亮的所长职务。

本月　袁亮完成新闻出版署下达的《出版学概论》高校教材第一至第七章的编撰工作。在此前后，宋镇铃、王涛、魏玉山、

赵从旻、张立、朱诠、杨贵山七位同志完成第八至第十四章的编撰工作。全书共 28 万字左右。编写这部教材也是研究所的一项科研工作。

10 月

15 日　余敏、洪忠炉、孙海红到六里桥实地了解中华书局业务大楼分割方案。

16 日　袁亮、洪忠炉、朱宇到商务印书馆参加中国出版工作者协会主席宋木文主持召开的研究《陈翰伯出版文集》（第二版）编辑出版工作座谈会。因《陈翰伯出版文集》（第一版）未能充分反映陈翰伯同志对中国出版事业的重要贡献，与会者一致同意宋木文关于增补内容的意见，编辑出版《陈翰伯出版文集》（第二版），当年收集材料，下一年上半年出版。

29 日　研究所向新闻出版署上报中华书局业务楼第四次分割方案报告。

11 月

1 日　余敏参加新闻出版署署务会议。会议中心议题是贯彻十四届六中全会精神，听取各司室最近工作的安排。于友先署长指示：今后这类会议都要请出版研究所参加。

4 日　研究所召开所务会议，余敏传达署务会议精神，并研究部分待聘同志的情况，研究决定所里今后不再执行有关提前退休

的规定。

21日 余敏代表研究所与毕鉴签订中国书籍出版社水碓子读者服务部承包经营协议书。

12月

2日 研究所召开所务会，研究设备购置、人事、出版社库存图书、研究所年终总结、干部述职和三位待聘同志等问题。

12日 研究所召开全所职工大会，由中层干部述职。余敏主持会议，讲了几点原则：述职成绩要讲够，问题要摆透，评议要实事求是、客观公正，述或评都要讲大事评大事。这也是研究所第一次搞这样大的述职活动。

27日 研究所完成《中国出版科学研究所1996年工作总结和1997年工作要点》的撰写。

31日 经财务处初步结算，中国书籍出版社1996年共出书80余种，创利65万元（含出版社人员工资18万元）。

本月 由中国书籍出版社出版的《毛泽东邓小平与中国出版》一书荣获第三届新闻出版署直属出版社优秀图书选题奖一等奖、校对奖一等奖。《王仿子出版文集》一书荣获第三届新闻出版署直属出版社优秀图书校对奖二等奖。《中国园林建筑图集》一书荣获第三届新闻出版署直属出版社优秀图书设计奖二等奖。

本月 《出版发行研究》在署直期刊编校质量评比中名列第三。

本年 截至年底,研究所领导班子调整后,确定了集中力量抓好出版科研工作,以科研成果实现服务,以服务实现自身存在的价值,以服务求生存、求发展的工作思路,制定了"一年调整,二年起步,三年发展"的战略目标和为完成上述目标实施"三轮驱动"(出版科研、图书出版、杂志出版各为一轮),紧扣"两个服务",面向市场的战略措施。

本年 研究所进行和完成的课题:"我国图书出版机构研究",1992年开题,一度中断,1996年重新开始;"对非法出版和盗版情况的研究";"对买卖书号现状的调查及对策";继续承担新闻出版署委托的全国编辑出版专业普通高校教材的组织领导工作,部分同志参加或主持了全国编辑出版专业普通高校教材《外国出版概论》《中国编辑出版史》《出版学概论》的写作;《中国古代出版通史》列入国家"九五"重点图书出版规划,1996年11月启动编写工作。

本年 由中国书籍出版社出版的图书:《中国出版论丛》1996年出版叶圣陶、宋木文、刘杲的出版文集3种,胡愈之、王子野出版文集完成编辑加工;《中华人民共和国出版史料》研究所与中央档案馆联合编辑,1996年出版1950年卷和1951年卷;1952年、1953年卷完成编辑加工。

1997 年

1月

2日 吴克明担任《出版发行研究》杂志的主编。

6日 研究所召开所务会议,研究所里1996年年终总结、考核、表彰、论文评奖及张焰渭、吴巍承包协议,微机操作培训等问题。关于领导班子分工暂维持现状不动,余敏分管出版社工作,洪忠炉协助。

7日 经所务会议研究,同意张焰渭、吴巍的经营承包协议。

8日 研究所召开全所职工大会,评选1996年研究所先进工作者。经过无记名投票,赵从旻、刘颖丽、陆炳国、周宝华、闫秀英5位同志获得1996年度所先进工作者。

20—26日 洪忠炉、张清雅、魏玉山应韩国出版学会的邀请,赴韩国进行为期7天的出版学术交流和访问。他们向韩国出版界介绍了我国出版业现状、出版教育现状和出版科研现状,并访问了韩国出版文化协会、印刷文化协会、杂志协会、韩国出版研究所、汉城编辑设计学院、汉城教保书店、清州古印刷博物馆、三省出版博物馆、韩国杂志博物馆等单位。

30日 余敏代表研究所在中华书局业务楼分配方案上签字,

方案由中华书局上报新闻出版署计财司。

2月

19日 研究所召开所务会议，研究职称评委会中级名额等问题。会后又电话向新闻出版署职改办作了汇报，署职改办批文下达，批准研究所新一届出版专业职务评审委员会。

20日 研究所召开出版专业职务评审委员会议，提出今后专业职务评审工作中的六条要求并对四名申报专业职务同志的情况进行了评审。

27日 研究所召开所务扩大会议，研究全国第二届科研论文评奖、申请科研经费、调进研究生、申报科研课题等问题。同时着重研究了加强劳动纪律，并作出严格考勤制度的决定。

同日 研究所召开全体党员和处级干部会议，所负责人就整顿劳动纪律，维护工作秩序进行了思想动员，要求党员和领导干部以身作则，带动全所职工，遵守劳动纪律，提高工作效率，圆满完成工作任务。

3月

3日 研究所《关于计算机使用管理的暂行规定》印发各处室执行。

1997 年

4日　研究所在中国出版工作者协会会议室召开版协、研究所、编辑学会负责人参加的协商会，研究由三家共同举办出版科研理论研讨会有关事宜。卢玉忆、潘国彦、邵益文、阙道隆、吴克明、余敏、沈菊芳等参加。

6日　新闻出版署办公室王涛来电通知，党组负责同志请研究所研究"十八年来的中国出版"及"中国现代出版百年回眸"两个课题。

27日吴克明、余敏、洪忠炉参加出版科研奖励基金领导小组工作会议，研究全国第二届参评科研论文各组复选篇目问题。

28日　陆本瑞任新闻出版署老年书画联谊会第一届理事会副会长。

4月

2日　洪忠炉、张清雅、章宏伟等赴新闻出版署参加署直属出版社第三届优秀图书奖颁奖大会，中国书籍出版社的《毛泽东邓小平与中国出版》获选题奖一等奖、获校对奖一等奖；《中国园林建筑图集》获设计奖二等奖；《王仿子出版文集》获校对奖二等奖。

18日　研究所建所以来第一次干部培训会在云岗航天部二院培训中心召开。

21日　英国 LOGOS 杂志主编戈登·格雷尼先生和夫人在新闻

出版署对外合作司岳丽娟的陪同下对研究所进行非正式访问。余敏、洪忠炉会见了英国客人。参加会见的还有魏玉山、章宏伟、张立等。

22日　研究所召开所务会议，讨论《出版发行研究》杂志社、科研办三定方案。

24日　研究所召开所务会议，讨论《出版发行研究》杂志社和财务处的三定方案。

26日　洪忠炉、冯高潮带领研究所工会11名同志参加新闻出版署工会组织的划船比赛。

27日　研究所、出版社、杂志社联合召开来北京学习的部分优秀、良好出版社社长、总编座谈会，吴克明、洪忠炉、陆本瑞、沈菊芳、张立等参加。

30日　新闻出版署办公室王涛传达署领导意见，要求研究所尽快拿出《中国现代出版百年大事记》，余敏与魏玉山研究落实这项工作。

同日　全所职工大会，宣布所务会议决定：从5月起正式执行考勤办法。

5月

4日　研究所召开所务会议，研究出版社三定方案。

5日　吴克明、洪忠炉等参加第二届全国出版科研优秀论文评审会议。各组组长分别介绍了入选论文的主要内容、特点及入选理由。经评委会无记名投票，66篇论文获得第二届全国出版优秀科研论文奖，研究所陆本瑞、方厚枢的论文获奖。

12日　余敏应邀参加中国出版工作者协会召开的"出版之家"落成暨叶圣陶编辑思想研讨会。魏玉山、赵从旻等参加。

15日　《关于进行全国性国民读书抽样调查的报告》上报新闻出版署党组。

19日　余敏、吴克明、沈菊芳与中国出版工作者协会、中国编辑学会负责人共同研究召开"'97全国出版理论研讨会"有关事宜，会议决定，本次年会由科研所承办。

22日　余敏拜访刘杲，商谈研究所与中国编辑学会关系等问题。刘杲同意担任《出版发行研究》编委会主任。

29日　余敏、洪忠炉等赴新闻出版署参加第二届全国出版科研优秀论文奖颁奖大会。于友先、于永湛等署领导出席颁奖大会并作重要讲话。有关方面的专家学者和获奖论文作者90余人参加了会议。

本月 《考勤管理补充规定》正式执行。

6月

4日 余敏、洪忠炉赴新闻出版署向于永湛副署长汇报：（1）研究所业务归口；（2）办公楼搬迁及其产权；（3）研究所职工宿舍；（4）研究所科研经费等问题。

14—16日 研究所男女乒乓球队参加新闻出版署直属单位乒乓球比赛，由沈菊芳、孙海红、孙鲁燕组成的女队取得第六名。

25日 由魏玉山、刘元煌、刘颖丽组成的研究所代表队参加新闻出版署直属单位"商务杯"知识竞赛决赛，获得第一名。余敏、洪忠炉到场。

27日 余敏参加中国编辑学会第二届第三次常务理事会。会议由刘杲主持，会上审议了学会自查报告，增选北京印刷学院院长田胜立和研究所余敏为副会长，重新明确中国编辑学会挂靠研究所。

7月

11日 余敏会见台湾文化大学印刷传播系主任魏裕昌博士、南华管理学院出版学研究所所长王禄旺博士。

15日 洪忠炉与闫秀英、张清雅、章宏伟等研究中国书籍出版社申请免交所得税的问题。闫秀英、郭云于21日到西城区国

税局为中国书籍出版社办理免交所得税手续。24日又办理了《出版发行研究》杂志免交所得税手续。

18日 研究所召开所务扩大会，人事、财务、行政以及两届分房小组同志参加，研究处理过去分房工作中的遗留问题。

8月

7日 余敏接新闻出版署王涛电话，署领导请研究所尽快整理出十四大以来的新闻出版工作大事记，这个任务交魏玉山完成。

18日 研究所公布《中国出版科学研究所内部机构设置、编制及其职责》，确定所内10个职能处（室）、80个事业编制人员、15名处级干部的岗位及其职责。

22日 研究所接驻新闻出版署审计局通知，署里将派审计组来所对袁亮进行法人离任审计。8月29日，研究所召开所处两级干部会，署审计局局长等五位同志参加会议。袁亮在会上作《关于任职至离任期间的述职报告》。会后，审计组同志向所领导班子谈了进行审计的要求。

23—31日 陆本瑞赴台湾参加祖国大陆书展暨第二届华文出版联谊会议。

28日 接署计财司基建处通知，研究所将于11月15日前搬至中华书局业务楼办公，2 000平米产权归研究所。希望研究所

做好搬家准备工作。

9月

1日 洪忠炉、张清雅、章宏伟研究《胡愈之出版文集》出版之事。计划尽快出版，体例上尊重戴文葆的意见，不再改变。

2日 于永湛副署长就研究所8月7日上报的"关于补充申报1997年研究课题的报告"作出批复："请技术发展司研究出意见。我认为可以采用业务司室出题目（包括经费）和出版研究所合作的方式开展研究，具体项目需要论证确定。"

同日 研究所召开所务会议研究搬迁问题，决定成立搬迁小组，由洪忠炉牵头，处理搬迁事务。

同日 于永湛副署长就研究所8月7日上报的"关于补充申报1997年研究课题的报告"作出批复："请技术发展司研究出意见。我认为可以采用业务司室出题目（包括经费）和出版研究所合作的方式开展研究，具体项目需要论证确定。"

6日 洪忠炉主持召开中国书籍出版社全体工作人员大会，由吴克明宣布出版社调整后新班子名单。

8日 研究所召开所务会议，研究决定人员聘任事项：张清雅为中国书籍出版社总编辑（正处级）、章宏伟为基础理论研究室主任（正处级）、魏玉山为应用理论研究室主任（正处级）、赵从旻为中国书籍出版社副总编辑（副处级）、张立为《出版发行研究》杂志社副社长兼副主编（副处级）、沈菊芳为科研办公室副主任（副处级）、闫秀英为计财处副处长、孙海红为行政办公室副主任（副处级）。

10日　中国书籍出版社召开新班子分工会议，张清雅负责选题、编辑、终审工作；赵从旻负责出版社日常工作，抓经营管理、选题决策工作；洪忠炉负责全面工作和干部工作。

12日　余敏接待英国斯特灵大学的Lanmogowan来访，魏玉山、杨贵山参加。

15日　中国出版科学研究所同中国出版工作者协会、中国编辑学会开会研究共同举办出版理论研讨会的有关事宜。版协领导宋木文、卢玉忆、伍杰，研究所吴克明、余敏、沈菊芳参加研究。

16日　余敏接北京印刷学院党委书记张伯海电话商谈联合建出版学硕士点问题。

22日　研究所领导班子研究有关新分配来所毕业生与所签订服务合同一事。人事处、基础理论研究室、科研办负责人列席。

10月

5日　中国书籍出版社聘任朱宇为第一编辑室主任，聘任丘淙为第二编辑室主任。

7日　新闻出版署党组会议研究决定,任命余敏为中国出版科学研究所党委副书记(兼)。

17日　余敏、魏玉山前往北京印刷学院与印刷学院党委书记张伯海及出版系张涵研究联办硕士点问题。

22—26日　余敏率中国出版科研代表团(成员有研究所科研办副主任沈菊芳、人民文学出版社副总编李文兵、编辑学会副会长阙道隆)赴日本东京出席第八届国际出版学研讨会,与日、韩、马等出版学会建立或恢复联系,并达成了双边学术交流的意向。

本月　英国斯特灵大学出版研究中心主任来研究所访问。

本月　魏玉山任中国出版科学研究所所长助理。

11月

4日　研究所领导班子听取计财处、出版社财务科关于税务登记、财务工作的汇报。

18日　余敏参加研究室工作会议,研究当年年底前的科研工作及有关启动"国民阅读倾向抽样调查"的问题。他在会上讲了4点:(1)出版业新的经济增长点;(2)集约化经营与造大船;(3)发行改革先行问题;(4)不均衡的发展战略。

20—25日　余敏赴厦门主持"97全国出版理论研讨会"。

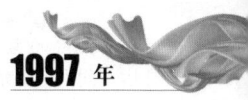

于永湛代表新闻出版署领导出席会议。魏玉山、沈菊芳、张立、孙鲁燕、徐升国等参加。

21日 吴克明、洪忠炉审阅研究所实施浮动职务津贴的方案，并将修改后的报告于当日报新闻出版署人教司审批。

27日 洪忠炉、孙继芬修改中国书籍出版社样书管理及赠书范围的规定。

12月

8日 余敏请行政办召集所内三产人员开会汇报当年各自工作情况，并向他们通报所内工作情况。行政办张小渔和吴巍、毕鉴、张炤渭参加了会议。

19日 洪忠炉在北京会见美国洛杉矶长青文化公司总经理刘冰，并了解中文图书在长青文化公司所属书店销售情况。

29日 研究所召开所务会议，决定聘任赵从旻为中国书籍出版社副社长兼副总编（正处级待遇），并决定余敏自1998年1月起兼任中国书籍出版社社长，洪忠炉不再兼任出版社社长。

本年 国家社科基金规划处批准"加强出版业宏观调控的研究"课题正式立项。这是研究所建所以来第一次承担国家社科基金项目。

本年　研究所进行和完成的科研课题：商务印书馆创建100周年暨中国现代出版业诞生100周年之际进行"我国现代出版业百年问题的研究"，后延伸为"关于中国现代出版诞生的几个问题"；"党的十四大以来的新闻出版大事记"；"十八年来的中国出版"；成立"'复关'对我国出版业的影响及对策"课题组；"加强出版业宏观调控的研究"列入国家哲学社会科学基金项目；"全国国民阅读与购买倾向抽样调查"启动；"扩大一般图书发行量的策略研究"；《中华人民共和国出版史料》《中国古代出版通史》；《英国出版宏观管理的重要支柱出版法律体系》《英国出版宏观管理》《英国、美国、日本出版产业概况》《美国若干出版公司年度经营状况》《英国政府的出版管理职能》等课题提供给领导参考；《我国出版十年发展战略研究》《社会主义市场经济和出版改革》《我国图书出版结构研究》《关于买卖书号问题的研究》《当前非法出版活动的原因和对策研究》完成。

本年　研究所的信息工作：调整出版信息机构，增加出版信息人员，开始建立出版信息数据库。其中出版法规数据库基本建成，新中国成立后的出版法规、体制文件入库可以进行检索。创建出版科研人才数据库，筹建出版统计数据库。开始编辑出版所内部刊物《出版科研动态》，向出版管理机关和版协的领导通报科研信息。

本年　《出版发行研究》杂志：成立编委会，聘请出版界专家、学者和出版管理机关的领导担任编委。

1998 年

2月

10日 研究所向各省（市）、自治区新闻出版局、出版工作者协会、出版社、期刊社、高等院校出版系发出《关于推荐出版科研人才，建立出版科研人才库的函》，为建立出版科研人才库作准备。

4月

4月29日—5月11日 中国书籍出版社发行部参加"'98春季劳动人民文化宫降价书市"。

5月

12日 中国书籍出版社为进一步提高出版社书稿质量，决定聘请方厚枢、邓从理、余甘澍、陈芳烈、陆本瑞、曹治雄、潘国彦等七位同志兼任编审工作。

14日 余敏与中国书籍出版社研究去沪解决天佑广告公司侵权问题。

15—16日 研究所组织离休干部7名、退休干部多名到昌平进行为期两天的参观游览。

22—29日　行政办公室办理研究所产权住房向职工出售预交款工作。

29日　洪忠炉到出版之家参加中国出版工作者协会、大象出版社、《出版参考》编辑部联合举办的"大象杯"出版知识竞赛抽奖仪式，研究所有4位同志获鼓励奖。

29—30日　研究所全体党员和要求入党的积极分子，去河北省平山县西柏坡、石家庄华北烈士陵园参观革命教育基地，参加的有35人。

6月

2日　研究所向新闻出版署图书司上报《关于编纂〈新中国出版50年〉的报告》，准备在中华人民共和国成立50周年之际出版，并将此书列入科研课题和工作计划。

8日　余敏赴新闻出版署向于永湛副署长、姜学中副司长汇报有关办公楼及车辆更新等问题。

11日　余敏和洪忠炉、魏玉山研究组织撰写《出版学》事宜及通报《海外版权贸易指南》情况。

16—18日　中国书籍出版社发行部参加新闻出版署署直发行联合体研讨、洽谈暨订货会。

18日 研究所召开科研业务干部会,传达杨牧之有关讲话精神,并就当前科研工作提出4点要求,即搞好两个服务,开阔思路,面向实际,面向市场。

同日 闫秀英向余敏、洪忠炉汇报研究所1998年住房公积金情况,从7月份起按本人工资8%提取。

本月 "扩大一般图书发行量的策略研究"课题完成,并上报新闻出版署。

本月 《海外版权贸易指南》资料汇编印毕,并开始将此成果有偿转让。

7月

1日 研究所召开全所职工大会,庆祝中国共产党成立七十七周年和新党员宣誓大会,表彰了署直机关优秀党员、优秀党务工作者和先进党支部。研究所科研党支部被评为先进党支部,魏玉山、赵从旻被评为优秀党员,朱诠被评为优秀党务工作者。吴克明代表党委宣读党委批准刘颖丽、郭云两位同志入党的决定并讲话。

4日 中国书籍出版社召开办公会,研究处理库存图书积压问题、优等生跨世纪丛书的处理问题。

7日 洪忠炉、魏玉山、孙海红到中华书局与李岩、沈锡麟、

马宇震和新闻出版署计财司、署办公室叶文荣、祁德树、安毅峰商谈中华书局业务楼交接协议书。

10日 余敏召集《出版学》编写组全体同志开会，就任务、提纲、时间、人员安排等问题进行了研究。魏玉山、朱诠、闫京萌、孙鲁燕、李世涛、徐升国等参加。

24日 洪忠炉、孙海红到六里桥中华书局办公楼同新闻出版署办公室、计财司、中华书局签订"关于中华书局同中国出版科学研究所业务楼移交协议书"。石峰、叶文荣、沈锡麟、洪忠炉代表本单位签字。

本月 北京印刷学院与研究所联合成立硕士点已获国务院有关部门的批准。从1999年开始，研究所与北京印刷学院将联合招收出版专业硕士生。

8月

5日 余敏、魏玉山、孙海红去中华书局与其领导班子协商管理协议问题并草签协议。双方同意个别有争议的问题以后再协商解决。下午余敏回所后立即布置搬迁工作，经研究后决定8号正式搬迁。

8—9日 研究所办公地址由西城区西绒线胡同甲7号搬至丰台区太平桥西里38号楼。新闻出版署和国家科技部给研究所的出版科研工作创造了更好的条件。

19日 研究所聘任史建斌为中国书籍出版社副社长,负责出版社经营管理工作。

19日 研究所召开所务扩大会,研究有关《跨世纪优等生丛书》及有关午餐、大楼管理、交通、学习等方面的问题。

25日 余敏主持召开全所职工大会,吴克明传达新闻出版署直机关党委会议精神。根据署党组的决定,动员全国出版系统的职工,为洪灾受灾地区的中小学生所需课本进行捐款活动,确保"课前到书,爱心捐助,人手一册"的目标实现。经过学习动员,全所职工68人热情很高,发扬了中华民族互助互爱的传统美德,共为灾区孩子们捐献人民币6 000元,人均捐款88.24元。

9月

1日 余敏会见英国出版家协会国际部主任Taylor,就合作举办图书营销培训班等问题交换了意见。

2日 余敏会见美国OREILLY公司亚洲代表Ronto、Mich两人,就出版计算机网络方面的图书交换了意见。

4日 余敏、洪忠炉、魏玉山接待韩国出版家尹炯斗来访并参观研究所。

15日 研究所下发《关于调整精神文明建设协调小组的通知》。组长:吴克明;副组长:洪忠炉;成员:时亮远、孙海红、

孙继芬、朱诠、刘元煌。下发《关于调整治保小组的通知》。组长：时亮远；成员：石兴权、张海山、赵海生。

同日　余敏与孙海红、郭燕琍赴北京印刷学院了解研究所资料保管情况及联系资料搬回事宜，与出版系李频主任、田胜立院长就有关合作事宜交换了意见。

16日　余敏与魏玉山谈话，请他以所长助理的名义到出版社加强领导力量。

28日　余敏与中华书局领导班子商谈，最后签订研究所与中华书局关于办公楼的管理协议。

10月

13日　新闻出版署报刊司同意《出版发行研究》杂志自1999年起改为大16开，刊期由双月刊改为月刊。

19日　研究所聘任杨贵山为外国出版研究室副主任（副处级），朱宇为中国书籍出版社副总编辑（副处级），丘淙为中国书籍出版社社长助理（副处级），苏振才为中国书籍出版社第一编辑室主任（副处级）。

同日　研究所召开所务会议，根据需要和三定方案，决定成立外国出版研究室。同意出版社成立储运科，对解决出版社图书库存的奖励办法以及干部的调配进行了研究。

本月 由中国书籍出版社出版的《同音易混词语辨析词典》一书荣获第四届新闻出版署直属出版社优秀图书校对奖二等奖。《全国出版科学研究优秀论文获奖论文集》一书荣获第四届新闻出版署直属出版社优秀图书设计奖一等奖。

11月

16日 第二届"全国百佳出版工作者"颁奖暨新闻出版系统抗洪抢险先进集体、先进个人表彰大会在北京隆重举行。魏玉山获得了"第二届全国百佳出版工作者"称号。

12月

14日 研究所《关于进行全国性国民阅读倾向抽样调查的报告》报送署技术发展司并转呈石峰、于永湛、于友先。1999年3月31日石峰批示:"此报告去年底已送我署。似可原则同意,工作先开展起来,经费问题可采取多种办法解决,必要时署里给一点支持"。于友先署长批示:"此项工作很有意义,应予支持,同意石峰同志意见"。经署领导批示同意,首次全国国民阅读倾向抽样调查启动,此项调查确定每两年开展一次。

31日 研究所聘任马欣来为中国书籍出版社总编辑兼副社长(正处级)。

本月 《出版参考》杂志被新闻出版署评为第二届署直期刊质量评比"编校质量"三等奖。

本月 由中国出版科学研究所编辑，汇集了所"八五"期间主要科研成果的《出版改革与出版发展战略研究》由中国书籍出版社出版。书中包括《有中国特色社会主义出版体制基本框架研究》《我国出版发展战略研究》《我国图书出版结构研究》等9个课题报告及论文。

1999年

1月

本月 由中国书籍出版社出版的《现代装帧艺术》一书，在第十二届北方十省市（区）书籍装帧艺术作品评选中荣获编辑出版特别奖。

本月 新闻出版署党组成员、副署长桂晓风，人事教育司司长李敉力，干部处副处长门立军来研究所宣布新一届领导班子。余敏任主持工作的副所长、党委副书记；郝振省任副所长、党委委员；宋英亮任党委副书记、纪委书记。

2月

1日 经所务会研究决定，从1999年2月起，余敏担任出版发行研究杂志社社长，郝振省担任出版发行研究杂志社主编、编委会副主任。聘任科研办公室副主任沈菊芳兼任出版发行研究杂志社常务副社长（副处级）。吴克明因已退休，不再担任出版发行研究杂志社主编、编委会副主任。

同日　研究所聘任丘淙为科研办公室副主任（副处级）。从即日起不再担任中国书籍出版社社长助理职务。

3日　研究所聘任时亮远为研究所党委办公室副主任、人事处副处长。

本月　研究所开始编印供所内及中宣部、新闻出版署、国务院有关部门领导参阅的内部《参阅资料》。第一期为《韩国出版业的一些最新动态》。至2006年7月，《参阅资料》共出版42期。

3月

4日　研究所发出《关于成立社会治安综合治理领导小组的通知》。按照《1999年新闻出版署治安综合治理工作要点》提出的工作任务，研究所成立社会治安综合治理领导小组并下设办公室。组长：余敏；副组长：郝振省、宋英亮；组员：魏玉山、时亮远、孙海红、史建斌、孙继芬、朱诠、石兴权。

5日　研究所发出《关于调整精神文明建设协调小组的通知》。组长：宋英亮；副组长：时亮远、孙海红；组员：孙继芬、丘淙、朱诠、徐升国、郝捷。

8日　研究所聘任马欣来为中国出版科学研究所所长助理。

15日 经所务会研究决定，研究所批准中国书籍出版社关于成立第三编辑室的请示，同意中国书籍出版社聘任张立为第三编辑室主任（副处级）。

23—25日 由中国编辑学会、中国出版科学研究所、江苏省出版工作者协会、江苏省编辑学会联合组织的"编辑史出版史学术研讨会"在南京召开。

31日 新闻出版署署长于友先，副署长杨牧之，党组成员、办公室主任石峰等到中国出版科学研究所现场办公，视察了信息资料中心、出版科研数据库、研究室、中国书籍出版社、出版发行研究杂志社、《出版参考》编辑部等部门，并与全所中层干部进行了座谈。

4月

16—18日 研究所举办"1999年出版社杂志社管理高级研讨论坛"。论坛以"出版社经营管理对策"、"出版社营销策划"、"出版社财务管理"、"出版社工资管理"、"出版社发行管理"、"出版社网络管理"以及"著作权保护与出版社合同事务"为主题。

5月

15日 由中国出版工作者协会、中国出版科研奖励基金领导小组、中国出版科学研究所、中国出版年鉴共同举办的"第三届出版科研优秀论文评奖活动"正式启动。

28—30日　研究所与新闻出版报社联合举办"跨世纪出版人素质培训高级论坛",来自全国出版界的60余位同志参加。新闻出版署党组成员石峰作了《出版集团与信息化》的主题演讲。

7月

1日　研究所第三届党委、纪委换届。余敏任党委书记,宋英亮任党委副书记兼纪委书记;余敏、宋英亮、郝振省、魏玉山、时亮远、马欣来、朱诠任委员。宋英亮兼任纪委书记;宋英亮、闫秀英、孙继芬任委员。

29日　根据新闻出版署关于"直属单位财务管理人员要实行委派、交流和轮岗"的有关要求,经所务会研究决定,研究所聘任张海山为中国书籍出版社财务科科长兼会计。

10月

15日　由中国书籍出版社承担的"九五"国家图书重点选题《中国古代出版通史》(后改名为《中国出版通史》)在初期筹备之中,向新闻出版署计财司申请出版经费。

15—22日　由中国出版工作者协会、中国出版科学研究所、中国编辑学会联合举办的"'99全国出版理论研讨会"在甘肃兰州召开。

本年　研究所进行和完成的主要科研课题:《出版学》初稿、

"加强出版业宏观调控研究"、"加入世贸组织对我国出版业的影响及对策"、"新闻出版业十五规划"、"新中国出版50年综述"、"新中国出版50年大事记"、"新中国出版百年"、《中华人民共和国出版史料》1954年卷、"世界十家大型出版企业研究"、"国民阅读与购买倾向抽样调查"、"中外出版企业比较研究"。

本年　研究所科研数据库的建设：年内充实了人才库，扩大了资料库，完善了法规库，建立了统计库。出版人才库经过严格筛选，入库人才信息由原来的700条，增加到1 000余条，并对入库人才颁发了《出版科研人才资格证书》；出版法规库上一年收录了清朝到新中国成立前366种新闻出版法规，1949年至1997年新闻出版法规479条，近现代出版法规335条，国外出版法规55条，共240多万字。

本年　由中国书籍出版社出版的重点图书：为配合庆祝国庆50周年和澳门回归，编辑出版了《中华人民共和国体育史》《澳门今昔》等重点图书；配合声讨北约袭击我驻南使馆以及中央取缔邪教组织"法轮功"等重大事件，编辑出版了《中国不可欺》《现代谎言》《中外无神论名著名篇选编》等重点图书。

本年　研究所制定的主要规章制度：新的领导班子针对班子自身建设制定《中国出版科学研究所党委议事规则》《中国出版科学研究所领导班子议事规则》《中国出版科学研究所党委中心组学习制度》《党风廉政建设实施细则》等制度规定。

本年　中国书籍出版社实行《中国书籍出版社质量、效益管理奖惩暂行办法》《中国书籍出版社编辑出版流程暂行办法》《中国书籍出版社考勤暂行规定》等有关制度规定。

本年　研究所组织的主要活动：出版社、杂志社营销管理高级论坛、跨世纪出版人素质培训高级论坛、全国新华书店营销管理战略研讨、出版网络研讨班等。

2000年

1月

20—22日　研究所在北京举办"首届出版与网络高级培训研讨班"，主题为"国家电子技术的发展趋势与对策"、"开放的网络"、"电子商务概述"、"网上业务教程"。

本月　经新闻出版署批准，由中国出版科学研究所、浙江省新闻出版局主办，央视调查咨询中心执行的我国首次全国国民阅读与购买倾向抽样调查结束。该调查自1999年6月启动，采用多级分层PPS抽样方法和多级分层典型抽样方法，针对全国81个城市及所属农村的3 000多名成年人，采用入户调查方式，获得了数十万个与阅读有关的数据。

2月

24日 新闻出版署机关工会联合会批复,宋英亮、郝捷、郭云、姜远丽、杨贵山、刘勇、王大军7人组成研究所第二届工会委员会。宋英亮任工会主席。

28日 研究所聘任沈菊芳为科研办公室主任(正处级)兼《出版发行研究》杂志社常务副社长。

3月

9日 研究所和福建中兴投资有限公司签署"中国出版网有限责任公司(暂定名)合资合同书",双方达成协议共建中国出版网。6月19日,北京东方宝典信息技术发展有限公司正式成立,并于7月11日召开第一次董事会。

23日 研究所召开"三讲"教育动员大会。"三讲"教育活动历时2个月,于5月23日结束。

24日 由研究所举办的"新闻出版行业第二期出版网络研讨培训班"在北京怀柔审计署培训中心举行。会议对国际电子出版技术的发展趋势及对策、数字化时代和电子商务时代的新闻出版业、出版业与互联网、网络出版法律、网络安全等主题进行交流与探讨。

4月

本月　由研究所组织开展的首次"全国国民阅读与购买倾向抽样调查（1999）"活动结束。调查报告引起广大媒体高度重视。新华社为此发了通稿。中央电视台、中央人民广播电台、《人民日报》、《光明日报》、《中国青年报》、《新闻出版报》、《中国图书商报》等数十家媒体进行了报道。

5月

19—21日　研究所举办"加入'WTO'与中国出版业发展高级研讨会"。会议邀请了世界贸易组织研究会会长、对外经济贸易大学教授薛荣久，WTO研究中心理事、对外经济贸易大学教授卢进勇，中国社会科学院知识产权研究中心副主任、中国社会科学院法学所知识产权法研究室主任李顺德，以及中国出版科学研究所所长助理兼综合研究室主任魏玉山作主题发言。

6月

16日　研究所下发《关于所属出版社、杂志社、科研办2000年度目标管理问题的决定》，将按照规定进行考核，实施奖惩。

7月

2—8日　第四届中韩出版学术交流会在韩国汉城召开。由余敏担任团长的中国出版学术代表团一行7人出席。研究所沈菊芳、

朱诠、徐升国等参加。

8月

2日 研究所上报新闻出版署请示：经与《报刊管理》杂志社协商，《报刊管理》杂志交由中国出版科学研究所主办，仍由新闻出版署主管。《报刊管理》杂志更名为《传媒》。原《报刊管理》杂志所主办的《新视线》由《传媒》杂志主管主办。《传媒》杂志办刊宗旨：公布党和国家有关报纸、期刊及其他传媒的政策法规，交流报刊方面的管理经验，提供传媒业务信息，为报刊等传媒界服务。《传媒》杂志为月刊，64页。

本月 《出版发行研究》创刊15年之际，该刊与国家图书馆光盘信息中心电子图书部合作，制作发行了15年刊物合辑光盘。光盘完整收录了自1985年创刊号至2000年第6期共103期约7000页的全部出版科研论文和资料。

9月

13日 研究所聘任伍旭升为《出版参考》杂志社常务副主编（正处级）。

14—26日 受新闻出版署署长于友先委托，以余敏为团长的中国出版科研代表团一行4人对俄罗斯进行了约两周的考察。

本月　中国书籍出版社获得新闻出版署1997—1998年度全国良好出版社荣誉称号。

10月

5—17日　经新闻出版署批准，研究所第一次组成中国出版科研考察团对德法两国进行考察。郝振省任团长，成员包括一些省委宣传部、省新闻出版局、媒体、出版社、杂志社的人员。

本年　研究所进行和完成的科研课题：《中国出版发行集团现状研究》（报告中的《出版集团研究报告》《出版集团观点综述》《出版理论综述》在全国新闻出版局长会上报署领导，并得到署领导的重视）《网络对传统出版业的影响》《文化工作室的现象调查》《盗版活动与反盗版问题研究》《优秀出版企业成功经验》《中外出版企业比较研究》《出版从业人员资格认证》《前苏联、俄罗斯出版状况研究》《中外出版物市场管理法律法规比较研究》《十年全国"扫黄打非"经验探索》。

社科基金项目《加强出版业宏观调控研究》组织专家鉴定，报送国家社科基金委员会，《我国期刊结构与发展研究》被批准为社科基金的青年项目。

本年　出版发行研究杂志再一次被评为中文社科类核心期刊。

本年　研究所制定的主要规章制度：党政组织建设方面制定了《中国出版科学研究所党委关于对党员领导干部监督的实施意见》《中国出版科学研究所党委关于实施谈话提醒制度的办法》《中

国出版科学研究所推行"所务公开、民主监督"制度的实施意见》，修订了《中国出版科学研究所党委议事规则》《中国出版科学研究所领导班子议事规则》《中国出版科学研究所党委中心组学习制度》《党风廉政建设实施细则》等制度规定。

本年　研究所组织的主要活动："WTO对我国出版业的影响及其对策高级论坛"、两期"出版与网络研讨培训班"、"出版业互联网开架交易平台研讨会"、"社店双赢策略研讨会"、"出版业高级管理研修班"、"期刊产业发展研讨会"以及"8848杯网络与出版发行知识竞赛"等。

2001年

1月

31日　研究所聘任史占旗为《传媒》杂志社社长，李晓燕为《传媒》杂志社主编（正处级），李淑侠为《传媒》杂志社副社长。

本月　由中国书籍出版社出版的《现代谎言——李洪志歪理邪说评析》一书荣获新闻出版署直属出版社第五届优秀图书奖优秀选题奖二等奖。《中国不可欺——北约袭击我驻南使馆特急报告》一书荣获新闻出版署直属出版社第五届优秀图书奖优秀编辑奖二等奖。《国际出版原则与实践》一书荣获新闻出版署直属出版社第五届优秀图书奖优秀设计奖封面奖二等奖。《UNIX操作系

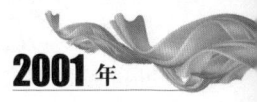

统》（第四版）一书荣获新闻出版署直属出版社第五届优秀图书奖优秀校对奖二等奖。

2月

12日　为实施"精品战略"，"打品牌、树形象、创特色、争双效"的方针，研究所颁布了《关于进一步加强出版流程管理的若干规定》。《规定》对中国书籍出版社，下属期刊社的出版流程以及网站的网络出版、信息发布流程进行严格规定。

26日　经所务会议研究批准，《中国出版科学研究所关于加强对所属公司管理的暂行规定》颁发。《规定》针对下属公司中国出版网（东方宝典有限公司）、中兆信息咨询服务中心（绿色天使环保制品有限公司）、研发中心（辛普瑞德计算机信息工程公司）、世界出版信息网站（北京金版世网科技发展有限公司）的业务进行规范管理。

3月

8日、16日　研究所举办两期出版前沿系列讲座。邀请国务院研究室社会发展司处长刘兴华作《经济全球化与我国文化产业发展》的专题报告，中国科学院自然科学史研究所潘吉星教授主讲《中韩印刷文化起源之争》。

4月

本月 出版发行研究杂志社与福建的领导文萃杂志社共同举办了"21世纪期刊业发展战略高峰论坛"。

6月

5日 经新闻出版总署批准,由中国出版科学研究所、中国出版工作者协会、中国编辑学会联合举办的"2001年全国出版理论研讨会"论文征集工作正式启动。本次研讨会征集论文的主题有:"中外出版交流与中国出版业走向世界""出版产业的产权制度""出版产业发展、高新技术发展与编辑工作变革""出版产业与市场经营"等。

7月

9日 由中国出版工作者协会举办,中国出版科研奖励基金领导小组和中国出版科学研究所承办的第四届出版科研优秀论文评奖活动正式启动。

11月

16日 英国牛津国际出版研究中心主任利卓森(Paul Richardson)教授访问中国出版科学研究所并参观研究所的各个部门,同余敏、郝振省及一些科研人员进行了座谈。

本月 《中国出版通史》编委会办公室编撰完成《关于研究、编写〈中国出版通史〉的原则规定（修订稿）》。《规定》中对《中国出版通史》研究编撰的指导思想、基本内容、编写体例、编审机构及其职责等进行了阐述。

12月

14—16日 研究所和中国版权保护中心在北京怀柔雁栖湖举办"首期著作权法与WTO高级论坛"。论坛邀请了全国人大法制委员会委员、中国社会科学院知识产权中心主任、教授、博士生导师郑成思；原新闻出版署署长、中国版协名誉主席宋木文；新闻出版总署版权司司长王化鹏；对外经济贸易大学教授、博士生导师，中国国际贸易学会理论委员会副秘书长，世界贸易组织研究中心特约研究员卢进勇等专家演讲。

本月 《现代谎言——李洪志歪理邪说评析》被上海市振兴中华读书指导委员会评为"上海移动杯"2001年"我最喜爱的20本书"。

本年 《出版发行研究》在人大复印资料转载的文化、科学、体育类报刊中排名第二（《人民日报》排名第一）。

本年 研究所进行和完成的主要科研课题：重大基础性科研项目《中国出版通史》召开编委会，6次讨论各卷提纲框架，进入研究编撰阶段；全国国民阅读与购买倾向抽样调查（2002）完成了第二次全国性的阅读抽样调查和前期数据分析。"出版业融

资问题研究""我国新闻出版行政管理机关政府职能转变研究""新闻出版集团多种经营现状研究""出版组织绩效评估体系研究"。面向市场的科研课题:"人民文学出版社五年发展战略规划研究""山东出版集团发展战略研究""新华书店总店连锁经营战略研究"。

本年 研究所的数据库建设:新建珍贵版本数据库、外文出版图书目录数据库、外文出版期刊目录数据库、中国出版史料档案数据库、中国出版研究所历史沿革数据库,中国出版科研所出版科研成果数据库本年度开始有了雏形。年底数据库在局域网上开通,初步实现了资源共享。

本年 由中国书籍出版社出版的重点图书:被列入新闻出版总署重点课题的《加入 WTO 与中国出版业发展》《出版集团研究》两本专业图书出版。《现代谎言》《中国不可欺》《国际出版原则与实践》《UNIX 操作系统》等分获新闻出版总署直属出版社评奖中全部四个奖项的四个奖。《现代谎言》一书又获得第八届"五个一工程""一本好书奖"以及上海读书节"最受上海市民喜爱的图书"奖等,取得了较好的社会效益。

本年 研究所组织的主要活动:出版参考杂志社与中国少年儿童新闻出版总社联合举办"跨媒体经营现状与问题"研讨会;中国期刊展期间,与组委会联合召开"中国期刊发展趋势研讨会",并出版了专刊;与美国出版在线集团联合举办"中国出版产业发展与国际出版市场"高级研讨会;与河北教育出版社联合举办,王府井书店协办的"关注书业调查"研讨会。

2002 年

1 月

9 日　研究所承担的国家社会科学基金项目"加强出版业宏观调控研究"课题通过鉴定。这是研究所建所以来完成的第一项国家级社科基金项目。课题组长：吴克明、郝振省；研究人员：魏玉山、孙鲁燕、闫京萌、李世涛。

9 日　出版参考杂志社与北京图书订货会组委会、广东新华发行集团联合举办"连锁经营模式比较与创新"高级研讨会。

9 日　出版参考杂志社举办"大陆与台湾出版人"联谊座谈会。

15 日　《中国出版通史》课题申报国家社科基金项目。

30 日　研究所召开全所总结表彰 2001 年先进大会。全所职工和离退休老同志参加。荣获特殊贡献的有：魏玉山、马欣来、沈菊芳；荣获所先进的有：王瑶、房琍、刘颖丽、游翔、董淑华、卫朝峰、鲍红；受到所内表扬的有：姜远丽、李淑侠、丘淙。

2 月

27 日　第四届出版科学优秀论文评奖启动会议召开。出席会议的有：于友先、刘杲、许力以、陈为江、潘国彦、郑士德、吴道弘、阙道隆、戴文葆、余敏、郝振省、沈菊芳等。

3月

5日 所党委副书记、工会主席宋英亮参加新闻出版总署"五好家庭"、"优秀女干部"、"优秀妇女工作干部"表彰大会。马欣来被评为"优秀女干部",姜远丽被评为"优秀妇女工作干部"。

7日 研究所召开科研例会。主要研究《中国出版业融资问题》和《课题制管理规定》。

13日 为深化"三项制度"的改革,根据国务院《关于深化科研机构管理体制改革的实施意见》的要求,研究所党委会决定成立改革领导小组,负责改革的组织和管理工作。组长:余敏;副组长:郝振省、宋英亮;成员:魏玉山、马欣来、伍旭升、时亮远。

13—15日 余敏主持召开《中国出版通史》第六次编撰工作会议。讨论"魏晋南北朝""隋唐五代""清代""近代""现代""少数民族"各卷的提纲。

22日 余敏、郝振省、魏玉山与应用理论研究室徐升国、卫朝峰及科研办对山东出版集团发展战略课题进行了讨论。

25日 余敏、郝振省、魏玉山同徐升国、卫朝峰及圣涛咨询调查中心对《全国国民阅读与购买倾向抽样调查报告(2002)》课题进行了讨论。

28日 新闻出版总署署长石宗源、副署长杨牧之、总署党组成员石峰、总署办公室主任阎晓宏等领导同志到研究所进行调研。总署领导在余敏、郝振省、宋英亮、魏玉山等人的陪同下,参观了出版社、杂志社、科研部门、数据库及样书室等。在数据库,石署长观看了局域网模拟演示。这是石宗源同志第一次来研究所。

29日 科研办举办所局域网技能培训。全所同志踊跃参加。培训后,所局域网正式开通。

研究所局域网当年开通后,陆续建立了17个数据库:"中文出版专业图书库""外文出版专业图书库""中文出版专业期刊库""外文出版专业期刊库""中国出版科研人才库""1949年以前版珍贵图书库""1949年以前版珍贵期刊库""国外新闻出版法规库""1949年前中国新闻出版法规库""中华人民共和国新闻出版法规库""新民主主义时期出版档案库""新民主主义时期照片档案库""中华人民共和国出版档案库""出版科研所历史沿革库""全国出版理论研讨会论文库"等。

4月

13日 研究所改革领导小组成立。组长:余敏,副组长:郝振省、宋英亮;成员:魏玉山、马欣来、伍旭升、时亮远。

19日 研究所组织职工聆听出版前沿系列讲座——创新劳动价值论。讲座由中央党校哲学部主任庞元正主讲。

24日 研究所召开党委会议。通报总署"十六"大党代表选

举、"五·一"前稳定工作；研究干部任职、老干部疗养，3%职工涨工资，党委中心组学习计划，出版社、杂志社管理规定等。

本月 由中国出版工作者协会国际合作出版促进会、中国出版科学研究所、出版参考杂志社联合主办的2001年度引进版、输出版优秀图书评出。《谁动了我的奶酪》《丁丁历险记》等10种书被评为"2001年度引进版优秀畅销书"，《哈里·波特》系列小说、《全国音乐院系教学总谱系列》等10种书被评为"2001年度引进版优秀畅销丛书"，《彼得森留学应考系列》等30种图书获"2001年度引进版优秀图书入选奖"（含丛书），《中国大百科全书光盘》等20种书被评为"2001年输出版优秀图书"。

5月

9日 魏玉山等到新闻出版总署计财司与孙明副司长及技术发展司科技处蔡京生副处长谈出版标准化问题。

17日 "第二届全国国民阅读与购买倾向抽样调查（2002）"成果新闻发布会与座谈会在研究所召开。此次调查采取入户调查的方式，有代表性地选取了不同规模、不同地区的15个城市及农村，对包括读者阅读与购买书、刊、报、音像及电子出版物的数量、方式、渠道、偏好等方面进行了系统调查，获取了近5 000个样本、200万组数据。新华社、《人民日报》、中央电视台、《瞭望》、《光明日报》等十多家新闻媒体进行了专题报道并用较大篇幅刊登关于此次调查的主要科研成果。

2002 年

23日 由中国出版科学研究所、《出版参考》杂志社主办，清华大学出版社协办的"中外出版集团的对话"在中国科技会堂举行。来自中国内地、台湾、香港以及美英等地出版界的100多名决策层负责人、代理机构负责人、研究人员参加。

24日 "第九届北京国际图书博览会"在北京展览馆开幕，研究所所属出版社、杂志社参展。

博览会期间，中国出版科学研究所举行了"外籍特约研究员授牌仪式暨国际出版人才培养外国专家报告会"。这三位外籍特约研究员分别是英国国际出版研究中心主任保罗·理查森，韩国惠泉大学出版学科教授兼惠泉大学图书馆馆长李钟国，日本出版教育学校校长吉田公彦。新闻出版总署副署长于永湛接见了受聘的三位外国专家。原新闻出版署署长、中国出版工作者协会会长于友先出席了授牌仪式和学术报告会。余敏向三位首批外籍特约研究员颁发了聘书和纪念牌。聘请外籍人员做特约研究员在我国出版界还是首次，这标志着中国出版科学研究所采取更加开放的姿态，注重国际合作，拓宽研究范围，增强科研能力。

25日 研究所与北京大学新闻与传播学院、北京大学出版社等单位共同举办"两岸三地出版学术座谈会"。北京大学出版社、北京大学新闻与传播学院、台湾南华大学管理学院、香港联合出版集团等出版界学术科研人士一起对出版的学术研究与人才培养问题，出版学的学术定位、出版物的市场定位、出版业的产业定位等问题展开讨论。

28日　研究所召开处以上干部会议，下发关于实施《中国出版科学研究所〈关于科研课题管理的若干规定（试行）〉》通知。即日起"规定"开始实行。

本月　《前苏联俄罗斯出版管理研究》《出版学》由中国书籍出版社正式出版。《全国国民阅读与购买倾向抽样调查报告（2002）》印发。

6月

3日　科研办召开科研课题招投标会议。会议主要议题：（1）颁布《关于科研课题管理的若干规定（试行）》，试行期一年，待以后在实践中不断改进完善；（2）征集出版科研课题。会议由郝振省主持。

4日　经新闻出版总署批准，由中国出版科学研究所主持的《中国出版通史》（9卷本）编撰工程，经全国哲学社会科学规划办公室学科规划评审组评审，全国哲学规划领导小组审批同意，被列入2002年国家社会科学重点基金资助项目。

12日　"出版组织绩效测评指标体系"专家评审会议在国务院二招召开。余敏、郝振省、魏玉山及研究所课题组成员参加了会议。专家对体系的指导思路、体系的设计思路等方面开展讨论研究。

14日　第四届出版科研论文评奖会议在中国青年出版社召开。获奖优秀论文58篇。余敏、郝振省、沈菊芳等出席会议。

20日 研究所课题管理委员会召开会议,确定本年度四项招投标课题:(1)入世后出版物市场跟踪调查研究;(2)《中国出版集团》跟踪研究;(3)国际出版集团跟踪研究;(4)国际出版标准化研究。

7月

2日 余敏接受中央电视台记者石冬梅关于"全国国民阅读与购买倾向抽样调查"情况的采访,此次专访在中央电视台1频道播出。

12日 研究所召开社科基金资深专家座谈会。出席会议的有:俞权域、徐人仲、徐耀魁、李斯颐。余敏汇报了《中国出版通史》的编撰工作及近期科研课题方向。

17—20日 余敏率团参加"亚洲出版论坛"。团员有:王化鹏、李顺德、魏玉山、闫京萌、陈磊等。

22日 研究所党委组织全所同志认真学习江总书记视察中国社会科学院的讲话,使全所同志对哲学社会科学的重要性的认识更加明确、清晰,并从学习中思考出版科研与出版产业,出版科研与治国安邦,出版科研与出版业结构调整、职能转变,出版科研与扩大开放等诸方面的关系。

8月

2日 新闻出版总署计财司副司长孙明在所领导余敏、郝振

省的陪同下,来研究所看新办公楼框架。

6日 《中国出版业融资问题研究》课题成果评审会议召开。

18日 研究所制定《中国出版科学研究所2002—2011发展规划(草案)》。

23日 新闻出版总署图书出版管理司批复:同意中国书籍出版社安排《周恩来刘少奇朱德陈云与新闻出版》选题。

同日 "全国国民阅读与购买倾向抽样调查"项目专家评审会议召开。出席会议的专家有:喻国明、何焕炎、龙华、段成荣等。

28日 由研究所主持研究的《中国出版物市场跟踪监测研究》课题召开专家评审会议。出席会议的专家有:王思斌、何焕炎、毛世彤、鲁杰民、王栋石。

10月

8日 研究所第一次信息化建设工作会议召开。会上成立了信息化建设工作小组,明确了信息化建设的指导思想、基本原则以及近期的主要工作。研究所领导余敏、郝振省以及信息化小组成员魏玉山、丘淙、郭云、董淑华、卫朝峰参加了会议。

21日 科技部召开"2002年公益类科研机构体制改革工作会"。会议下发科学技术部、财政部、中编办国科发政字

〔2002〕356号文件，批准研究所为公益类科研院所。至此，研究所的机构体制改革工作正式启动。

25日 第五届中韩出版学术研讨会在北京西单图书大厦召开。韩国出版学会会长尹炯斗、韩国惠泉大学教授李钟国、韩国朝鲜大学教授朴朦救、韩国圆光大学教授李斗映、韩国世明大学媒体创作学科教授金基泰、韩国圆光大学教授金善男、韩国东元大学出版媒体系教授夫吉万，余敏、郝振省，出版界老专家戴文葆、吴道弘，北京部分出版社领导或代表，北京大学、清华大学、北京印刷学院出版专业的老师及学生，中国出版科学研究所的研究人员等100多人参加。

11月

19日 研究所信息化小组召开"出版网络信息系统需求说明"论证会。会议主要就已经多次征求各部门意见并反复修改的"出版网络信息系统需求说明"进行最终审议。

22日 新闻出版总署发行司和中国出版科学研究所在北京联合举办"中国出版物市场监测研讨会"。

22—23日 由中国出版科学研究所、《出版参考》杂志社、广东新华发行集团主办，华夏证券公司协办的"中国出版论坛·出版传媒资本市场的经营与管理"在北京21世纪饭店举行。

12 月

4日　中国出版科学研究所、北京希普思出版科技有限公司、IBM中国有限公司授权的峰华铁讯有限责任公司在中国出版科学研究所七层会议室正式签署《信息化工程建设战略合作伙伴协议书》。余敏、郝振省、信息化建设工作小组成员及来自IBM公司和安好公司的代表13人参加了签字仪式。

13—14日　"中国出版集团管理实务高级论坛"在北京召开。论坛以出版集团实行现代企业制度为主题，探讨出版集团在组建中的问题。论坛邀请了国家经济贸易委员会企业改革司副司长白英姿作《企业集团的组建与规范管理》主题发言。80余位来自全国各地的出版管理人员出席了论坛。

20日　研究所发出《关于调整机构改革领导小组的通知》。根据科技部、财政部、中编办《关于农业部等九部门所属科研机构改革方案的批复》和新闻出版总署科研机构改革工作小组的要求，所改革领导小组成员进行了调整。组长：余敏；成员：郝振省、宋英亮、魏玉山；办公室主任：时亮远。

25日　研究所和北京四康物业管理中心签订丰台区三路居孟家桥32号配送中心西楼房地产转让协议书。2002年12月5日，新闻出版总署批复同意中国出版科学研究所构建业务用房。

27—28日　新闻出版总署科技司主持召开中国出版科学研究所"出版网络信息系统专家论证会"。会议由新闻出版总署科技

司谢俊旗主持。会议内容是请五位专家就中国出版科学研究所"出版科学网络信息系统实施方案"进行专题论证。新闻出版总署办公厅副主任孙明,中国出版科学研究所余敏、郝振省、魏玉山,信息化小组成员及环宇东方科技发展有限公司的有关人士参加。

本年 研究所进行和完成的主要科研课题:国家社科基金重点项目《中国出版通史》召开8次编撰工作会,有《宋辽西夏金元》卷、《明代》卷完成初稿。"期刊结构研究(社科基金课题青年课题)""中国出版走向世界""出版组织绩效测评指标体系""山东出版集团战略研究""加入世界贸易组织后出版市场跟踪研究""中国出版业融资问题研究""新华书店连锁经营战略研究""中国图书市场信息化物流网络运行系统""我国出版集团发展建设若干突出问题跟踪研究""国际出版集团跟踪研究""外国出版标准研究""中国财经出版社3年发展规划研究""人民文学出版社5年发展战略研究""新华书店总店连锁经营战略研究""中国图书市场信息化物流网络运行系统"等。

本年 研究所制定的科研管理相关制度和规定:制定并实施了《关于科研课题管理的若干规定(试行)》;起草、修改《课题成果鉴定指标体系》《课题成果鉴定指标体系说明》;为广泛利用社会力量开展科研活动草拟了《开放课题指南》《开放课题研究管理规定》等。

本年 由中国书籍出版社出版的科研课题成果专著:《前苏联俄罗斯出版管理研究》《出版学》等。

2003 年

1 月

本月 《出版参考·精品回味》旬刊创刊出版。

本月 经所务会决定,刘伟见、李晓晔任中国书籍出版社负责人,刘伟见负责经营及行政管理,李晓晔负责编辑工作。

2 月

28 日 中国出版科学研究所向社会发布《2002—2003 中国出版业状况及预测(中国出版蓝皮书)》。北京、上海、四川、香港等 10 余家媒体的记者参加。这也是研究所编撰的第一本行业年度报告,包括主报告、6 个专题报告及附录等,以蓝皮书的形式向社会公开发布。

3 月

7 日 "小康社会出版业指标体系研究"申报国家社科基金重大委托项目。

12 日 研究所组织科研业务骨干到万圣书园等民营书业机构进行调研。

27日 研究所举办出版前沿系列讲座,内容为德国书业最新发展概况。

4月

4日 研究所基建小组和"出版科研信息系统"项目小组就中国出版科学研究所"出版科研大楼(新址)的基建修工作"以及"出版科研信息系统"项目需求方案论证工作进展情况,向所党委领导班子作了详细汇报。

10日 魏玉山出席国家社科基金重点项目工作汇报会。《中国出版通史》的研究编撰工作,得到规划办与会领导的充分肯定,其科研工作以及项目管理经验将在9月份全国社科基金工作会议上作为经验介绍。

18—20日 由中国出版科学研究所主办的首届"中国民营书业发展论坛"在北京举行。在京的部分出版界领导、各地管理机关的负责人、知名民营书业负责人以及来自全国的100多位民营书业代表参加。会议就我国民营书业的现状、问题、发展对策等进行了广泛交流。

本月 研究所被科技部批准为第二批"非营利性科研机构建设试点单位"和"现代科研院所制度建设试点单位",并与科技部、新闻出版总署有关部门签订了"科技体制改革试点任务书"。所改革领导小组组织有关人员研究制定改革实施方案等14项配套措施和管理办法,其中包括《中国出版科学研究所内部机构配置、

职能和人员编制》《中国出版科学研究所关于实行全员聘用制暂行办法》《中国出版科学研究所专业技术岗位设置及聘用办法》《中国出版科学研究所职工内部提前退休暂行办法》等4项改革措施。2004年1月13日，新闻出版总署正式批准研究所机构改革方案，对研究所机构改革工作提出了明确、具体的要求。

6月

12日　全国信息与文献标准化技术委员会出版物格式分技术委员会秘书处正式移交到研究所。

本月　中国书籍出版社"名著名篇双语对照丛书"第一辑推出《安徒生童话精粹》《格林童话精粹》。

7月

本月　由中国出版工作者协会国际合作出版促进会、中国出版科学研究所、出版参考杂志社联合主办的"2002年度引进、输出版优秀图书评选"揭晓。9月16日，2002年度引进、输出版优秀图书评选颁奖大会暨引进输出出版工作研讨会在北京法律出版社召开。

8月

28日　研究所在东方国际投标招标有限公司对各投标方的报价公示后，组织专家进行评标，确定中国计算机软件与服务总公司为中标单位。

10月

13日 中国出版科学研究所改革方案公示（第一号）公布。由研究所制定的《中国出版科学研究所关于实行全员聘用制暂行办法》《中国出版科学研究所专业技术岗位设置及聘任办法》《中国出版科学研究所内部机构配置、职能和人员编制》《中国出版科学研究所职工提前退休、内部退养暂行办法》等四项改革方案及配套措施，经所改革领导小组和全体党员、处以上干部讨论，正式向全所职工公示，广泛听取群众的反映和意见。

本月 "国际出版业状况及预测"系列丛书首卷《2002—2003国际出版业状况及预测》由中国书籍出版社出版发行。

11月

3日 台湾出版协会代表团来研究所进行访问交流。

17日 研究所向新闻出版总署上报《关于中国出版科学研究所学术委员会和特约研究员换届工作的请示报告》。

27日 由中国出版工作者协会举办，中国出版科研奖励基金领导小组和中国出版科学研究所承办的第五届出版科研优秀论文奖评奖活动正式启动。

本月 "中国民营书业发展研究报告"系列丛书首卷《中国民营书业发展研究报告》由中国书籍出版社出版发行。

12月

4日 中国出版科学研究所民营书业暨国际书业科研成果新闻发布会在中国出版科学研究所召开。

12日 研究所举办出版前沿系列讲座,邀请北京大学出版社原社长、中国出版工作者协会副主席彭松建讲"出版人才与选题策划"。

19日 研究所出版科研大楼新址装修合同签署。

本年 研究所进行和完成的科研课题:

中宣部委托课题《小康社会出版业指标体系研究》完成框架的设计工作,全面启动,2003年3月7日申报国家社科基金重点项目;国家社科基金重点项目《中国出版通史》(9卷)已完成6卷书稿的研究编撰工作。

国务院发展研究中心课题:"我国社会事业领域发展战略与规划研究·新闻出版业科技发展战略"。

新闻出版总署项目及课题的研究工作:"十三届四中全会以来新闻出版工作的主要经验";"新闻出版工作面临的新形势新情况新任务";"继续深化新闻出版业的改革";"加入世界贸易组织后,如何进一步扩大对外交流""用好两种资源两个市场";"新闻出版业十年发展规划";"加快全国出版物市场体系建设";"进一步扶持西部特别是少数民族地区的新闻出版事业";"鼓励、支持和引导出版产业非公有经济发展";"'十五'规划修订及2010年新闻出版业发展规划";"2002年全国新闻出版业

情况分析";"中国出版物市场物流标准规范研究";"新闻出版类职业考试专业内容基本框架"等;为总署人教司提供"出版专业职务考试试题"出题大纲。

完成总署开展的全国出版行业问卷调查样卷技术处理工作;完成总署开展的全国性"新闻出版产业改革与发展调查"以及中宣部干部局开展的新闻出版行业调查问卷7 000余份问卷的大量数据技术处理和技术分析。

研究所的重点课题:"我国出版集团2003年度跟踪研究""中国出版物市场跟踪监测研究""出版组织绩效测评指标体系""出版物信息化标准研究""国际出版集团跟踪研究""中国出版走向世界研究"。

《中国民营书业发展研究报告》《2002—2003中国出版业状况及预测(中国出版蓝皮书)》《2002—2003国际出版业状况及预测(国际出版蓝皮书)》《中国出版物物流标准规范》"国外新闻出版管理体系研究""中国出版集团跟踪研究"《全国国民阅读与购买倾向抽样调查报告(2002)》。

本年 由中国书籍出版社出版的图书:"名著名篇双语对照丛书"第一辑推出《安徒生童话精粹》《格林童话精粹》《加强出版业宏观调控研究》、"国际出版业状况及预测"系列丛书首卷《2002—2003国际出版业状况及预测》、"中国民营书业发展研究报告"系列丛书首卷《中国民营书业发展研究报告》等。

2004 年

2月

2日 余敏出席由温家宝总理主持的国务院领导同志与教科文卫体界人士座谈会,征求对《政府工作报告(征求意见稿)》的意见。出席会议的领导同志还有中共中央政治局常委、国务院副总理黄菊,中共中央政治局委员、国务院副总理吴仪,国务委员兼国务院秘书长华建敏,国务委员陈至立。

26—28日 研究所体制改革暨经济工作会议召开。余敏作了《研究所体制改革报告》,报告中明确阐述了三项制度的改革设想,强调做好调查研究,制定改革方案,在科研方向、科研结构以及机构调整等方面要制定实施意见,同时要加大人才引进和人才培养。

3月

10日 研究所召开消防安全会议,邀请消防安全专家讲防火、灭火、逃生、自救消防安全知识。会后为每位职工家里配备了家庭灭火器。

30日 俄罗斯出版业协会访问团来研究所进行学术交流。

4月

6—9日 2004年中国出版电子商务年会在北京举行。

27—29日 研究所和出版发行研究杂志社在北京召开"文化体制改革暨出版单位转制问题研讨会",就文化体制改革背景、思路及指导思想,体制改革安排及转制框架等进行研讨。

5月

11日 叶再生同志辞世,终年79岁。叶再生曾担任中国青年出版社办公室主任、全国青年联合会工商青年部副部长、科学出版社副总编辑、总编辑。1984年7月调入中国出版发行科学研究所工作(1989年8月改称中国出版科学研究所)。他曾担任中国出版发行科学研究所筹备组的副组长。

6月

2日 北京希普思文化咨询有限责任公司成立并召开第一次董事会。出席会议的有,法人:郝振省,董事:宋英亮、魏玉山、朱诠、丘淙、郭云、孙继芬,监事:闫秀英。公司经理李大伟,余敏列席会议。会议明确了研究所领导班子对公司在"三权"上的管理职责,即公司主要干部的任命权、重大事件的知情权和回报收益权。

4日　新闻出版总署计财司孙明司长带队考察"科研管理信息系统""所办公大楼装修建设"两个项目。

6日　由研究所承担的"小康社会出版业指标体系研究"课题被确立为2004年度国家社科基金重大研究项目。这是我所承担的第一个被国家社科基金重大项目的科研课题。

21、22日　根据国家关于深化科研机构管理体制改革的总体要求和《中国出版科学研究所内部机构配置、职能和人员编制》《中国出版科学研究所关于实行全员聘用制暂行办法》，按照公开、平等、竞争、择优的原则，研究所召开了科研副研究员及以上岗位、职能管理部门处级职位和生产经营部门主要负责人岗位申报人员竞争上岗答辩会。研究所全体职工，新闻出版总署人教司李敉力司长、陈忆秋处长应邀参加了答辩会。会议由郝振省主持。

参加竞争答辩的12名研究人员和11名职能部门、科研管理部门以及出版部门主要负责人的申报者，都是经过了个人申请、所改革领导小组办公室审查资格、所党政联席会议研究、向全所职工进行公示等规定程序后，进入竞争演讲答辩的。这在研究所历史上还是第一次。

本月　中国书籍出版社"名著名篇双语对照丛书"第二辑推出《格列佛游记》《小王子》《爱丽思漫游奇境记》《木偶奇遇记》，并随书附赠光盘。

7月

23—25日 中国出版科学研究所和中央教育科学研究所在北京联合举办"中国教育报刊高级论坛"。这是首次为研究教育报刊问题跨行业举办的高级论坛。

27日 研究所召开"党员三项学习教育"动员大会,开展党员先进性教育活动。

30日 研究所经所党政联席会议讨论决定,余敏继续担任传媒杂志社法定代表人,兼任杂志社社长。郝振省兼任传媒杂志社主编。聘用朱学东为传媒杂志社常务副主编,朱诠为传媒杂志社常务副社长。

8月

4日 研究所报新闻出版总署人事教育司请示:根据国务院《关于深化科研机构管理体制改革实施意见的通知》(国办发〔2000〕38号)、《关于深化科研事业单位人事制度改革的实施意见》(人发〔2000〕30号)和《关于农业部等九个部门所属科研机构改革方案的批复》(国科发政字〔2002〕356号)文件精神,按照《中国出版科学研究所内部机构配置、职能和人员编制》《中国出版科学研究所关于实行全员聘用制暂行办法》《中国出版科学研究所专业技术岗位设置及聘用办法》,拟聘用余敏、郝振省为研究所首席研究员。

15日　由中国出版科学研究所主办的首届中国出版业发展战略高层论坛在北京人民大会堂举行。论坛为期3天，从深层次的经济学视角来研究和探讨出版产业的改革发展问题。主讲嘉宾有新闻出版总署副署长柳斌杰，中国世界贸易组织研究会会长佟志广，北京大学经济学院院长刘伟，国家发改委研究所研究员齐勇锋，中央党校管理科学研究中心主任孙钱章，中国出版科学研究所党委书记、主持工作副所长余敏，长江文艺出版社社长周百义，中信出版社社长王斌，法律出版社社长贾京平，江苏省新华书店集团总经理张佩清等。

9月

3日　外语教学与研究出版社与出版参考杂志社在北京国际图书博览会（BIBF）期间，联合举办"'走出去'战略与华文出版国际化"主题研讨会。出版参考杂志社还与高等教育出版社共同主办了"海外精品教材与中国本土化"研讨会。

本月　中国书籍出版社从台湾红蚂蚁公司引进"外国经典名著双语对照丛书"30种。

10月

本月　新闻出版总署首次在全国范围内评选的50名全国新闻出版业有突出贡献的中青年专家揭晓。中国出版科学研究所所长助理魏玉山获此殊荣。10月20—22日，新闻出版总署在甘肃酒泉召开了全国新闻出版（版权）行业人才工作会议，50名全国新闻出版业有突出贡献的中青年专家受到了表彰。

11月

10日 研究所在深化科研机构管理体制改革过程中,经过个人申请、资格审查、演讲答辩、全所职工推荐,以及评审公示等程序,同意聘任8名同志为主要研究岗位人员。

12月

4日 第三届"全国国民阅读与购买倾向抽样调查"结果在北京发布。这是经新闻出版总署批准,由中国出版科学研究所组织实施的项目。前两届于1999年和2001年进行。

7日 经北京希普思文化咨询有限责任公司董事会研究决定,并报研究所同意,聘任李大伟为公司总经理(享受正处级待遇),张海山为财务总监(享受副处级待遇)。

10日 中国出版科学研究所召开自建所20年以来第一次大规模的公开招聘高级人才答辩会。这是研究所科研体制改革的重要步骤,打破了传统的人事管理制度,向建立符合科研管理的新型用人机制迈出的坚实一步。招聘本着公开、公平、公正的原则,面向全国,从300多位报名者里层层筛选,最后挑选出了8位同志参加答辩。不久,脱颖而出的几位同志来研究所工作,有的同志一直工作至今。

26日 研究所召开由主流媒体参加的《2004—2005国际出版业状况及预测》新闻发布会。

28日　研究所决定组建中国出版网。该网是研究所的二级机构，行政级别为正处级，也是为了进一步落实出版科研为新闻出版总署党组决策服务、为出版管理和出版生产服务的宗旨，加强研究所的信息化建设，加快为出版行业提供专业信息服务而设立的。网站的目标是以面向新闻出版行业提供专业信息服务为宗旨，加快行业信息的搜集、整理和发布，加快行业数据库的建设，要将其建成出版行业的信息门户网站。

本年　研究所进行和完成的主要课题：

新闻出版总署课题：《新闻出版业"三项学习教育"读本》、"出版事业单位企业化转制问题研究""出版单位企业化转制后的管理模式研究""新闻出版业科技发展战略与规划研究（2004—2010）""新闻出版专业职业考试大纲及命题""树立科学发展观""出版单位绩效评估体系研究"等。

所级课题："2003—2004中国出版蓝皮书""2003—2004国际出版蓝皮书""国外出版业宏观管理体制研究""全国国民阅读与购买倾向抽样调查报告（2004）""国外出版行业协会管理研究""中国民营书业发展研究""时代书城连锁经营模式研究""人民出版社转制问题研究""文化体制改革问题研究（出版部分）"等。

本年　研究所组织开展的主要活动："第二届中国民营书业发展高级论坛""文化体制改革暨出版单位转制问题研讨会""北京国际出版研讨会""中国教育报刊高级论坛""新闻出版业会计核算办法研讨会""首届出版业电子商务年会"等。

本年　由中国书籍出版社出版的重要图书：

《英语新听力同步训练》共12种、"名著名篇双语对照丛书"共36种，陆续出版，并且获得较好的市场反馈。

策划了一批畅销书，如情人节期间推出了《心动情人节》；美国大片《木马屠城》公映前夕推出《特洛依之战》；针对小留学生现象，组织出版了《十三岁，我留学英国》《我的家装日记》等。

与台湾红蚂蚁出版公司合作，以优惠的价格引进外国经典名著双语对照丛书30种，使之与上一年出版的"名著名篇双语对照丛书"形成系列。

与云南社科院合作出版"云南小康系列丛书""云南社科院学者文库"两个系列共计16种。

出版专业图书《2003—2004中国出版业状况及预测》《国外出版业宏观管理体系研究》《现代出版产业论》等。

配合署党组"三项学习教育活动"出版了《新闻出版业"三项学习教育"读本》，配合署纪检监察局出版了《前车之鉴——新闻出版系统违纪违法案例选编》《驻新闻出版署纪检组监察局工作制度》等。

本年　《出版发行研究》杂志连续获得国家期刊奖"百种重点社科期刊"荣誉。

2005 年

2 月

1 日 研究所迁入北京市丰台区三路居路 97 号新址办公。

3 月

15 日 研究所组织出版科研前沿系列讲座。北京大学社会学系王思斌教授作《如何做好科研工作》的演讲。

17 日 研究所发布《2003—2004 中国出版业状况及预测（中国出版蓝皮书）》。这是继 2003 年首部"中国出版蓝皮书"之后由中国出版科学研究所推出的第二本"中国出版蓝皮书"。

本年度的报告吸收了港澳台地区的研究人员加盟，分几个专题对港澳台地区 2003—2004 年出版业报刊、有声读物等状况及预测进行了分析与研究，整理出港澳台地区年度出版业发展大事记，使报告真正成为完整的中国出版业研究报告。

同日 新闻出版总署副署长石峰到中国出版科学研究所指导工作，视察了新的出版科研大楼，听取了余敏代表所领导班子所作的工作汇报，并就出版科研所的工作作了重要讲话。这也是中国出版科学研究所迁入新办公楼后总署领导第一次来视察。

24日 新闻出版总署党组成员、副署长、直属机关党委书记、总署先进性教育活动领导小组副组长柳斌杰，带领总署办公厅、人教司、机关党委、政策法规司、科技发展司等部门的有关负责同志，来到研究所新的出版科研大楼，听取研究所近两年来改革发展的汇报。

本月 中国出版网开通。

本月 研究所OA办公系统投入使用。

4月

15日 研究所在北京平谷举行党员捐资助学献爱心活动。余敏、宋英亮、魏玉山及部分职工参加。

18日 根据国家关于科研机构改革的有关要求和《中国出版科学研究所2002—2011发展规划》，为更好地做好"两个服务"，逐步建立科学的学科结构，研究所成立出版标准化研究室，并将高新技术应用研究室更名为数字出版研究室。

本月 研究所与上海理工大学合作，启动建立联合培养出版传媒高端人才机制。

5月

20日 中国出版科学研究所"出版学学科体系（与教材建设）研究"课题通过全国哲学社会科学规划领导小组审批，获准立项

为2005年度国家社会科学基金项目。这是当时研究所继2001年通过鉴定的"加强出版业宏观调控研究",2004年的"小康出版业指标体系研究"(重大项目)之后在国家社科办立项的又一课题。本课题的研究,将为出版学专业提供一套较为规范的出版学学科体系、课程大纲和系列教材,对推进我国出版学专业教育的规范化具有重要意义。

本月 上海理工大学和研究所就合作承办"2005年上海印刷传播技术与教育国际研讨会"正式签订协议书,同时将《关于召开"2005年上海印刷传播技术与教育国际研讨会"有关事项的请示报告》上报新闻出版总署。

本月 经新闻出版总署批准,中国印刷博物馆由研究所代行管理,由以前的自筹自支单位转为国家财政拨款的公益性事业单位。

6月

9日 《关于全国公开选拔领导干部新闻出版类试题命题工作申请结束的报告》报新闻出版总署人事教育司。该项试题命题工作自2004年3月正式承接启动,历时一年。经30余位专家参与命题以及中组部领导干部考试及评测中心验收,该项工作全面完成。

10日 石峰在《中国出版通史》武汉专题会议纪要上批复意见,"余敏、郝振省同志:这个会开得很好,好就好在很务实,

在质量要求上毫不含糊，意见很尖锐又很中肯。这样把关质量就会有保证，我们也就比较放心了。谢谢你们。"

17日　由中国出版工作者协会主办，中国出版科学奖励基金领导小组和中国出版科学研究所承办的、出版科研理论方面的唯一全国性奖项——第五届全国出版科研优秀论文奖评出。57篇论文获本届出版科研优秀论文奖。

21日　研究所以中出科字〔2005〕8号文向新闻出版总署上报《关于中国出版科学研究所改为中国出版科学研究院的请示报告》。

29日　中国出版科学研究所召开新闻发布会，公布新科研成果《国外出版行业协会研究》报告。该项目课题组于2003年成立，目的为了适应文化体制改革和市场经济发展的需要，为国内有关管理部门、行业协会及从业人员提供有益的借鉴。

7月

7日　中宣部在《关于中华优秀出版物奖、韬奋出版新人奖的批复》中同意继续设立"全国优秀科研论文奖"。该奖项被正式列为中华出版物奖的子奖项，每两年评选一次。

8日　中国出版科学研究所、通力（上海）公司战略合作签约仪式暨中国出版科学研究所DigiBook数字出版研究中心成立仪式在北京举行。该中心将就数字出版业的发展方向、技术、产

业整合等问题进行前瞻性研究,其成立标志着中国数字出版科学进入一个新的阶段。

8日 首届中国数字出版博览会在北京国际会议中心隆重开幕。这是我国当时唯一以促进数字出版产业发展为主题举办的全国性博览会。博览会以"互联互通,共建共享"为主题,旨在推动新闻出版行业信息化建设进程,促进新闻出版行业与信息产业、互联网业等相关行业的交流与合作,提高我国数字出版与网络传播技术水平,加快实现我国新闻出版行业的资源共享、电子政务、电子商务、反盗版及数字产业和出版资源保护方面的信息化建设目标,从而带动数字图书馆、电子阅读器、网络数据库等新兴科技出版方式的发展,全面提高我国数字出版网络传播技术水平。

博览会由"首届中国数字出版趋势与技术高峰论坛"和"首届中国数字出版与网络传播展览会"两部分组成。由新闻出版总署、国家版权局主办,中国出版科学研究所、北京卓鹏企业管理顾问有限公司承办。参加博览会开幕式的领导嘉宾有新闻出版总署副署长于永湛、信息产业部副部长奚国华、国家版权局副局长阎晓宏、中宣部出版局副局长刘建生、国家广播电影电视总局代表戈晨、中国科学院出版图书情报委员会常务副主任郭宝明。开幕式由新闻出版总署副署长柳斌杰主持。

8月

3日 第七届中韩出版学术研讨会在中国出版科学研究所国际会议报告厅召开。这也是研究所迁入新址办公后首次在国际会议报告厅召开的国际会议。来自中韩两国出版界的专家学者共80

余人参加。中韩双方代表就两国出版业的最新发展现状、存在的主要问题及未来的发展趋势进行了深入研讨。来自韩国的世明大学媒体创作学科教授金基泰、韩国中央大学新闻传播学系教授成东圭、韩国百济艺术大学教授金贞淑、韩国出版学会会长李钟国四位代表分别就韩国国民读书的新变化与趋势、电子出版内容研究、网络出版现状与趋势、出版学术交流的发展方向等问题作了专题报告。中国出版科学研究所出版经济研究室主任王利明、国际出版研究室助理研究员陈磊分别代表中方就中国图书市场的现状与特征、日韩动漫产业发展对中国的启示等大家关注的话题作了专题报告。

20日 中国出版科学研究所召开"学科建设框架与发展规划草案"论证会。会议邀请了新闻出版总署各司局主要领导以及中宣部出版局、中国期刊协会、中国音像协会、北京印刷学院、北京大学新闻与传播学学院等单位的领导、专家共20余人参加。

该草案由"中国出版科学研究所学科建设框架"和"中国出版科学研究所中长期发展规划"两部分组成。中国出版科学研究所作为科技部第二批科研体制改革的试点单位,2005年年底将接受科技部等三部委的联合验收,中长期发展规划即是验收项目之一。因此这次会议也是一次较重要的科研体制改革后有关研究所发展方向的会议。

9月

2日 台湾南华大学一行20余人,在出版事业管理研究所所长万荣水的带领下到研究所进行参观交流。研究所有关领导介绍

了研究所的组织架构和研究部门的调整与规划,研究所的科研成果及近期的科研动向。双方还深入探讨了合作问题。

10—12日 研究所组织职工到内蒙古赤峰旅游。

23日 研究所10位同志与新闻出版总署其他单位组成仪仗队,代表新闻出版总署参加国家机关工委举办的第二届中央国家机关运动会入场方队。

本月 由新闻出版总署出版物发行管理司和中国出版科学研究所共同组织编写的《中国民营书业发行概览》由中国书籍出版社出版发行,并于2006年1月9日北京图书订货会上举行首发式。

10月

23日 在"第二届中国教育报刊业创新与发展高峰论坛"上,中国出版科学研究所发布了我国首项专门针对教育报刊业的课题研究成果——《我国教育报刊业面临的困难、问题以及应对措施》。

本月 新闻出版总署任命郝振省为中国出版科学研究所所长,辛广伟、宋英亮、魏玉山为副所长。

11月

2—5日 由新闻出版总署主办、上海理工大学和研究所共同承办的"上海国际印刷教育培养研讨会"召开。

10日 全国信息与文献标准化技术委员会出版物格式分技术委员会换届及第六届第一次工作会议在北京白鹭园培训中心召开。

15日 中国出版科学研究所数字出版研究室正式成立。主要进行出版信息化建设、出版信息共享、出版物市场监测、电子书、网络出版、按需印刷以及网上书店、网上版权贸易等方面的技术应用研究。该研究室的工作由张立主持，研究人员实行专职与兼职相结合。

19日 郝振省、宋英亮以及研究所的代表参加新闻出版总署工会总结、委员改选大会。

25日 研究所聘请原新闻出版总署对外交流与合作司司长王化鹏任顾问。这也是中国出版科学研究所第一次以顾问的身份聘请专家学者。

30日 出版科研网络信息系统项目验收请示上报新闻出版总署科技司。

本月 根据所务会决定，由刘伟见、李晓晔、侯仰军组成中国书籍出版社新的领导班子，刘伟见任常务副社长（主持工作），李晓晔任总编辑，侯仰军任副总编辑（副处级）。

12 月

1 日 新闻出版总署副署长石峰来到中国出版科学研究所进行调研。郝振省就新领导班子组建后的工作分工情况、近期开展的主要工作、2006 年研究所的工作计划以及目前发展中遇到的主要困难进行汇报。辛广伟、宋英亮、魏玉山参加了工作汇报。

本月 国家哲学社会科学基金重大课题《中国出版通史》基本完成。

本年 研究所与上海理工大学出版印刷学院联合申办出版学科硕士点成功。

本年 研究所的科研已经形成了 7 个研究方向或学科：出版理论研究、出版史研究、出版管理研究、出版经济研究、数字出版研究、出版标准化研究、国际出版研究等。

研究机构的设置上，在原有的基础理论研究室、应用理论研究室、国际出版研究室的基础上，先后设立了出版经济研究室、数字出版研究室暨数字出版研究中心、出版标准化研究室，进一步明确了各研究处室职能研究领域及其方向。

本年 研究所进行和完成的课题：

"国家知识产权战略研究"是中央领导吴仪同志主抓的国家重大项目。"版权战略研究"是其中重要的一个专题研究项目。"版权战略研究"由国家版权局副局长阎晓宏任组长，王自强、郝振省任项目副组长。该项目经新闻出版总署党组批准成立了专题研

究领导小组、专题领导小组办公室、专题研究工作组、专题起草工作组。同时经总署党组讨论决定由研究所承担《国家版权发展纲要》的研究项目。该项目领导小组由署长龙新民任组长,副署长石峰、柳斌杰,版权局副局长阎晓宏任副组长并责成研究所组成研究班子。课题组完成了框架的初步设计,开展广泛的调研活动,并充分利用社会专家力量参与研究工作。

《中国出版通史》9卷,《先秦两汉卷》《魏晋南北朝卷》《隋唐五代卷》《宋辽西夏金元卷》《明代卷》《清代卷(下)》等,其中部分卷已经全面进入三稿或定稿的修改阶段,《清代卷(上)》《民国卷》《中华人民共和国卷》的书稿年底完成。

完成中宣部、新闻出版总署部级科研课题、北京市课题等情况:"新闻出版系统反腐体系建设研究""新闻出版业'十一五'规划研究"《新闻出版科技发展"十一五"规划》《中国新闻出版业人力资源培养计划及实施方案》"北京音像电子出版业现状与趋势研究"《如何有效发挥非政府机构和出版行业组织在加强行业自律维护市场秩序为政府决策提供服务方面的作用》"建国以来北京地区新闻出版版权业发展状况研究""农村出版物发行网点建设研究"《数字出版产业报告》《中华古籍数字化工程可行性报告》等。

研究所课题:"新闻出版业融资问题研究""伪书调查问卷研究""中国图书出版业产业组织与体制改革研究""人才评估体系研究""盗版出版物对产业危害及对策研究""人民出版社转为公益性事业单位以后运营模式研究""闽南话漳州腔词汇汇编研究"、《俄罗斯金融工业集团对传媒业发展的影响》。

企业委托课题:"人民出版社改制方案与发展战略问题研究"、《中国教育报刊业面临的问题与对策》"语文报刊、英语报刊体

制改革和上市研究""时代书城连锁经营、管理咨询配套研究"、"国外动漫和电子游戏产业研究"中的"日韩动漫产业研究"等。

本年 研究所制定的有关科研管理的规定：对《关于科研实行课题制管理的若干规定》《学术委员会工作条例》《特约研究员管理办法》《外籍研究员管理条例》《开放性课题申请及管理规定》《科研工作考核评议制度》等有关规定进行了修订。新制定了《关于加强科研管理的几点规定》《人才资源库管理办法》《中国出版科研所科研办档案管理办法》等有关制度。

本年 出版科研数据库的建设：开发出版科研网络信息系统，该系统包括研究所办公OA系统、科研数据库系统和中国出版网站。

出版专业数据库的建设，将包括从多种渠道获取的出版专业数据，包括50年出版专业统计资料、各年度国民阅读与购买出版物统计数据以及出版专业图书、报纸、期刊、音像、电子及网络资料等。

本年 研究所组织的有关活动：圆满完成了新闻出版总署交办的"2005年北京国际图书博览会"——"中法出版论坛"和"2005年国际出版论坛"的各项组织工作。

研究所下属的大成新华公司举办了全国"出版行业标准教育培训"和"出版行业9000认证培训"3次。

本年 由中国书籍出版社出版的图书：

增加了"名著名篇双语对照丛书"和"2000单词读遍世界名著"系列中的新品种。又策划引进出版了"美国青少年必读经典""小强讲笑话背单词""核心技能丛书"等多个系列。其中《老人与海》一年内4次重印。

在新闻出版总署发行司及各省新闻出版局的大力支持下，出版了国内第一本汇集民营书业信息大型实用工具书《中国民营书业发行概览》。

2006年

1月

9—11日 由国务院召开的全国科学技术大会暨2005年度国家科技奖励大会在人民大会堂隆重开幕。郝振省作为正式代表出席了全国科学技术大会。这也是新闻出版总署直属的国家新闻出版科研机构唯一的代表。

10日 英国尹泰乐代理公司（Ian Taylor Associates）执行经理尹泰乐先生（Ian Taylor）以及该公司顾问黄若涛女士访问研究所，与辛广伟副所长就该公司与研究所之间的合作事宜进行了会谈。研究所国际出版研究室负责人姜晓娟、基础理论研究室主任刘拥军以及办公室王杨参加。

26日 中国出版科学研究所对外公布第三部中国出版蓝皮书《2004—2005中国出版业发展报告》。"蓝皮书"指出，在出版业整体发展形势较好的情况下，出版业的泡沫化倾向和教材出版改革使出版业的发展面临历史性考验。

本月　研究所同北京印刷学院开展共建合作。

本月　新闻出版总署署长龙新民到研究所检查指导工作。

2月

14日　中国出版工作者协会与韬奋基金会联合评选的首届"韬奋出版新人奖"揭晓。郝振省获此殊荣。4月25日,"韬奋出版新人奖"的颁奖仪式在北京举行。

25—26日　中国编辑学会第四次代表大会在北京召开。郝振省当选为副会长。

本月　郝振省随国家知识产权局出访日本、韩国。

本月　魏玉山率中国出版标准化代表团到泰国清迈,参加国际标准化组织会议。成员有张书卿等。

3月

9日　由中国印刷技术协会、中国印刷及设备工业协会和中国印刷博物馆共同组织的中国印刷界深切悼念王选院士追思会在中国印刷博物馆召开。这是中国印刷界为深切悼念王选院士逝世,缅怀他为中国印刷业做出的不朽业绩,学习他的高尚品格而召开的。

11—12日　辛广伟应邀赴新加坡，在由新加坡大众控股集团和新加坡中华总商会主办的"海外华文阅读与华文出版商的机遇"的研讨会上，代表中国发表主题为《世界华文出版业的新格局与中国大陆出版》的演讲。

13日　上海理工大学致函研究所"关于认可硕士学位研究生指导教师资格的决定"。经上海理工大学学位评定委员会讨论批准，郝振省、魏玉山、刘拥军、王利明获得硕士学位研究生指导教师资格。

25—26日　由《传媒》杂志社与中国报业网联合主办，复旦大学新闻学院、中国人民大学新闻学院等单位共同协办的"首届中国传媒创新年会暨2005年度创新传媒颁奖盛典"在上海复旦大学举行。

4月

15日　中国出版科学研究所联合中国人民大学出版科学研究中心、全国教育出版社发行协调委员会在长沙"全国教育出版发行研讨暨图书展示会"期间，以"中国教育出版的变局和走向"为主题，举办了首届中国教育出版发展论坛。

19日　中国出版科学研究所版权研究中心成立。中心主要承担版权制度、版权管理、版权贸易、版权相关产业发展的宏观政策研究。

本月 "世界读书日"期间，为响应中宣部、新闻出版总署等十一部委联合发出的《关于开展全民阅读活动的倡议书》，中国书籍出版社举办两项活动：

1. 举行中国书籍出版社优惠销售周活动。4月19—30日，中国书籍出版社所有图书在网上以8折销售。

2. 举行图书捐赠活动。向新闻出版总署确定的"农村书屋"捐赠码洋10 000元的图书。

本月 中国出版科学研究所学术委员会成立。主任：郝振省；副主任：余敏、辛广伟、魏玉山；委员：王利明、刘拥军、聂震宁、田胜立、曲德森。

5月

17—31日 辛广伟率领中国出版科学研究所一行3人（国际出版研究室副主任姜晓娟、中国印刷博物馆常务副馆长张连章）赴美访问。代表团分别在华盛顿与纽约考察了多个展览场馆，为计划在美国举办的"中华印刷之光展览"做准备。

19日 辛广伟应美国出版商协会邀请，在华盛顿出席"中国在国际出版市场中的角色"论坛，并代表中国做主旨演讲。

6月

3日 中国出版科学研究所党委、纪委换届选举大会在研究所学术报告厅隆重举行。新闻出版总署党组成员、副署长、直属

机关党委书记柳斌杰出席换届大会并讲话。与会党员通过差额方式,投票选举产生了中国出版科学研究所第四届党委和纪委组成人员。党委书记郝振省,党委副书记宋英亮;党委委员:郝振省、宋英亮、辛广伟、魏玉山、时亮远、刘拥军、李晓晔。纪委书记宋英亮,纪委委员:宋英亮、郭云、丘凉、郝捷、石兴权。

10日 中国出版科学研究所传媒研究中心成立。中心主要进行传媒基础理论、传媒产业发展规律、新技术对传媒产业的影响以及国外传媒业动态等方面的研究。研究人员实行专职与兼职相结合。传媒研究中心主任:郝振省(兼);第一副主任:魏玉山(兼);副主任:王利明。

14日 郝振省在新闻出版总署学习文化体制改革工作会议精神交流座谈会上发言,题目为《关于出版业微观主体再造问题》。

7月

7日 辛广伟率中国出版代表团一行7人赴韩国出席第八届中韩出版学术会议。会议在韩国首都首尔世宗文化馆召开。中韩出版界近100人参加。代表团成员王利明、张立、刘兰肖、刘颖丽,分别就新中国出版业的发展历程、2005年中国互联网出版产业状况、中国出版学研究的动态与前瞻、中国出版类图书出版的历史与现状等问题作了比较系统全面的介绍。

本月 设在中国出版科学研究所的国家级多媒体数字出版实验室建立。

203

9月

2日 中国出版科学研究所在北京国际图书博览会期间公布了第四次中国国民阅读调查结果。

12—13日 由福建、江西、湖南、广东、广西、海南、四川、贵州、云南等9省区新闻出版局共同主办,云南省新闻出版局和云南出版集团公司承办,特邀香港联合出版集团、澳门基金会参加的第三届泛珠三角出版论坛在昆明召开。郝振省应邀出席此次论坛。

22日 由中国出版科学研究所、中国期刊协会主办,《出版发行研究》杂志社承办的中国首届期刊创新年会在北京开幕。本届年会以"改革创新,全面提升期刊业的创新竞争力"为主题,是我国期刊业举办的首次创新年会。

中国期刊协会会长张伯海、中宣部出版局副局长刘建生、中国期刊协会副会长刘有志等嘉宾及来自全国各地出版业、期刊业的代表200余人出席了开幕式。

10月

14日 中国印刷博物馆十年馆庆筹备小组召开第一次馆庆工作筹备会议。会议决定2006年12月20日之前择日举行十年馆庆活动,成立庆典工作筹备委员会,制定工作计划,在馆庆期间同北京印刷学院和中国印刷技术协会共同举办印刷学术史研讨会,创办馆刊在馆庆期间推出等。

20日 美国纽约时间下午6时，由中国印刷博物馆主办、美国亚洲文化中心、中华文化基金会、上海当纳利印刷有限公司等协办的"中华印刷之光"专题展览在纽约亚洲文化中心开幕。这是我国首次在美国举办印刷史专题展览。郝振省出席并致词。展览有力促进了中美在印刷技术、印刷文化和印刷史研究等方面的交流与合作。

展览在纽约曼哈顿亚洲文化中心展出10天，接待中美观众近2 000人。新华社、《纽约时报》、美国中文电视台、香港凤凰卫视等几十家中外媒体进行了跟踪报道。郝振省就"中华印刷之光"专题展览接受了凤凰卫视记者采访。

本月 中国出版科学研究所提交在转制中关于学科建设及科研业绩的专题报告。这也是在科研院所改制中要求和必需的。

12月

20日 中国印刷博物馆成立十周年纪念庆典大会在北京隆重举行。经过十年的发展，中国印刷博物馆正在由单纯展览型向展览型和研究型相结合的方面提升。

新闻出版总署署长龙新民，副署长柳斌杰；中国出版工作者协会主席于友先，名誉主席宋木文；中国印刷技术协会理事长于永湛，名誉理事长王仿子等出席。已故著名科学家王选院士夫人、北大计算机科学技术研究所陈堃銶教授也应邀出席了十周年庆典活动。大会由所长、中国印刷博物馆馆长郝振省主持。

本月 郝振省被授予"全国新闻出版系统先进工作者"荣誉称号。

本月 中国书籍出版社被评为"中央青年文明号"。

本月 中国书籍出版社被新闻出版总署印刷产品质量监督检测中心检测认定为2006年新闻出版总署出版物印制"署优产品"。《教养》一书,经中国书刊发行协会评选委员会评审,被评为"2006年度全行业优秀畅销品种"(社科类)。

本年 研究所的科研工作以及完成和进行的科研课题:

从本年年底开始,国家加大对科研基础工作资金的支持力度,财政部划拨研究所的基本科研业务费一年180万元,并连续拨付研究所2006年度和2007年度中央级公益性科研院所基本科研业务费专项资金,累计360万元,确保了基础项目的进行。2007年国民阅读调研经费200万元也获批准。这是国家对公益性出版科研事业的大力支持,也是研究所出版科研方式和格局的很大改变。

本年 研究所确定"2006数字出版科研年",取得了多项数字出版科研成果。本年度研究所建立了传媒研究中心和版权研究中心,研究方向、范围和领域进一步扩大。

国家及社科基金等基础性课题《中国出版通史》取得突破性进展,根据社科基金办要求,着手准备免审报告;"小康社会出版业指标体系研究"基本完成;"中国期刊结构研究"提交社科基金办申请结项。"出版学学科体系(与教材建设)研究""新闻出版标准体系研究及重要标准研究"在进行中。

为新闻出版总署、国家版权局、中宣部、国新办等决策服务的课题有7项："版权战略研究"、《新闻出版业"十一五"发展规划》《新闻出版业科技"十一五"规划》"国际新闻出版业资讯库""国际上特别是发达国家媒体管理做法的调研""中国主题图书在主要发达国家的出版情况研究""国内外图书价格问题研究"等。为北京市出版事业和产业服务的市场性课题有3项完成:"北京地区电子音像出版现状研究"《当代中国城市发展(北京卷新闻出版版权部分)》和"'读书益民'工程与新农村文化建设"等。

4项研究所品牌性课题《中国出版蓝皮书》《全国国民阅读与购买倾向抽样调查报告(2006)》《中国民营书业发展报告》《中国数字出版产业报告》基本完成。

数字出版研究室自成立以来主要课题成果包括:《2005—2006年中国数字出版产业年度报告》《对互联网信息传播的法律法规研究》《国家知识资源数据库工程可行性报告》、"DPOK跨媒体复合出版系统"、《北京地区按需印刷调研报告》《小康社会出版业指标体系》《新闻出版业"十一五"发展规划——新闻出版科技发展"十一五"配套实施意见》(技术部分执笔,2006—2007年)、杭州数字出版产业基地项目、神经网络与图文识别技术、《我国动漫产业发展现状调研报告》《跨媒体复合出版系统调研报告》《中国出版数字化转型研究报告》及为新闻出版总署、地方新闻出版局、社会科学院等撰写的专题报告。

中国出版科学研究所国家级多媒体数字出版实验室是由财政部投资建设的国家级数字出版工程项目。主要包括"多媒体数字出版研发中心"和"多媒体数字出版测评中心"的建设。实验室建成后,还可实现相关的衍生扩展功能,如对出版单位的数字化、

对行业数字内容的培训与教学、演示与示范等等。

本年 研究所组织的大型活动：主办或承办了"中国数字出版年会""中国首届传媒创新年会""第四届中国民营图书发行业发展高峰论坛""中国首届期刊创新年会"等。

本年 中国书籍出版社抓住出版热点，策划了一批畅销书，如《毛泽东家风》《幼儿英语教学法》《教养》等。此后《幼儿英语教学法》多次重印。

本年 出版科研网络信息系统建设：信息中心负责的出版科研网络信息系统建设经过一年多的开发和试运行进入终验阶段。这也是研究所出版科研事业条件改善和进一步现代化的体现。

2007 年

1 月

9日 中国出版科学研究所DigBook数字出版研究中心展示区揭牌仪式举行。新闻出版总署副署长孙寿山等领导参加。

台湾政治大学"出版高阶经营管理硕士学分班"、台湾图书发行协进会访问团一行到研究所调研访问。郝振省、辛广伟、魏玉山等会见了台湾客人。

2月

本月 中央国家机关团工委、青联表彰中央国家机关优秀青年和青年"学习奖""创新奖""奉献奖"。中国出版网站副总编卫朝峰获得"中央国家机关青年创新奖"。

3月

27日 在第二届中国数字出版博览会新闻发布会上,中国出版科学研究所正式发布了《2005—2006中国数字出版产业年度报告》,由中国书籍出版社正式出版。

4月

2日 经所务会研究决定,研究所成立"国家级多媒体数字出版实验室"项目建设小组。组长:郝振省;副组长:魏玉山;技术总监:张立;成员:卫朝峰、董淑华、王扬;项目建设监督小组组长:宋英亮;成员:时亮远、郭云。

3日 根据中央《关于实行社会治安综合治理领导责任制若干规定》和新闻出版总署的有关要求,结合研究所新增机构和骨干人员变动的实际,研究所对所社会治安综合治理领导小组人员组成进行调整。党委书记、所长郝振省任组长;党委副书记兼纪委书记、副所长宋英亮任副组长;时亮远任办公室主任,石兴权任办公室副主任。成员有郭云、丘淙、刘拥军、徐升国、姜晓娟、张立、朱诠、王利明、董淑华、卫朝峰、沈菊芳、杨驰原、曲刚、刘伟见、张连章、李大伟。

19日　由中国出版科学研究所、全国师范大学出版社联合会和全国教育出版社发行协调委员会联合主办，出版参考杂志社与广西教育出版社、广西师范大学出版社承办的"第二届中国教育出版发展论坛"召开。论坛的主题为"教育出版：在挑战中前进"。

本月　由中国出版科学研究所首席研究员余敏、郝振省主持完成的国家社会科学基金重点项目《中国出版通史》通过社科基金评审专家鉴定并被审定为新闻学优秀项目。《中国出版通史》研究时段上起商周，下迄公元2000年。全书内容共有9卷，包括《先秦两汉卷》《魏晋南北朝卷》《隋唐五代卷》《宋辽西夏金元卷》《明代卷》《清代卷（上）》《清代卷（下）》《民国卷》和《中华人民共和国卷》，共350万字。

本月　研究所《关于公益性科研院所基本科研业务费专项资金管理办法实施细则》正式实施。此外还制定了《科研成果出版稿酬及相关费用支付办法》等。这也是配合财政部向研究所下拨公益性出版科研事业经费而制定的。

本月　研究所完成资产清查工作，为改革验收做好准备。

本月　研究所同北大方正建立长期战略合作伙伴关系。

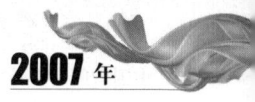

5月

21日 研究所召开所务会,决定刘伟见任中国书籍出版社常务副社长(主持工作),侯仰军任副总编辑(主持编务工作),刘伟见、侯仰军组成中国书籍出版社新的领导班子。免去李晓晔总编辑职务,另有任用。

本月 中国书籍出版社出版第一套教材:出版物发行员职业资格培训教材,分为基础知识、初级、中级、高级4册。

6月

3日 中国出版科学研究所《出版文化丛书》编撰工作会议在北京召开,《出版文化丛书》编撰工作正式启动。

7月

16日 以"数字创新出版,网络改变世界"为主题的第二届中国数字出版博览会在北京国际会议中心隆重开幕。博览会由新闻出版总署主办、中国出版科学研究所和中文在线承办。

本月 由中国书籍出版社策划的"文化纠错丛书"第一本《中国人最易误解的文史常识》正式出版。

本月 徐升国、陈磊赴美国和日本交流学习,迈出了研究所同国外联合培养出版科研高端人才的第一步。

8月

1日 研究所召开中层干部及专业岗位聘任大会。正处级岗位人员时亮远等8名同志,正高级职称岗位人员刘拥军等5名同志,副高级职称岗位人员刘兰肖等8名同志获得聘任相应的岗位。这也是研究所科研院所改制后,事业单位实行全员聘用制、增加透明度、提高知情权的重要举措。

1日 "国家多媒体数字出版实验室"项目论证会在研究所召开。

3日 由中国出版科学研究所主办的"第九届中韩出版学术年会"在北京召开。本届年会的中心议题是中韩两国出版界最新发展状况及世界出版业发展前景研讨。会议期间,来自韩方的六位代表和中方的四位代表,分别就出版领域近期最为关注的国民阅读问题、畅销书问题、数字出版、版权保护与贸易等问题进行了深入研讨。

9日 《2006—2007中国出版业发展报告(中国出版蓝皮书)》新闻发布会在北京召开。

30日 由中国版协国际合作出版促进会、中国出版科学研究所、出版参考杂志社联合主办的第六届(2006年度)输出版、引进版优秀图书和全国优秀版权经理人评选结果揭晓,并在北京国际图书博览会新闻中心举行颁奖大会。新闻出版总署副署长、国家版权局副局长阎晓宏等向获奖图书单位和优秀版权经理人颁

奖。本届评选活动共有112家出版社推荐备选图书502种。最终获奖的156种图书于BIBF期间在北京国际图书博览会新闻中心向公众展示。

31日 中国出版科学研究所举行聘任学术委员、特约研究员仪式。所长郝振省将聘任牌匾发给曲德森等10多位学术委员、中外特约研究员。此次共聘请学术委员4位,国内特约研究员5位,国外特约研究员6位。分别是美国纽约大学出版中心主任、国际人力资源专家罗伯特·巴恩施,德国斐德里希—亚历山大埃尔朗根—纽伦堡大学图书学负责人乌苏拉·劳滕堡,英国牛津出版研究国际中心主任、出版部主任安格斯·菲利普斯,巴黎第十三大学教授贝特兰德·勒让德尔,日本出版学会会长植田康夫,韩国出版学会会长李正春。至此,欧美及亚洲出版业发达国家都有了一位。新闻出版总署副署长孙寿山、人事教育司副司长陈忆秋、对外交流与合作司合作处处长王华、美国书展活动策划部主任兰斯·冯斯特曼等出席。

本月 国际出版研究室王卉莲随新闻出版总署印刷复制司毛士彤处长出访土库曼斯坦。

9月

1日 台湾图书出版事业协会理事长宋定西、秘书长陈恩泉等一行5人访问研究所。郝振省、辛广伟、魏玉山等与台湾出版人进行了交流。

2日 美国出版商协会国际部主任Patricia L. Judd、英国出版商协会国际部主任西蒙·贝尔（SIMON BELL）联合访问研究所。辛广伟、姜晓娟等会见。

13日 应日本书籍出版协会之邀，辛广伟以《Publishing in China》一书作者的身份赴东京出席了为他个人主办的专题演讲会。包括讲谈社、白杨社、学研社在内的日本数十家出版社的中高层主管100余人参加了演讲会。

14日 由中国出版科学研究所、中国期刊协会主办，出版发行研究杂志社承办的第二届中国期刊创新年会在北京开幕。新闻出版总署副署长李东东、中国期刊协会会长石峰、中宣部出版局副局长刘建生、新闻出版总署报刊管理司副司长张泽青等领导及来自全国部分省市新闻出版局、期刊协会、期刊社、出版社、出版集团等代表200余人出席了开幕式。

15日 中国出版科学研究所与上海理工大学联合培养的传播学硕士研究生入学，共计26名。这是中国出版科学研究所的首届传播学硕士研究生。

2005年，中国出版科学研究所与上海理工大学联合申报传播学硕士学位点，获得成功。该硕士点设有出版传播与出版文化、数字传媒、出版经济与出版产业三个研究方向。郝振省、魏玉山、刘拥军与上海理工大学出版印刷与艺术设计学院的专家学者为硕士生导师。26名学生中，有6名学生由中国出版科学研究所具体指导。这6名学生在上海理工大学修完学位课程后，将在中国出版科学研究所完成专业选修课程的学习、从事相应课题研究以及

撰写学位论文等。

本月 中国出版科学研究所动漫游戏产业研究中心成立。成立中心的宗旨是为动漫游戏相关的企业机构及团体个人提供一个产业真实可信的依据与交流平台，为广大动漫游戏产业开拓者服务，同时也为政府机构与动漫游戏产业企业机构搭建上下沟通的桥梁，为动漫游戏产业链的发展提供确实可信的真实数据。

本月 国家哲学社会科学基金重大课题《小康社会出版业指标体系》完成。

10月

29日 辛广伟和经济研究室张晓斌博士代表中国国家版权局赴日内瓦WIPO总部出席了"知识产权与创意产业国际会议"（WIPO INTERNATIONAL CONFERENCE ON INTELLECTUAL PROPERTY AND THE CREATIVE INDUSTRIES）。会议由世界知识产权组织召开，历时两天。来自世界70余个国家约100位代表参加。

11月

7日 中国文化创意产业的大型国际交流与合作盛会——第二届中国（北京）国际文化创意产业博览会在中国国际展览中心开幕。中国出版科学研究所的数字出版研究室、国家级多媒体数字出版实验室首次在该博览会设立展台。研究室自行开发的DPOK跨媒体复合出版系统及他们近些年来的科研成果在博览会上亮相。

12月

6日 中国出版科学研究所上海研究基地于上海理工大学军工路校区正式揭牌成立。宋英亮、丘淙、石兴权等赴上海出席了揭牌仪式。

20日 研究所拟定中国出版科学研究所学术委员会成员名单。主任：郝振省，副主任：辛广伟、魏玉山；成员：刘拥军、徐升国、张立、李晓晔、张晓斌、赵冰、姜晓娟。

本月 《出版发行研究》杂志再次被中国社会科学研究评价中心评定为2008—2009年"中文社会科学引文索引来源期刊"。《出版发行研究》以其较高的学术品位和严谨的学术态度，已连续多年被该中心纳入来源期刊。

本月 由中国书籍出版社出版的《中国人最易误解的文史常识》一书，经中国书刊发行协会评选委员会评审，被评为"2007年度全行业优秀畅销品种"（社科类）。

本年 研究所进行和完成的主要科研课题：

国家级项目：圆满完成国家知识产权战略领导小组办公室和国家版权局"版权战略研究"的科研任务；国家社科基金重点项目《中国出版通史》经过数年的研究编撰，于一季度完成，被国家社科基金成果办公室确定为优秀项目，已进入编辑出版阶段；国家社科基金重大项目"小康社会出版业指标体系研究"撰写完成，成果报国家社科规划办申请鉴定评估；社科基金项目"出版

学学科体系（教材建设）研究"课题完成数个阶段性成果；科技部"出版行业标准及重要标准研究"完成几项重要成果。

新闻出版总署项目："加强新闻出版公共服务体系建设的研究"、"全国出版物发行业现状与发展趋势研究"、"新闻出版人力资源测评体系与人才库建设研究"、"中国出版单位改制规程研究"、"出版体制改革背景下的出版管理条例修订"、"国家出版基金管理办法研究"、"出版发行单位转企改制研究"、"互联网出版法律法规研究"、"国外互联网法律制度研究"、"知识资源数据库工程可行性研究"、"数字版权保护技术工程可行性研究"、"数字网络环境下版权保护问题研究"、"国家级多媒体数字出版实验室建设"、"境外新闻出版机构在华设立办事机构情况调研"、"版权相关产业经济贡献率调研"、"发达国家文化产业融资法律问题研究"、"中国出版'走出去'调研"、"中文期刊质量管理行业标准"、《农家书屋管理员》、《全国国民阅读与购买倾向抽样调查（2006）》、"图书发行单位结算信用调查与评价"、"国外新闻出版业财税政策研究"、"图书价格管理研究"。

修订国家标准《中国音像制品编码标准》，行业标准课题《出版物内容元数据标准》。

国务院新闻办项目："国外图书营销渠道研究"、"'五独'势力有关出版物研究"、"2006年中国主题图书在主要发达国家的出版情况"。

北京市新闻出版局项目："'农家书屋'研究"、"当代中国城市发展研究·北京卷新闻出版版权部分"、"北京地区出版业统计分析"。

国家资助的基础研究项目：从2006年年底开始，国家加大

对科研基础工作资金的支持力度，连续拨付研究所2006年度和2007年度中央级公益性科研院所基本科研业务费专项资金，累计360万元，确保了基础项目的进行。利用此项基金，研究所的品牌项目《2006—2007中国出版业发展报告》《2005—2006中国数字出版产业年度报告》完成。《全国国民阅读与购买倾向抽样调查（2006）》、"出版文化研究"、"国外出版物价格管理制度研究"、"图书定价水平评估"、"跨媒体复合出版与数字化战略"、《2007年中国传媒创新报告》、"国外学术期刊运营模式研究"、"中国民营书业——文化公司研究"、《出版词典》、"版权代理服务研究"、"我国动漫产业发展现状调研"、"出版业标准数据库及管理软件系统研究"等得以进行。

面向市场的课题：杭州市文化广电新闻出版局"杭州数字出版产业基地"课题，福建教育出版社"科技编辑条目的设计与编写"课题。

2007年研究所突出了"数字出版科研年"的设计。承担了总署两项国家"十一五"文化纲要数字工程立项论证工作。实施了数字出版实验室的国家工程。申请北京市文化创意项目，专家组给予了A级的认定。推出的"数字出版年度报告"在业界造成了广泛影响。承担的《杭州数字出版产业基地》项目开始实施。

本年　研究所科研经费获得以及科研管理制度建设：

2007年，研究所的科研经费获国家、新闻出版总署大力支持及市场争取。国家加大对科研基础工作的资金支持力度，连续拨付中央级公益性科研院所基本科研业务费专项资金，累计360万元。过去由研究所以自有经费进行投入的品牌性项目，如国民阅读调查亦获得200万元经费支持。用于支持科研出版研发中心设

备购置拨付了75万元。此外,总署有关司局拨付合计189万元,地方省市局及出版单位以及国新办、外国专家局等亦拨付合计55万元。2007年研究所通过诸多渠道共计获拨713.7万元科研经费。

为规范中央级公益性科研院所基本科研业务费专项资金经费的使用,研究所制定了《关于公益性科研院所基本科研业务费专项资金管理办法实施细则》,进一步规范了课题申报和科研支出,该细则于2007年4月正式实施。此外还修订了《中国出版科学研究所学术委员会章程》,制定了《科研成果出版稿酬及相关费用支付办法》。

制定了研究所《外籍特约研究员评聘规则》和《外籍特约研究员工作规则》,促成了牛津国际出版研究中心与研究所签署《合作备忘录》。

本年 研究所组织的有关科研活动:

完成由新闻出版总署主办、研究所承办的"第二届中国数字出版博览会";举办了"第九届中韩出版学术年会"、"第二届中国传媒创新年会"、"第二届中国期刊创新年会"、"2007中国报刊经营模式创新论坛"、"第二届中国教育出版发展论坛"以及"第六届(2006年度)输出版、引进版优秀图书和全国优秀版权经理人评选活动"等。

出版发行研究杂志社组织"第二届中国期刊创新年会"。出版参考杂志社组织"第二届教育出版论坛"、"第六届输出引进版优秀图书评选"、"全国出版社网站建设工作交流会"。

中国印刷博物馆组团赴俄罗斯参加第20届莫斯科国际书展以及在重庆召开的"第十七届全国图书交易博览会"。

本年　由中国书籍出版社出版的图书：

围绕"英语类畅销精品、社科类长销品牌、出版类专业旗舰"的选题定位，2007年出版新书165种，其中重印书44种，销售收入、利润总额、发货码洋、回款实洋等各项指标比上一年都有不同程度的提高。

英语类图书《名著名篇双语对照丛书》《2000单词读遍世界名著》系列等已成规模，本年度推出的《纯英语名著分级阅读》《伊索寓言》等收到很好市场反响，5月份《伊索寓言》被列为《新京报》图书排行榜儿童类第一名。社科图书如《趣读史记——十大悬案揭秘》《潜能》《成功人做不成功的人不愿意做的事》以及"卡夫卡长篇小说全集""世界惊险小说选粹"等都有较大的市场反响。策划制作了"文化纠错丛书"。

2008年

1月

3日　中国出版科学研究所"全国出版社网站现状调查"课题组公布了全国出版社网站排名报告。这也是第一次对大陆出版社网站的一次全面梳理和检阅。

9日　台湾政治大学"出版高阶经营管理硕士学分班"、台湾图书发行协进会访问团一行到中国出版科学研究所调研访问。郝振省、辛广伟、魏玉山等会见了台湾客人。

9日、10日 中国书籍出版社在2008北京图书订货会期间,配合"文化纠错丛书"在两天内举办了四场"有奖问答互动活动"。

中国书籍出版社出版的"文化纠错丛书"第一本《中国人最易误解的文史常识》于2007年初推出后,被中国书刊发行业协会评为"2007年度全行业优秀畅销品种"。之后,中国书籍出版社又推出后续品种,共同构成"文化纠错丛书"。"丛书"共10种,包括:《中国人最易误解的文史常识》《中国人最易读错的字》《中国人最易写错的字》《中国人最常见的病句》《中国人最易说错的话》《中国人最易误解的西方文史常识》《中国人最易误解的西方礼仪》《中国人最应该知道的77个礼俗》《中国人最应该知道的穿着误区》《中国人最应该知道的饮食误区》。

17日 首届中国传媒领军人物年会暨第三届中国传媒创新年会在北京开幕。本届年会主题是"创新成就传媒,人物引领创新"。年会由传媒杂志社主办,北京大学新闻与传播学院、清华大学新闻与传播学院联办。

新闻出版总署党组成员、副署长李东东,全国政协常委、中国记协名誉主席、北京大学新闻与传播学院院长邵华泽,人民日报前总编辑、清华大学新闻与传播学院院长范敬宜,清华大学党委书记陈希及有关部门的领导和全国主要报业集团、报刊社、电视台、网络媒体、高新技术企业的领导出席本次年会。

本月 中国书籍出版社《敢说 会说 巧说》《少儿自我安全保护必备手册》等两种图书中标"送书下乡"工程,复本量3 750册。

2月

28日 郝振省获上海理工大学管理科学与工程学科博士生指导教师资格。

本月 郝振省出访巴西、阿根廷。

本月 魏玉山率团到美国佩斯大学学习。成员有沈菊芳、张立、王杨等。

3月

6日 为纪念"三八"国际劳动妇女节98周年,培养研究所女职工自主、自强、自尊、自爱的观念,中国出版科学研究所工会(所妇委会)与团支部举办了以女性话题为主的座谈会。这也是研究所成立以来举办的比较大型的妇女节庆祝活动。此次活动的主题分为"完美女性"VS"幸福指数";工作中的"美丽"与"哀愁";女性生活如何更美更健康三个部分。郝振省、宋英亮以及一些男嘉宾到会,与全所女职工一道欢度节日。

12日 新闻出版总署党组书记、署长柳斌杰,党组成员、副署长邬书林,党组成员、副署长兼国家版权局副局长阎晓宏,党组成员、中纪委驻总署纪检组组长王立英,党组成员、副署长孙寿山等总署党组领导集体到研究所调研。总署领导听取了郝振省、宋英亮、魏玉山及有关科研部门、经营部门和管理部门负责同志的汇报。总署领导对科研所的工作给予了充分肯定,并对科研所

未来的发展提出了指导性的意见和建议。

本月 《中国出版科学研究所职工健康保障体系》发布。这是为了进一步贯彻党的十七大精神，落实科学发展观，促进研究所的可持续发展，构建和谐科研院所，保障和促进研究所全体职工身心健康，进一步提升科研出版核心竞争力，保证科研、出版、管理等各项工作的顺利进行，推动实现研究所中长期发展规划而制定的。因考虑到其不成熟性，体系先试运行至2008年6月30日，再作修订。

本月 《雪灾中闪烁的人性：99个感人故事》由中国书籍出版社出版。本书是国内第一本从故事角度对雪灾作全景式梳理的出版物。

4月

8日 在第十三个世界读书日即将来临之前，《人民日报》以《危机与希望并存 国民阅读在路上》为题，刊登了对"国民阅读与购买倾向抽样调查报告"课题的负责人、中国出版科学研究所所长郝振省的采访。

11日 中国出版科学研究所苏州研究基地、苏州大学出版研究所揭牌暨授聘仪式在苏州大学红楼会议中心举行。苏州大学研究基地是中国出版科学研究所首批研究基地。郝振省所长，苏州大学党委书记王卓君等参加了揭牌授聘仪式。苏州大学出版研究所聘请郝振省为苏州大学出版研究所名誉所长，中国出版科学研究所基础理论研究室主任刘拥军等10多位国内知名的出版理论研究专家为研究所特邀研究员,并向他们颁发了聘书。

15日 由中国出版科学研究所主办的"第五届中国民营书业发展高峰论坛"在北京开幕。来自全国民营书业、出版单位代表70余人参会。

18日 中国出版科学研究所召开2008年度所级课题论证会,审查2008年度课题立项工作。研究所聘请的所外学术委员聂震宁(中国出版集团总裁)、曲德森(北京印刷学院院长)、赖德胜(北京师范大学教授),研究所学术委员会主任、所长郝振省,副所长魏玉山及所内学术委员出席会议。会议是在近几年国家不断加大对公益性科研院所科研项目的支持力度,不断加大对课题经费的资助力度,但同时也加大了对课题成果的追踪问效的背景下进行的。此次会议审议课题共32项,主要研究方向涉及出版改革30年经验研究、出版产业经济分析、版权产业经济研究、数字出版模式研究、动漫产业状况研究、手机出版研究、报业资本运营研究以及出版标准化问题等。

18日 由中国出版科学研究所主办、北京大成新华认证咨询有限公司承办的首个期刊标准培训班在北京举办。这是为提高期刊编辑人员,特别是科技期刊编辑人员的标准化水平而举办的。

23日 世界读书日。由新闻出版总署主管、中国出版科学研究所主办的中国出版网与人民网传媒频道、央视国际网络公司、腾讯财经、新浪网读书频道在全国范围开展"首届全国网民阅读

与购买出版物状况调查"正式启动。

本月 研究所党委研究决定,调整中国书籍出版社党支部,侯仰军任书记,刘伟见任组织委员,刘颖丽任宣传委员。

5月

22日 中国书籍出版社被批准为"中国教育专家委员会教育读物专业委员会"的单位会员。

29日 上海市新闻出版局党组书记、局长焦扬率队来研究所调研交流,并就数字出版进行合作洽谈。双方针对数字出版版权问题、复合出版系统,以及数字出版具体操作层面进行了深入交流。

30日 上海市学位委员会批准研究所为上海研究生联合培养基地。

6月

1日 研究所发布《关于组织科研学术活动赞助经费的奖励规定(修订稿)》《2008年科研部门课题结余收入指导意见》。

15日 中国出版科学研究所"新闻出版业国际标准及国外先进标准跟踪研究"课题通过全国哲学社会科学规划领导小组审批,获准立项为2008年度国家社会科学基金项目。该课题由研究所标准化研究室李中任项目负责人。这是研究所继2004年"小康

出版业指标体系研究"、2005年"出版学学科体系（与教材建设）研究"课题之后在国家社科办立项的又一课题。

本月　由中国出版科学研究所主编的《第五届全国出版科学研究优秀论文获奖论文集》《首届中华优秀出版物奖全国优秀出版科研论文获奖文集》由中国书籍出版社出版发行。两本论文集的出版，一方面展示了我国出版科研领域的最新成果，同时也将推动出版科研水平的进一步提高。

7月

4日　中国出版科学研究所国家级多媒体数字出版实验室召开媒体新闻发布会，公布了对全国拥有独立域名的335份数字报纸的测评报告，这在全国尚属首次。报告显示，逾九成数字报纸未实现多媒体化，我国的数字报在功能完善方面还有待大幅提升。

8日　在中国出版科学研究所召开的媒体新闻发布会上，首次披露了我国图书发行单位结算信用状况。本次调查系新闻出版总署开展行业诚信体系建设的重要一环，新闻出版总署出版物发行管理司和中国出版科学研究所自2007年10月中旬起联合开展了首次"图书发行单位结算信用情况调查"。本次调查为期4个月，调查对象为所有独立开展发行和结算业务的548家图书出版单位，被调查对象为可以独立结算的198家图书发行单位。

调查显示，结算周期偏长、信用较低成为图书发行单位存在的普遍问题。研究所也将把行业信用调查作为年度性的常设项目进行下去。

16日 经新闻出版总署批准，上海张江国家数字出版基地正式挂牌成立，上海拥有了全国第一家也是目前唯一的国家数字出版基地。新闻出版总署署长柳斌杰、上海市市长韩正为基地揭牌。在揭牌仪式当天，中国出版科学研究所与作为基地服务主体的上海张江数字多媒体产业发展有限公司签订了全面战略合作关系意向书。中国出版科学研究所所长郝振省、副所长魏玉山、数字出版研究室主任张立等一行出席揭牌及签字仪式。

22日 出版经济研究室"关于开展出版发行单位转企改制模式研究"课题的研究方案和调研提纲，报新闻出版总署邬书林副署长。25日，邬书林副署长批示："很好，希望早出成果以推动改革向纵深发展"。

8月

本月 中国书籍出版社向"光华公益书海工程"捐赠图书，价值人民币 66 660.60 元，获得中国光华科技基金会颁发的荣誉证书。

本月 "出版文化丛书"第一辑正式出版，包括聂震宁的《我们的出版文化观》、周百义的《出版的文化守望》、郝振省的《出版文化理性研究》。

9月

11日 研究所办公室副主任赵程远作为新闻出版总署选派的

干部，启程赴新疆，挂任新疆生产建设兵团农七师政研室副主任，工作3年。这批干部是新闻出版总署根据中央组织部、人力资源和社会保障部安排的中央和国家机关、中央企业第六批援疆干部。

本月 中国书籍出版社参加在天津举办的北京国际图书博览会，并召开"出版文化丛书"新闻发布会。聂震宁、周百义、郝振省等作者出席会议。

10月

12日 由中国出版科学研究所组成的新闻出版总署代表队在中央国家机关工委组织的中央国家机关第八套广播体操比赛决赛中获得三等奖。该项活动是为了进一步弘扬奥运精神，推动中央国家机关干部职工健身活动的深入开展，促进广大干部职工身心健康而开展的。由研究所组成的新闻出版总署代表队也是经过分片预赛、复赛取得决赛资格并取得良好成绩的。

15日 中国书籍出版社获得"2007年度中央国家机关青年文明号"称号，也是新闻出版总署署直系统唯一获此殊荣的单位。中国出版科学研究所为此专门举行授牌仪式。

19日 由新闻出版总署作为支持单位、中国出版科学研究所主办的"2008中国数字出版年会"在北京开幕。年会是根据新闻出版总署关于数字出版博览会、年会隔年轮流举行的意见，在2005年开始举办的首届中国数字出版博览会、2006中国数字出版年会、第二届中国数字出版博览会的基础上召开的。新闻出版

总署副署长孙寿山出席开幕式。

19日 在"2008中国数字出版年会"开幕当天,中国出版科学研究所与中文在线召开新闻发布会,宣布双方正式建立战略合作伙伴关系,共同发起成立"中国出版科学研究所数字出版中心"。

25日 首届"中国出版高端论坛"暨人民书店开业庆典在位于浙江省杭州市余杭区的人民书店总部举行。此次活动由新闻出版总署3家直属单位人民出版社、新闻出版报社和中国出版科学研究所联合主办。

25日 在北京印刷学院50周年校庆大会上,曲德森院长与中国出版科学研究所所长郝振省交换了《中国出版科学研究所与北京印刷学院合作协议书》及《北京印刷学院与中国出版科学研究所共建"中国数字出版人才培养基地"协议书》。这标志着双方将在科学研究、教学实践、出版人才培养,特别是数字出版人才培养方面开展全面深入的战略合作。另外,双方还将依托北京印刷学院出版传播与管理学院、中国出版科学研究所数字出版研究室,共建"中国数字出版人才培养基地"。

10月30日—11月6日 由宋英亮、张连章率团,"中华印刷之光"澳大利亚展览在澳大利亚墨尔本澳华博物馆举行。中国印刷博物馆经新闻出版总署批准的"中华印刷之光"展览已经成为新闻出版界面向全世界、面向全国的名牌科普项目。新闻出版总署署长柳斌杰专为此次赴澳巡展发来贺信。

本次巡展由中国印刷博物馆主办，澳大利亚新金山传媒服务有限公司和（中国）深圳劲嘉彩印集团股份有限公司协办。巡展结束后，所有展品（复制品）留在墨尔本新金山中文图书馆永久展示，使"中华印刷之光"展览扎根在澳大利亚的国土上。

本月 魏玉山率中国出版科研代表团访问韩国，参加中韩出版学术年会。代表团成员有沈菊芳、刘伟见、杨驰原、张凤杰等。

本月 由中国出版科学研究所与北京中科希望软件股份有限公司联合申报的"数字内容加工平台"获科技部、财政部审批通过，资金已全额到位。

本月 由中国出版科学研究所及下属的《出版发行研究》杂志与全球最著名的英文出版学术期刊——美国《出版研究季刊》（Publishing Research Quarterly）合作编辑的《出版研究季刊》"中国专号"（英文版）正式出版，并向全球发行。在出版纸质版的同时，该"专号"内容也通过《出版研究季刊》出资方——施普林格公司的 Springer Link 学术期刊网站向全球发布。"中国专号"是美国《出版研究季刊》第一次以此形式发刊。

11月

5日 由中国出版工作者协会装帧艺术工作委员会、中国出版科学研究所装帧艺术研究中心联合举办的"首届中国新闻出版业装帧艺术创新设计班暨中国出版物装帧设计创新论坛"在北京永安宾馆开班。

7日　由龙源期刊网主办、中国出版科学研究所、中国图书商报中国传媒周刊、全球中文电子期刊协会和故事期刊协会联合主办的"2008中国期刊数字化市场高峰论坛暨期刊网络传播排行发布会"在北京举行。

11日　中国出版科学研究所与武汉大学共同举行中国出版科学研究所"武汉大学博士后流动站科研基地"揭牌仪式。新闻出版总署柳斌杰署长也承担该流动站的博士生导师。

新闻出版总署副署长孙寿山、人事司司长孙文科、武汉大学副校长吴俊培、武汉大学信息管理学院书记董有明、中国出版科学研究所所长郝振省等出席揭牌仪式并讲话。仪式由中国出版科学研究所副所长宋英亮主持。孙寿山副署长为"武汉大学博士后流动站科研基地"揭牌，郝振省所长与吴俊培副校长在揭牌仪式上交换了"合作协议书"。

18日　中宣部政策法规研究室就研究所承担的"我国及国外新闻出版管理的法律依据及法理基础"课题致函表示感谢："专项调研，资料丰富，分析透彻，研究深入，为我们进一步做好相关问题研究，提供了有价值的帮助。对你们的帮助和支持深表感谢。"

26日　由中国出版科学研究所、中国期刊协会主办，出版发行研究杂志社承办的第三届中国期刊创新年会在北京建银大厦开幕。

中国期刊协会会长石峰、中宣部出版局副局长刘建生、新闻出版总署新闻报刊司副司长张泽青、中国出版科学研究所所长郝

振省出席开幕式并讲话,开幕式由中国出版科学研究所副所长魏玉山主持。

本月 国际出版研究室姜晓娟赴英、美两国对康泰纳仕出版集团等公司进行为期6个月的业务考察。

12月

2日 中国出版科学研究所与金星国际教育集团战略合作签约暨中国民营书业研究基地揭牌仪式在金星国际教育集团总部举行。这是全国首家民营书业研究基地,实现了生产经营管理与行业科研的整合。

18日 《电子(纸)阅读器测试报告》新闻发布会在中国出版科学研究所召开。这是我国出版领域首次针对电子纸阅读器发布测试报告。

本月 中国书籍出版社《中国人最易读错的字》一书,经中国书刊发行业协会评选委员会评审,被评为"2008年度全行业优秀畅销品种"(社科类)。《雪灾中闪烁的人性:99个感人故事》一书,经中国出版工作者协会评定,荣获"第二届中华优秀出版物奖抗震救灾特别奖"(图书)。

本月 国家哲学社会科学基金重点资助项目、国家"十五""十一五"重点图书出版规划项目《中国出版通史》(9卷本)正式出版。

本月 中国书籍出版社《习惯第一》中标河北省2008年农村中小学循环图书项目，复本量5 000册。

本月 中国书籍出版社出版物发行员职业资格培训教材及指导用书最后一级"发行师"正式出版。

本年 研究所科研课题的进行情况：

与新闻出版总署相关司局合作完成了一系列法规及政策制定的课题。完成了《国家出版基金管理办法》研究起草工作（与财务司），办法已下发实施；"新闻出版公共服务体系研究"（与法规司）、"全国出版物发行业现状与发展趋势研究"（与发行司）、"出版发行单位转企改制研究"（与改革办）、"文化工作室调研"（与图书司）、"国外新闻出版管理的法律依据"（与法规司）、"中外音像业商业模式及相关产业政策比较研究"（与音像司）、《中文期刊质量管理行业标准》和"核心期刊概念异化情况调研及对策建议"（与新闻报刊司）、"手机出版物现状及管理对策研究"（与科技与数字出版司）、《关于进一步推动新闻出版业改革发展的若干意见（第一稿）》（与产业司）、《农家书屋管理员》的修订再版（与印刷与发行司）。

由研究所为总署起草的《改革开放三十年新闻出版工作的主要经验与启示》一文入选中央纪念党的十一届三中全会召开三十周年理论研讨会重要文选，所里的代表出席了这次纪念大会。

承担了总署及总署领导一些重要文稿的起草与撰写工作，约10篇。承担总署办公厅《新闻出版要情摘报》编辑工作，采集编辑36期，采用率70%，得到了总署的充分肯定。

由研究所承担的国家社科基金重大委托项目"小康社会出版

业指标体系"课题获得高分通过,并被要求编撰3 000多字呈送中央领导。受世界知识产权组织和国家版权局委托,与版权司合作的"版权产业对国民经济贡献率"阶段研究成果为柳斌杰和阎晓宏同志向外界发布中国核心版权产业水平提供了重要数据。"北京地区新闻出版版权产业统计分析"的课题已经与北京局合作了两年,成为长期项目。"学生用书的定价水平评估研究"得到了柳斌杰和邬书林同志的重要批示,要求公开发表。

本年 研究所组织的大型活动:

"2008中国数字出版年会"、"第十届中韩出版学术年会"、"第四届中国传媒创新年会"、"第三届中国期刊创新年会"、"2008年全国出版社网站建设研讨年会"、"第五届民营书业高峰论坛"、"首届新华书店发展论坛"、"首届中国出版业装帧艺术创新设计班暨中国出版物装帧设计创新论坛"以及正式纳入到总署系列的"第七届输出引进版优秀图书和全国优秀版权经理人评选活动"等大型活动。

本年 中国书籍出版社的主要任务完成情况:

中国书籍出版社获得系统唯一的青年文明号荣誉。《雪灾中闪烁的人性:99个感人故事》一书,荣获了"中华优秀出版物奖特别奖",这是出版社近年来获得的国家级图书大奖。《中国人最易读错的字》一书获得了"2008年度全国优秀畅销奖(全行业优秀畅销品种奖)"。"文化纠错丛书"获得了"首届北京新闻出版版权创意成果奖"。出版社实现了图书出版品种的结构性调整,表现为新闻出版类著作增加,英语类图书下调,社科类图书上升。

本年 《出版参考》主要承担的任务：

编辑《新闻出版要情摘报》，编辑《海峡两岸出版交流20周年系列纪念活动会刊》。参与《农家书屋管理员》一书的前期调研起草工作。

本年 中国印刷博物馆的各项任务：

2008韩国国际书展中国主宾国展示活动取得圆满成功。

在台北世贸中心举办的第四届海峡两岸图书交易会上举办了"中华印刷之光"展览，让"中华印刷之光"走进了台湾，实现了出版印刷界同仁多年来共同的愿望。

启动研究所"辽代彩色释迦牟尼佛版画的印刷工艺研究"课题。

本年 研究所积极为地震灾区捐款：

2008年5月12日，四川汶川等地发生严重地震灾情。全所干部职工纷纷捐款。为积极支援帮助抗震救灾工作，作为国家公益性科研机构的研究所，在全体职工已经自发捐款较大额度的基础上，从经营创收的自有资金中再次向成都市新闻出版局捐款3万元，以支持他们尽快恢复新闻出版管理工作，服务和推动当地业务的发展。根据中组部《关于做好部分党员交纳"特殊党费"用于支援抗震救灾工作的通知》和总署机关党委的有关精神，研究所再度向灾区伸出援助之手——全所党员及入党积极分子、群众共140余人，合计捐款122 687.50元，以帮助灾区人民重建家园。

据统计，在此次抗震救灾援助过程中，中国出版科学研究所累计向灾区捐款超过18万元。

本年 研究所启动了"职工健康保障体系"工程。先后共有7批，近百名职工参加了赴内蒙古、山西、河南、贵州、吉林、福建、四川的健康疗养。

2009年

1月

13日 中国出版科学研究所上海市学位委员会上海研究生协作培养单位、上海理工大学传播学研究生培养基地在中国出版科学研究所揭牌。这表明中国出版科学研究所在出版专业高级人才培养方面又有了新的飞跃。

上海理工大学副校长陈敬良，上海理工大学出版印刷与艺术学院副院长楼文高，中国出版科学研究所所长郝振省、副所长宋英亮等出席了揭牌仪式，并共同为中国出版科学研究所上海市学位委员会上海研究生协作培养单位、上海理工大学传播学研究生培养基地揭牌，揭牌仪式由中国出版科学研究所副所长魏玉山主持。

21日 新闻出版总署报刊司就研究所组织开展的"核心期刊异化问题情况研究"课题致感谢信。感谢信称："这次调研，资料丰富、分析透彻、研究深入，为核心期刊异化问题的解决提供了有价值的帮助和借鉴。"

本月 中国书籍出版社《中国人最常见的病句》《中国人最易读错的字》《中国人最易写错的字》等三种图书中标"送书下乡"工程，复本量3 750册。

2月

25日 中国共产党的优秀党员，著名出版家，原国家出版局副局长、国家出版委员会委员、中国出版工作者协会顾问、中国印刷技术协会名誉理事长、中国印刷及设备器材工业协会顾问、中国书刊发行业协会顾问、新闻出版署特邀顾问，中国人民政治协商会议全国委员会第五、六、七届委员，中国韬奋出版荣誉奖获得者王益（原名王鹭如、王希言、王弦）同志，因病医治无效，在北京逝世，享年92岁。王益同志曾担任中国出版发行科学研究所筹备组的组长。

26日 《中国出版通史》出版座谈会在新闻出版总署举行。

《中国出版通史》项目2000年由中国出版科学研究所正式启动，2002年获国家哲学社会科学基金重点资助，也是国家"十五"、"十一五"重点图书出版规划项目。2007年3月，被全国哲学社会科学规划办公室评为"优秀"成果。2008年12月，《中国出版通史》（9卷）历经8年磨砺由中国书籍出版社出版。

27日 新闻出版总署副署长李东东按下启动按钮，为中国出版科学研究所中国出版网视频演播室的正式启动揭幕。这是新闻出版总署署直系统中建设落成的第一家专业化的视频演播室，李东东副署长也成为该演播室的首位嘉宾。

3月

5日 为纪念"三八"国际劳动妇女节99周年,中国出版科学研究所工会、所妇委会、团支部举办了纪念"三八"妇女节座谈会。这也是2008年研究所组织的三八节纪念活动获得很好反响后的第二次活动。郝振省到会并致词,与全所女职工共同欢度"三八"妇女节。女职工及特邀男嘉宾围绕"畅谈对'幸福'的体会"、"交流对'家'的理解"、"讲述对'孩子'的培养和关爱"3个主题进行了讨论。

本月 中国书籍出版社《中国人最易误解的文史常识》《中国人最易误解的西方文史常识》《中国人最易误解的西方礼仪》《中国人最常见的病句》《中国人最应该知道的77个礼俗》《中国人最易说错的话》《中国人最应该知道的文化典故》《中国人最易用错的成语》《中国人最易写错的字》等9种图书中标"职工书屋"工程,复本量1 100册。

本月 《出版发行研究》杂志在"中国人民大学人文社会科学学术成果评价研究中心"公布的2008年度"复印报刊资料"全文转载量(率)排名中,以全年30篇的被转载量,再度荣膺"复印报刊资料"全文转载量排名第一。

本月 由中国出版科学研究所国家级多媒体数字出版实验室向北京市文化创意产业领导小组申报的"DPOK跨媒体复合出版系统研发工程"得到批准,资金已到账,各项工作正全面展开。这是中国出版科学研究所国家级数字出版实验室独立研发的项目。

本月 郝振省在上海理工大学管理科学与工程专业招收的博士研究生束义明入学，方向是传媒管理和出版产业管理。这也是研究所招收的第一个博士研究生，实现了科研和教学的更好互动。

本月 经新闻出版总署选拔推荐、国务院批准，研究所基础理论研究室主任、编审刘拥军被批准享受2008年政府特殊津贴。

4月

16日 由中国出版科学研究所主办，北京希普思文化咨询有限公司承办的第六届中国民营书业高峰论坛暨全国民营报刊发行业发展研讨会在北京开幕。

21日 由中央国家机关工委和新闻出版总署联合主办的中央国家机关"强素质作表率"读书活动在新闻出版总署新办公楼正式启动。中央国家机关工委常务副书记杨衍银出席启动仪式并为读书活动揭幕。新闻出版总署党组书记、署长柳斌杰致辞。新闻出版总署副署长李东东、邬书林、孙寿山，中国残疾人联合会主席张海迪，民进中央副主席朱永新等领导出席启动仪式。中央国家机关工委副书记俞贵麟主持启动仪式。在启动仪式上，中央电视台科教频道《子午书简》栏目主持人李潘以读书与人生为主题，对邬书林、张海迪、朱永新进行了现场访谈，他们结合自己的读书经历、阅读习惯、阅读关注点和阅读经验，与主持人和现场观众进行了交流。该活动由中国出版科学研究所承办，每月举办一次，每次一个主题，也是研究所承办的一项大型活动。

22日 在"世界读书日"到来前夕,中国出版科学研究所召开新闻发布会,公布了"第六次全国国民阅读调查"结果。本次调查首次对0—17周岁未成年人的阅读状况进行了同步调查,并增加了国民数字化媒介阅读状况、国民个人阅读状况、国民阅读活动、阅读节的参与度等方面的调查内容。

本次调查自2008年10月1日开始全面展开,调查执行样本城市为56个,覆盖我国29个省、自治区和直辖市,调查的有效样本量从上届的20 800个增加到25 500个,其中18—70周岁成年人调查样本近20 000个,与上次基本相同。农村样本比例仍为25%,经过加权,可推及全国11.88亿人。

24日 中国出版科学研究所团支部举行"青年读书授书仪式"。为在青年团员中营造浓厚的学习氛围,深化总署倡导的"读书、实践、成才"主题活动,创建书香单位,在"4·23"世界读书日到来之际,中国出版科学研究所团支部为全所120多名中青年购买了三套精品图书,其中包括《沉思录》《绝版李鸿章》《像经济学家一样思考》。本次的授书仪式也是为了更好地号召40岁以下的青年团员开展"读书月"活动,体现了作为出版研究机构对阅读的重视。郝振省、宋英亮出席了此次活动并为青年授书。

本月 研究所的内部局域网上公布了《中国出版科学研究所规章制度汇编(征求意见稿)》,使研究所的职工详细了解了建所以来制定的主要规章制度。

本月 上海市新闻出版局向市民推荐阅读书目50本,中国书籍出版社出版的《中国人最应该知道的77个礼俗》榜上有名。

上海书城、上海图书公司、博库书城、大众书局、季风书园、外文图书公司等书店设立了"世界读书日"全民读书推荐图书专柜，将推选的50本全国阅读优秀图书作为第14个"世界读书日"重点图书。

5月

24日 在北京自修大学密云校区，北京自修大学动漫游戏学院暨中国出版科学研究所动漫产业研究中心研发基地揭牌仪式举行，揭开了双方学研结合、合作共建、推进动漫教育发展的序幕。北京自修大学成立于1977年，是新中国创办的第一所综合性全日制民办大学。中国出版科学研究所所长郝振省、动漫研究中心主任王飚等参加揭牌仪式。

6月

8日 2009中国传媒产业经营管理论坛在上海开幕。此次论坛由中国传媒杂志社、中国传媒联盟、中国交通大学人文艺术学院共同举办。

11日 全体团员选举产生的共青团中国出版科学研究所第一届委员会成立。

近年来，随着中国出版科学研究所的发展，研究所团员青年的人数不断增加。现有40岁以下青年140多人，其中30岁以下的青年95人，团员31人，团员青年人数约占职工总数的70%。同时，在研究所40岁以下的青年中，98%都具有大学本科及以上

学历，29%具有研究生以上学历，具有文化水平高、业务素质强、思想进步等特点。鉴于研究所团员青年队伍数量及工作意识形态属性强的特点，研究所向新闻出版总署团委建议并获批准，全体团员选举产生香江波、刘柏良、王杨、周芷旭、张明波5名委员，又由委员选举香江波为团委书记，刘柏良为团委副书记。

25日　根据《中共中央办公厅、国务院办公厅关于深化中央各部门各单位出版社体制改革的意见》（中办发〔2009〕16号）精神和总署关于《中央各部门各单位出版社转制工作基本规程》（新出字〔2009〕1号），确保研究所中国书籍出版社转制工作规范有序进行，研究所成立出版社体制改革领导小组。郝振省任组长，魏玉山任副组长；成员有时亮远、徐升国、张晓斌、郭云、石兴权、刘伟见、王平、侯仰军。

本月　所务会决定，刘伟见任中国书籍出版社常务副社长（主持工作），王平任总编辑（正处级），侯仰军任副总编辑，刘伟见、王平、侯仰军组成中国书籍出版社新的领导班子。

7月

7日　由中国出版科学研究所主办，北京希普思文化咨询有限公司、中文在线承办的第三届中国数字出版博览会在北京国际会议中心开幕。博览会的支持单位为新闻出版总署（国家版权局）、广播电影电视总局、中国科学院、科学技术部、工业和信息化部。

国家广电总局副局长胡占凡以及宋木文、于友先、桂晓风、石峰等领导出席了开幕式。新闻出版总署科技与数字出版管理司

司长张毅君致开幕词,中国出版科学研究所所长郝振省主持开幕式。有关部门负责同志郭义强、杨咸武、寇晓伟等出席。

11—12日 第五届两岸经贸文化论坛在湖南长沙隆重开幕,全国政协主席贾庆林、中国国民党主席吴伯雄参加开幕式并讲话。论坛的主题是两岸文教交流。郝振省所长参加了会议,并以《关于两岸出版产业合作模式的五点建议》为题发了言。

17日 所务会决定,调整中国书籍出版社领导班子,由王平总负责,侯仰军协助。

30日 由中国出版科学研究所主办的"第十一届中韩出版学术年会"在北京召开。出席开幕式的中韩嘉宾有中国出版工作者协会主席于友先、新闻出版总署对外交流与合作司处长王华、韩国出版学会会长李正春、中国出版科学研究所所长郝振省等。会议由魏玉山主持。

31日 新闻出版总署党组成员、副署长李东东,总署党组成员、副署长孙寿山和总署人教司司长孙文科等到中国出版科学研究所,宣布了新闻出版总署党组关于任命左晓光为中国出版科学研究所党委书记、副所长的决定。会议由中国出版科学研究所所长郝振省主持。

8月

5日 新闻出版总署副署长邬书林前往中国印刷博物馆考察2009年法兰克福书展中国主宾国活动专题展览备展情况。新闻出版总署对外交流与合作司司长张福海、副司长陈英明,中国出版科学研究所所长、中国印刷博物馆馆长郝振省,副所长魏玉山,中国印刷博物馆常务副馆长张连章,备展顾问、中国印刷技术协会名誉理事长武文祥,北京大学教授肖东发等陪同考察。

邬书林重点审查了赴展精品,包括文字载体,造纸术、印刷术的起源、发明和发展的历史以及在我国印刷技术领域具有科技自主创新里程碑意义的当代王选的汉字信息处理技术等方面的展品。

15日 由江西省新闻出版局和中国出版科学研究所主办的金太阳文化现象研讨会在南昌召开。同时,中国出版科学研究所在江西金太阳教育研究有限公司设立中国出版科学研究所教育出版科研基地。中国出版科学研究所和江西金太阳教育研究有限公司签订了战略合作协议。

9月

3日 在第十六届北京国际图书博览会开幕当天,中国书籍出版社举行了《中国出版通史》版权推介会,向现场嘉宾及参展观众介绍了这套我国首部关于中国出版发展的通史性著作。中国出版科学研究所所长、《中国出版通史》编委会常务副主任郝振省,中国社科院学部委员、民族学与人类学研究所研究员史金波等出席版权推介会并讲话。

4日 第八届（2008年度）输出版、引进版优秀图书评选活动在北京揭晓。《代代流传的教子故事》等76种输出版图书、《如何听？如何说？》等100种社科类引进版图书和《社会生物学》等50种科技类引进版图书，共计226种图书获奖。30名推动版权输出引进的典型人物、优秀版权经理人同时获表彰。新闻出版总署副署长、国家版权局副局长阎晓宏参加颁奖仪式。

16日 《传媒》杂志创刊10周年座谈会在京举行。新闻出版总署署长柳斌杰题词祝贺。新闻出版总署副署长李东东，中国记协党组书记、常务副主席翟惠生，人民日报原副总编辑、原新闻出版署副署长梁衡等出席座谈会并讲话。

17日 新闻出版总署党组成员、副署长李东东，总署人教司司长孙文科、法规司副司长刘晓凯等到中国出版科学研究所，宣布了新闻出版总署党组关于任命范军为中国出版科学研究所副所长的决定。

29日 由中国图书商报和中国出版科学研究所联合推出的"60年中国最具影响力的600本书入选书目"在《中国图书商报》刊登。

10月

28—29日 中国出版集团公司与时代出版传媒公司在安徽黄山联合主办"第四届香山论坛·黄山峰会"。此次论坛主题为"文化'走出去'与出版创新"。中国出版科学研究所所长郝振省出席。

本月　魏玉山率团参加法兰克福书展主宾国展览。由中国印刷博物馆承担的书展主宾国展览，获得广泛好评。张连章、李英、项国成、秦国林等一起参加。

11月

8日　2009全国出版业网站年会在北京大观园酒店开幕，郝振省在会上发布了《2009年中国出版业网站创新报告》。

12日　发出《关于评选2009年度优秀出版科研成果奖的通知》。评奖工作历时两个月，于2010年1月25日公布评奖结果。

24日　《中国新闻出版报》报道，新闻出版总署"经典中国国际出版工程"项目评审工作日前结束，进入公示环节。全国有56家出版社的113个出版项目入围。中国书籍出版社的《中国出版通史》多语种译本翻译出版项目成功入选。

本月　由龙源期刊网和中国出版科学研究所联合主办的"期刊杂志网络传播TOP100排行发布会"在北京召开。

本年　研究所科研课题的进行情况：

根据新闻出版总署党组要求，或配合相关司局主要参与和部分参与撰写起草了十多种重要文件或重要研究报告。如《关于进一步推进新闻出版体制改革的指导意见》《激发改革创新活力新闻出版业形成科学发展的新体制新机制》《关于党的执政能力建设与提高新闻出版工作能力研究》《关于进一步推进新闻出版产

业发展的指导意见》《关于引导和规范非公有文化机构有序参与图书出版的若干意见》《新闻出版行政管理体制改革研究》《新中国六十年新闻出版业发展研究》《贯彻执行〈2006—2020年国家中长期科学和技术发展规划纲要〉自查评估报告》《关于贯彻落实〈2006—2020年国家信息化发展战略〉的情况报告》《2008—2009年新闻出版信息化建设发展概况》《关于完善新闻出版统计制度的建议与设想》《2008年发行产业发展分析报告》《金融危机对我国文化发展的机遇》等。

配合新闻出版总署完成了"十一五"规划的中期评估工作。参与了"十二五"发展规划的调研起草准备工作。参与和承担了新闻出版总署新闻出版统计工作会议若干重要文稿、重要指标体系的起草和构建工作。完成了国家版权局中国版权产业的经济贡献调研项目。起草了《〈国家知识产权战略纲要〉实施意见》。同时启动国家社科基金特别委托项目《贯彻落实科学发展观与实施版权战略研究》。

立项出版集团研究课题，已有了初步成果。继续扩大和延伸诚信调查监测，初步建立起新闻出版行业景气监测系统。立项国有出版单位与民营工作室合作情况调研。完成北京出版产业园区建设研究课题。

启动或完成了"国际一流出版集团发展研究"、"国际出版企业数字化发展趋势研究"、"西方主要传媒集团并购活动研究"、"主要发达国家国民阅读现状研究"等课题。

受新闻出版总署党组委托，主持和承担了《国家文化发展纲要》确定的重要数字化工程——数字版权保护技术研发平台总体组的工作，国家知识资源数据库的项目论证工作已完成，等待最后立项。国家投资240万元的多媒体数字出版实验室已完成组装

调试，正在试运行过程中。

第六次全国国民阅读调查由18岁到70岁的年龄段，增加了0岁到17岁的年龄段。首部《中国阅读蓝皮书》出版。

承办、与兄弟单位协办了由国家机关工委和新闻出版总署联合主办的"强素质作表率"主题读书活动和8次主题讲坛。受新闻出版总署委托，新组建的人才研究中心首次承担的全行业的职业资格命题、考试与阅卷工作顺利完成。

组织制定了《MPR出版物》系列5项行业标准，并于2009年4月获得新闻出版总署批准正式颁布，已开始向国际标准相关委员会申报其国际标准资质。2009年共计成功申报立项行业标准25项、国家标准6项、公益性研究项目1项。基本完成全国新闻出版标准化技术委员会的筹备工作。

本年　中国书籍出版社主要任务完成及出版情况：

按照规定的时间和要求完成了出版社改制方案的上报工作，转制工作（如清产核资、财务审计等）顺利进行。

历时8年完成的《中国出版通史》（9卷）出版问世，举办了高规格的出版座谈会后，其英语等多语种译本的翻译出版工作已入选《经典中国国际出版工程》项目。

《中华人民共和国出版史料》第13辑正式出版，第14辑也进入编辑程序。

出版文化丛书第二批出版，包括纪念新中国建国60周年的3本书：《名著的故事》《编辑的故事》《书店的故事》。

《农家书屋管理员》修订版完成出版工作。我国第一本《发行师》教材出版。

《书境》获得2009年度"中国最美的书"称号。

本年　中国出版网：四分之三市场化运行取得较好成效。

本年　希普思公司运营情况：

成功举办了"中国数字出版博览会"。受新闻出版总署党组委托承担"中国出版史展馆"的布展设计工作进展正常。

本年　中国印刷博物馆的突出特点：

和研究所在法兰克福书展中承担的主题馆相关工作及印刷史论坛分别获得新闻出版总署颁发的一、二等奖。完成了装配补充中国印刷博物馆德国分馆的工作。

本年　研究所制定的主要规章制度：

《中国出版科学研究所规章制度汇编》小册子下发每个职工。内容涉及机构设置及岗位招聘管理相关规章、科研管理相关规章、考核与奖惩相关规章、财务管理相关规章、后勤管理相关规章以及出版专业职务评聘相关规章等6个方面。

信息化建设方面出台《OA信息管理平台的使用办法》。

本年　研究所组织的大型活动：

除中国数字博览会外，还有中韩学术交流会、输出引进版的图书评奖活动、传媒创新年会、期刊创新年会、全国出版业网站年会、民营书业高峰论坛、装帧艺术作品的评奖活动等。

本年　中央国家机关"强素质·作表率"读书活动主题讲坛共举办8期讲座：陈晋主讲《毛泽东的读书生涯和政治实践》，王东京主讲《金融危机之启思——金融危机与中国的应对》，张信刚主讲《中国文化导读：丝绸之路上的文化交流》，唐浩明主

讲《曾国藩与传统文化》，朱佳木主讲《党的十一届三中全会及其在当代中国史上的伟大意义》，朱向前主讲《毛泽东诗词的另一种解读》，熊召政主讲《张居正与万历新政》，王树增主讲《革命战争与革命英雄主义》。

2010年

1月

12日 中央国家机关读书活动协调小组办公室召开"读书活动协调会议"。会议研究了2010年第一季度读书活动筹划情况；研究丰富读书讲坛内容，增加艺术欣赏类主题；讨论确定2010年读书活动宣传册、文选、请柬的设计方案及读书活动一周年主题活动；确定请柬发放、荐书及表彰等事项。出席会议的领导和专家有中央国家机关工委委员、宣传部部长陈祥如，宣传部第一副部长刘涛；新闻出版总署直属机关党委常务副书记孙文科，原党委常务副书记、纪委书记李潞，党委副书记、纪委书记安立春，中国出版科学研究所所长郝振省，中央国家机关工委宣传部巡视员郭存亮，宣传处副处长魏伟；新闻出版总署出版管理司图书处副处长洪勇刚，中国出版科学研究所科研管理处处长、读书活动办公室主任丘淙，中国书籍出版社总编辑王平，《中国新闻出版报》读周刊主编朱侠等。

本月 北京市新闻出版局（版权局）、北京市人力资源和社会保障局联合授予中国书籍出版社"2009年度北京市新闻出版和

版权工作先进集体"。

2月

4日 国务委员兼国务院秘书长、中央国家机关工委书记马凯,新闻出版总署党组书记、署长柳斌杰先后对中央国家机关"强素质·作表率"读书活动作出批示,充分肯定读书活动取得的成效。马凯批示:"读书活动,初见成效;长期坚持,必有好处;不断改进,更上层楼。"柳斌杰批示:"各方支持,继续抓好,带动全民读书活动,提高公民素质。"中央国家机关工委常务副书记杨衍银批示:"落实马凯同志批示,把读书活动开展好。"

3月

8日 新闻出版总署组织庆"三八"国际劳动妇女节"活动。中国出版科学研究所职工积极参与,在活动中表演了"服装秀"和"青春舞蹈"。

本月 由中国出版科学研究所院动漫游戏产业研究中心申报的"动漫出版产业政策研究"课题获得国家社会科学基金立项支持。其成果将为我国的动漫游戏产业政策研究提供支持。

4月

1日 《中国出版科学研究所公文、简报及科研报告发文处理办法(试行)》发布。

2日 中央国家机关文明单位表彰大会在国务院机关事务管理局召开。在由中央国家机关精神文明建设协调领导小组组织的评审活动中，中国出版科学研究所再度荣膺"中央国家机关文明单位"称号。研究所已连续四年获此殊荣。

3日 由中国书籍出版社出版的李昌银的幽默讽刺小说《烦着呢》新书座谈会在江苏扬州召开。人民文学出版社副社长路英勇，北京大学中文系教授、博士生导师张颐武，人民文学出版社编辑部主任王干，河南大学教授郭灿金，南京大学出版科学研究所所长、博士生导师张志强等出席座谈会并发言。

7日 《中国出版科学研究所关于委托科研项目的管理办法（试行）》发布。

10日 中国出版科学研究所参加新闻出版总署工会在龙谭湖公园举办的健步走活动。

19日 中国出版科学研究所召开新闻发布会，发布了"第七次全国国民阅读调查"结果。

同日 为纪念中央国家机关"强素质·作表率"读书活动举办一周年，《中国新闻出版报》约请读书活动主办单位领导撰文，对读书活动提出希望和要求，鞭策读书活动越办越好。该报刊登了中央国家机关工委副书记、机关党委书记俞贵麟的《抓好"学在前头" 推动"走在前头"》和新闻出版总署副署长、总署直

属机关党委书记孙寿山的《引领阅读风气　建设书香社会》两篇文章。

20日　中国出版科学研究所组织职工向青海玉树地震灾区捐款10万元。

22—25日　第七届希腊萨洛尼卡国际书展中国主宾国活动举行。中国出版科学研究所所长郝振省、中国印刷博物馆常务副馆长张连章、中国出版网副总编章泽锋等陪同新闻出版总署副署长孙寿山一行参与了中国作为主宾国的全部活动。

本月　在北京市丰台区太平桥街道办事处关于安全生产工作单位和先进个人的评选活动中，中国出版科学研究所以在庆祝新中国成立60周年等重要活动期间大量卓有成效的安全保障工作，被评为2009年度太平桥地区安全生产工作先进单位；中国出版科学研究所张征贤被评为2009年度太平桥地区安全生产先进个人。

本月　中国出版科学研究所参加由新闻出版总署计生办组织的向计划生育贫困母亲捐款活动，以及由三路居街道组织的向西南干旱地区捐款活动。

本月　中国出版科学研究所与上海理工大学联合培养的2007级7名硕士研究生按规定完成毕业论文，如期取得硕士学位。2007级研究生的顺利毕业，标志着研究所顺利完成了上海理工大学首届硕士研究生的培养工作。

5月

5日 新闻出版总署在中国出版科学研究所召开数字版权保护技术研发工程总体组(以下部分简称"总体组")成立大会,正式宣布扩建后的总体组8家单位名单,即牵头单位为中国出版科学研究所,成员单位为中国科学院自动化研究所、中国科学技术信息研究所、北京方正阿帕比技术有限公司、北京中文在线数字出版股份有限公司、北京书生电子技术有限公司、中国大百科全书出版社、高等教育出版社。

13—17日 历时四天的第六届中国(深圳)国际文化产业博览会落幕。为表彰在文博会组织和参展中的优秀组织单位、团组和参展商,经专家评审、组委会办公室研究决定,授予101个单位"优秀组织奖",212个单位"优秀展示奖"称号。中国出版科学研究所作为组织单位在第六届文博会中表现出色,被授予优秀组织奖。

28日 中央国家机关第三届职工运动会在北京开幕。中共中央政治局常委、国务院副总理李克强出席开幕式并宣布运动会开幕。中国出版科学研究所组成40人方队代表新闻出版总署参加运动会的开幕式,并在随后举行的第八套广播操团体比赛中二等奖。

本月 根据中央保密办、国家保密局《关于组织开展涉密载体清理情况检查的通知》,以及《关于进一步加强网络盗窃涉密工作的通知》要求,中国出版科学研究所在全所开展了涉密载体清理自查工作,内容包括是否通过电子邮箱处理、传输、存储涉

密文件和敏感信息。为了强化信息安全意识，全体职工签署了保密协议。

本月　新闻出版总署党组将新闻出版统计工作职能由原总署信息中心划转到中国出版科学研究所，全国新闻出版统计信息系统及相关设备迁移到研究所。

本月　在新闻出版总署举办的"学习　成长　成才"五四论坛上，中国出版科学研究所团委被评为"五四红旗团组织创建单位"，出版参考杂志社王杨被授予"中央国家机关优秀共青团员"称号。

6月

3日　中国出版科学研究所参加中央国家机关第三届职工运动会的运动员和有关部门负责同志一行40多人，前往房山区天湖国际会议中心，庆贺中国出版科学研究所代表新闻出版总署在中央国家机关第三届职工运动会上获得了广播体操比赛二等奖佳绩。参加庆贺活动的领导有新闻出版总署机关党委副书记、人教司司长孙文科，机关党委宣传部部长邹兵，研究所所长郝振省、副所长范军。庆祝活动由范军主持。

8日　中国出版科学研究所与上海理工大学联合培养的2008级硕士研究生中期检查会如期举行。郝振省、魏玉山、刘拥军、张立、张晓斌等五位导师参加。

21日　新闻出版总署在北京组织召开了数字版权保护技术研

发工程专家评审会,通过了《数字版权保护技术研发工程分包方案》。

28日 中国出版科学研究所"纪念建党89周年 开展创先争优暨'三化'主题教育活动动员大会"在所内举行。新闻出版总署机关党委常务副书记、人事司司长孙文科、中国出版科学研究所所长郝振省、副所长范军出席会议并讲话,会议由中国出版科研所副所长魏玉山主持。范军宣读了《中国出版科学研究所关于表彰优秀党支部、优秀共产党员的决定》,科研一支部、行政支部等2个支部被评为优秀党支部;刘拥军等12名党员被评选为优秀共产党员。会议还举行了新党员宣誓、老党员重温入党誓词仪式,共有4名入党积极分子被批准成为中国共产党预备党员。会议还特别邀请了我国著名军旅作家、武警总部政治部创作室主任王树增大校为全所党员、干部、群众做了一场关于《革命战争与革命英雄主义》的精彩演讲。

本月 由中国人民大学人文社会科学学术成果评价研究中心主持研制的"2009年度人大《复印报刊资料》全文转载量(率)排名"正式发布。中国出版科学研究所的《出版发行研究》以30篇的被转载量,在113种"新闻传播学学科期刊"全文转载排名中,继续保持第一的位置。

自2003年起,《出版发行研究》在"新闻传播学学科期刊"全文转载量排名中,已连续七年获得第一的位置。

7 月

1 日 《2009—2010 中国出版业发展报告》(中国出版蓝皮书)新闻发布会在中国出版科学研究所举行。中国出版科学研究所所长郝振省、副所长魏玉山及课题组成员出席会议。

9 日 在庆祝中国共产党成立 89 周年之际,中国出版科学研究所团委以"扬爱国精神,铸民族之魂"为团日活动主题,组织青年团员参加爱国、爱党教育活动——赴圆明园参观学习。副所长魏玉山参加了此次活动,并对团委工作提出了建议和希望。来自全所各个部门的 37 名青年通过参观、游览,共同渡过了一个活泼、生动、难忘的主题团日。

同日 中国出版科学研究所组织 20 余名离退休党员干部,在京郊密云开展纪念建党 89 周年学习活动。集中学习了中组部、人力资源和社会保障部《关于进一步加强新形势下离退休干部工作的意见》,观看了武警总部政治部创作室主任王树增大校关于《革命战争与革命英雄主义》的演讲报告录像。

20 日 由新闻出版总署作为支持单位、中国出版科学研究所主办、中文在线和北京希普思文化咨询有限公司共同承办的"2010 中国数字出版年会"在北京开幕。出席本届年会开幕式的领导嘉宾有新闻出版总署副署长孙寿山、中宣部出版局副局长刘建生。开幕式由新闻出版总署科技与数字出版司司长张毅君主持。

会上,孙寿山副署长作了题为《加快新闻出版业发展方式转变 推动数字出版产业又快又好发展》的主题报告,中国出版科

学研究所所长郝振省发布了《2010中国数字出版产业年度报告》。

本月 由中国出版科学研究所组织编撰，出版经济研究室与版权研究中心共同完成的《中国版权相关产业的经济贡献》（2004年、2006年）由中国书籍出版社出版发行。该书首次对中国版权相关产业的经济贡献进行调研，对接国际研究前沿；首次以定量方式测定中国版权相关产业的经济贡献，描述中国版权相关产业的总体发展状况；首次细致勾画中国版权相关产业的产业构成，探讨中国版权相关产业的发展环境。该书主要包括中国版权相关产业的范围、中国版权相关产业的具体分类、中国版权相关产业经济贡献的数据采集与测算、中国版权相关产业的直接经济贡献、国际比对与结论等方面的内容。

8月

3日 中国出版科学研究所召开工会换届大会，选举了新一届工会委员会，选出了新的工会主席、副主席和工会委员。新一届的工会主席：范军；副主席：穆桂强；工会委员：黄立平、饶兴风、范雪梅、武雅彬、姜远丽、周芷旭、尹淑洁。

7日 中共中央政治局委员、中央书记处书记，中央宣传部部长刘云山在国家版权局《版权专报》第5期上，根据中国出版科学研究所研究成果报送的《中国版权相关产业的经济贡献2006年已占全国GDP的6.4%》一文上批示：要关注和研究我版权相关产业的发展和状况。可做纵向（我国历年情况）和横向（与世界各类国家的比较）的比较。

15日 中国书籍出版社在上海展览中心中央展厅举行新书推介活动。一套亦庄亦谐的《另类世界史》丛书被推介。王平总编辑就丛书内容及特色作了介绍。中国书籍出版社出版的《灵子的完美生活》和《寄语点点——一位父亲的家书》两本家教图书的作者灵子女士和周志懿先生还进行了现场签名售书，并同读者进行了交流。

26日 中国出版科学研究所所长郝振省、副所长魏玉山以及研究所各部门负责人一行到直播星数字信息技术有限公司调研考察。

本月 由中国出版科学研究所动漫游戏产业研究中心编撰的第一部行业调查报告——《中国动漫游戏产业发展现状调研报告》正式出版。

9月

13日 经第三届中华优秀出版物奖评委会评选，中国书籍出版社出版的《中国出版通史》（9册）荣获第三届中华优秀出版物图书提名奖。

17日 中央机构编制委员会办公室批复（中央编办复字[2010]266号），同意中国出版科学研究所更名为中国新闻出版研究院。9月30日，新闻出版总署向各省、自治区、直辖市新闻出版局，新疆生产建设兵团新闻出版局，解放军总政治部宣传部新闻出版局，总署机关各部门，署直各单位，署管各社会团体下

发了《关于中国出版科学研究所更名为中国新闻出版研究院的通知》。

20日　由中国出版科学研究所主办的第七届中国民营书业发展高峰论坛在北京召开。新闻出版总署产业发展司司长范卫平、中国出版科学研究所所长郝振省、副所长魏玉山等领导出席会议。会议由中国出版科学研究所副所长范军主持。

本月　中国书籍出版社王平的文章《优秀编辑的人格形象》在2010年中央国家机关"读书与实践"征文活动中荣获一等奖。

10月

本月　中国新闻出版研究院出版经济研究室完成新闻出版总署委托的《新闻出版业"十一五"时期发展规划终期评估报告》。

本月　中国新闻出版研究院成立统计系统迁移小组，制定了统计系统设备迁移实施方案。信息中心承担了统计机房装修、网络基础建设及30多台套设备的迁移工作。

本月　根据新闻出版总署党组部署，2009年10月，新闻出版总署产业司正式启动新闻出版业发展项目库的建设工作，并于本月开始筹建新闻出版业发展项目库管理系统，实现用户在线申报，以达到项目管理自动化的目标。总署产业司将项目管理系统的建设工作交给了中国出版科学研究所（中国新闻出版研究院）。经过近3个月的需求调研、项目库方案设计、定制开发、调试，

系统上线运行,基本实现了项目管理自动化。

11月

3—4日 中国出版科学研究所离退休干部学习活动在京郊昌平展开。会上,所离退休干部党支部书记余甘澍,副书记徐焕生、郭燕琍,组织全体离退休干部集中学习了中组部《关于在离退休干部组织和党员中深入开展创先争优活动的指导意见》的通知,中国出版科学研究所所长郝振省代表领导班子向全体离退休干部通报了中央机构编制委员会办公室批复的《关于中国出版科学研究所更名为中国新闻出版研究院的通知》。

5日 中共新闻出版总署党组发出《关于郝振省同志任职的通知》,新出组干[2010]4号,原中国出版科学研究所党委副书记郝振省改任中国新闻出版研究院党委副书记。

8日 经过安装和调试,中国新闻出版研究院统计系统正式开通。

9日 全国新闻出版统计工作会暨产业处处长会在广东省东莞市召开。新闻出版总署党组副书记、副署长蒋建国发表书面讲话。新闻出版总署出版产业发展司司长范卫平、中国出版科学研究所所长郝振省等出席会议并讲话。会议由郝振省和新闻出版总署出版产业发展司副司长袁亚平主持。

10日 中国新闻出版研究院统计处结合新闻出版统计报表制

度的修订对全国各省、自治区、直辖市的新闻统计相关人员进行了业务培训。新闻出版总署对全国新闻出版统计报表制度做了部分修订,由原来的10项制度14个报表增加为11项制度16个报表。

11日　新闻出版总署发出《关于郝振省等3人任职的通知》,新出人[2010]51号,原中国出版科学研究所所长郝振省改任中国新闻出版研究院院长,原中国出版科学研究所副所长魏玉山、范军改任中国新闻出版研究院副院长。

19日　国家版权局和中国新闻出版研究院在国家会议中心举办了"中国版权相关产业的经济贡献"项目成果发布会。发布会由中国新闻出版研究院院长郝振省主持,国家版权局版权管理司司长王自强发布了2004年至2006年中国版权相关产业的经济贡献。该项目于2007年由中国国家版权局与世界知识产权组织合作开展、委托研究院具体承担,历时3年完成。

24日　中国新闻出版研究院院长郝振省教授受聘担任北京印刷学院讲座教授。校长曲德森为中国新闻出版研究院院长郝振省教授颁发了北京市批复的北京印刷学院讲座教授聘书。新闻出版总署人事司副司长孙宝林在讲话中代表新闻出版总署人事司向郝振省院长受聘学校讲座教授表示祝贺。

25日　"庆祝中国出版科学研究所二十五华诞暨中国新闻出版研究院揭牌仪式"在新闻出版总署举行。新闻出版总署署长柳斌杰发表讲话并为更名后的中国新闻出版研究院揭牌。新闻出版总署副署长蒋建国、李东东、邬书林、阎晓宏、孙寿山,中央纪

委驻总署纪检组组长宋明昌,中央国家机关工委委员陈祥如出席会议。中宣部出版局局长陶骅出席会议并致辞。宋木文、于友先、桂晓风、沈仁干、梁衡等老领导出席了会议。参加会议的还有中央机构编制委员会办公室四司副司长牛占华、科技部政策法规司副司长翟立新、国家社科基金办公室巡视员杨庆存等。会议由新闻出版总署副署长李东东主持。

中国新闻出版研究院院长郝振省在会上回顾了研究院的发展历程,总结了25年来取得的丰硕成果。表示更名后的中国新闻出版研究院将在中共新闻出版总署党组的正确领导下,继承老一辈专家学者优良传统,珍惜已有的经验和教训,聚精会神、努力拼搏,奋发有为、不断开拓,努力实现跨越式发展,成为科研实力强大、核心优势突出、组织文化和谐的国际一流科学研究院,为我国新闻出版事业的繁荣昌盛,为新闻出版大国向新闻出版强国的迈进作出应有的贡献。

会上,中国新闻出版研究院副院长魏玉山宣读了柳斌杰署长、总署党组成员和老领导的题词,以及有关单位发来的贺信、贺电。人民出版社社长黄书元、北京印刷学院院长曲德森分别代表业界和学界致辞。

新闻出版总署各厅、司局主要负责人,总署各直属单位主要负责人,总署各行业协会主要负责人,还有业内重要的新闻出版传媒集团和大型新闻出版单位的主要负责人,部分高等院校的负责人和部分新媒体单位与民营书业企业的负责人,以及中国出版科学研究所历任负责人、职工代表和中央主要新闻单位等新闻媒体的朋友,共200余人参加了会议。

12 月

15日 "民营书业第一股"湖南天舟科教文化股份有限公司（以下简称"天舟文化"，股票代码：300148）于深圳证券交易所创业板挂牌上市。

自2009年4月开始，中国新闻出版研究院（原中国出版科学研究所）以出版经济研究室为主体，受天舟文化委托，先后集中十余名研究人员参加了撰写《湖南天舟科教文化股份有限公司上市募集资金投资项目可行性研究报告》的工作。调研论证，该报告于2010年4月完成，成为天舟文化送审招股说明书相关部分的核心内容。

21日 中国新闻出版研究院与上海理工大学联合培养的2009级硕士研究生开题报告会在研究院举行。12名学生以PPT的形式就各自课题的研究意义、研究方法以及研究框架进行了论述。研究院郝振省、魏玉山、刘拥军、张立、张晓斌等五位导师参加。

25日 国务委员兼国务院秘书长、中央国家机关工委书记马凯出席中央国家机关"强素质·作表率"主题读书讲坛本年度第12期（总第20期），由清华大学历史系资深教授、博士生导师李学勤所作的《考古学与古代文明》讲座并讲话。马凯强调，中央国家机关的党员领导干部和党组织在读书学习和建设学习型党组织方面要走在前、作表率，有更高的标准和要求。他对中央国家机关工委和新闻出版总署联合举办的"强素质·作表率"读书活动给予高度评价，希望这项活动今后要办得更好，作出更大的

成绩。中央国家机关工委常务副书记杨衍银,新闻出版总署党组书记、署长柳斌杰,国务院办公厅机关党组成员、纪检组组长阎京华,中央国家机关工委副书记俞贵麟,新闻出版总署领导蒋建国、李东东、邬书林、阎晓宏、孙寿山、宋明昌等出席。

26日 《人民日报》要闻版刊发了题为《马凯在中央国家机关读书活动上强调:党员领导干部要作读书学习的表率》的文章。其中谈到,国务委员兼国务院秘书长、中央国家机关工委书记马凯在即席讲话中说:重视学习、善于学习是我们党的优良传统,是党的事业不断从胜利走向胜利的重要基础。每个党员领导干部都要率先成为读书学习的模范,真正把读书学习作为一种政治责任、一种精神追求、一种生活方式,真正成为热爱学习、善于学习、终身学习的人。

30日 中国新闻出版研究院领导班子述职述廉会议和民主生活会议在研究院召开。全院副处以上(含副处)干部、党支部书记以及副高职称以上人员46人参会。新闻出版总署人事司司长余昌祥、机关党委常务副书记孙文科和人事司干部处处长许文彤出席会议。中国新闻出版研究院院长郝振省、副院长魏玉山、范军以及中国印刷博物馆常务副馆长张连章分别从德、能、勤、绩、廉五个方面进行述职述廉,并根据《中国共产党党员领导干部廉洁从政若干准则》要求,汇报自己的相关情况。余昌祥司长和孙文科书记对研究院2010年的工作给予肯定,并对今后的工作提出了希望和要求。

本月　中国书籍出版社出版的《中央国家机关"强素质·作表率"读书活动主题讲坛周年读本（1）》一书，经中国书刊发行业协会评选委员会评审，被评为"2010年度全行业优秀畅销书"。

本月　中国书籍出版社申报的《中国出版通史》（多媒体普及版）出版项目获得国家出版基金资助。

本月　《新阅读》杂志获得新闻出版总署批准的正式刊号，国内刊号为CN10-1001/C，国际标准刊号为ISSN2095-1655。

本年　中央国家机关"强素质·作表率"读书活动主题讲坛共举办12期讲座：吴国盛主讲《百年科技的历史回顾与哲学反思》，叶小钢主讲《音乐——人类诗意栖息的一种方式》，王蒙主讲《老庄的治国理政思想》，沈志华主讲《苏联社会主义模式的终结》，阎崇年主讲《袁崇焕：其人、其事及其精神》，金一南主讲《国家安全筹划中的战略思维》，陈来主讲《儒家思想与当代社会》，卓新平主讲《"全球化"的宗教及其对中国的影响》，葛剑雄主讲《统一与分裂——中国历史的启示》，单霁翔主讲《留住城市文化的"根"与"魂"》，张翔主讲《核武器与国家安全环境》，李学勤主讲《考古学与古代文明》。

2011年

1月

7日 中国新闻出版研究院院长郝振省出席北京出版集团有限责任公司京版北教控股有限公司成立大会。

8日 由中国新闻出版研究院主办的第六届中国传媒年会在中国传媒大学召开。新闻出版总署副署长李东东出席大会开幕式并发表主题演讲，人民日报社副总编辑谢国明、新华社副社长周锡生、中国记协党组书记翟惠生、新闻出版总署新闻报刊司副司长朱伟峰、中国传媒大学党委书记李培元等出席开幕式并致辞。

10日 中国新闻出版研究院应用理论研究室国民阅读研究与促进中心组织召开了《中国阅读：全民阅读蓝皮书（第二卷）》成果发布会。本卷蓝皮书由新闻出版总署出版管理司、全民阅读活动组织协调办公室、中国新闻出版研究院和深圳读书月组委会办公室联合发布。新闻出版总署署长柳斌杰作序并担任顾问，邬书林副署长担任编委会主任。

19日 数字版权保护技术研发工程商务谈判工作开始，至4月2日，通过4次共计64场商务谈判，最终确定工程各包的承担单位和项目经费预算。工程共分为18个包，其中技术研发类7个包、应用示范类5个包、平台研发类3个包，计划研制25个相关的技术标准。工程总经费1.9亿元。

20日 中国新闻出版研究院2011年新春联欢会举行。全院职工欢聚一堂，载歌载舞，共庆佳节。院长郝振省代表院领导班子向全院职工致以节日的祝福，并用"出版科研硕果累累、科研出版不同凡响、管理工作出彩闪光"三句话对2010年中国新闻出版研究院各项工作进行了点评和总结。

24日 中国新闻出版研究院召开"2010年度优秀出版科研成果奖评选会"。基础理论研究室研究项目《2009—2010中国出版业发展报告》（中国出版蓝皮书）获专著类一等奖。获奖项目共18项。

27日 中国新闻出版研究院召开2010年度工作总结表彰大会。新闻出版总署副署长李东东出席大会并发表讲话。郝振省院长在会上作了2010年度工作总结报告，范军副院长宣读了研究院表彰年度先进集体及先进个人等名单，院领导班子全体成员、全院职工和离退休人员代表近200人参加。会议由魏玉山副院长主持。院领导为受表彰的先进集体代表、先进个人、受表扬的集体和个人以及优秀出版科研成果获奖者、院外其他奖项获得者颁发了荣誉证书和奖金。

本月 《新阅读》杂志正式出刊。

2月

16日 中国新闻出版研究院召开2011年研究院工作务虚会。会上，科研、出版、管理三个方面的代表分别就2011年的工作发言。

郝振省院长在会上提出了十条总思路和两个层面要求,魏玉山、范军副院长分别就2011年的工作发言。

17日　新闻出版总署出版产业发展司在北京召开了"2011年度新闻出版改革发展项目库"申报项目资格审查会。中国新闻出版研究院院长郝振省、副院长魏玉山出席会议并讲话。中国新闻出版研究院新闻出版人才研究中心和动漫游戏产业研究中心承担了本次项目库共计1 000多种项目的资格审查及筛选工作。

22日　新闻出版总署党组副书记、副署长蒋建国率领总署财务司司长孙明、出版产业发展司司长范卫平、人事司司长余昌祥、办公厅副主任薛松岩、产业发展司副司长袁亚平等一行莅临中国新闻出版研究院,就加强新闻出版统计等工作开展调研。

本月　春节前夕,中国新闻出版研究院院长郝振省,副院长魏玉山、范军分别看望慰问院里的离退休老干部,代表全院职工向他们送上新春的问候和祝福。院长郝振省先后来到邵益文、陆本瑞、吴克明、方厚枢、曹治雄等5位老干部家中;副院长魏玉山看望了袁继萼、李伯红、白古山、蒋伯宁等4位老干部;副院长范军看望了邓从理、张美芬、张焰渭等3位老干部。

本月　中国新闻出版研究院工会组织职工参加新闻出版总署组织的书法美术摄影比赛活动。郝振省、魏玉山、丘淙、邓杨的摄影作品获奖,修四平的美术作品获奖。

3月

2日 新闻出版总署署长柳斌杰，副署长李东东、邬书林、阎晓宏、孙寿山等领导来到中国新闻出版研究院调研指导工作。调研座谈会由李东东主持。参加座谈会的还有总署办公厅主任刘建国、财务司司长孙明、新闻报刊司司长王国庆等。

4日 中国新闻出版研究院组织开展了以"展示女性风采"为主题的庆"三八"国际妇女节活动。

7日 根据中共新闻出版总署机关委员会《关于表彰新闻出版总署直属机关巾帼建功先进集体、先进个人、优秀妇女组织、优秀妇女干部的决定》（新机妇字［2011］1号），中国新闻出版研究院国际出版研究室被授予"新闻出版总署直属机关巾帼建功先进集体"称号；出版标准化研究室刘颖丽被授予"新闻出版总署直属机关巾帼建功先进个人"称号；后勤服务中心黄立平被授予"新闻出版总署直属机关优秀妇女工作干部"称号。

17日 由中国新闻出版研究院标准化研究室负责的ISDL项目立项，正式获得国际标准化组织/信息与文献标准化技术委员会（ISO TC46/SC9）成员国投票通过，成为国际标准项目。

19日 由中国关心下一代工作委员会指导，中国新闻出版研究院、中国教育学会、安阳市人民政府、河南省关心下一代工作委员会联合主办，学友园教育传媒集团发起并协办的"多读书、读好书"2011年全国小学生阅读教育活动暨首届全国小学生阅读

状况调查启动仪式在河南安阳中国文字博物馆举行。十届全国人大常委会副委员长、中国关心下一代工作委员会主任顾秀莲以及中国出版工作者协会主席于友先,国家总督学顾问柳斌出席。

本月 中国新闻出版研究院工会组织开展了研究院第一届台球比赛活动。本着"友谊第一,团结向上"的原则,全院职工有58人参加,根据比赛结果,对前三名优胜者给予了奖励。

4月

9日 根据《新闻出版总署机关党委关于第二批党员先锋岗、党员示范窗口、党员品牌工程授牌的决定》(新机党字[2011]17号),中国新闻出版研究院张晓斌、刘颖丽所在岗位被授予"党员先锋岗"称号;中国新闻出版研究院所属中国印刷博物馆被授予"党员示范窗口"称号。

10日 受新闻出版总署产业司委托,由中国新闻出版研究院动漫游戏产业研究中心主办的2011"原动力"新媒体原创动漫作品大赛正式启动。

16日 由中国新闻出版研究院与江西省新闻出版局主办,江西金太阳教育集团承办的以"新形势、新机遇、新选择、新发展"为主题的第八届中国民营书业发展论坛在江西南昌召开,这是民营书业发展论坛第一次在京外召开。新闻出版总署出版产业发展司司长范卫平、江西省新闻出版局局长黄鹤、中国新闻出版研究院院长郝振省等领导出席会议。

21日　为纪念"五四"运动92周年,中国新闻出版研究院团委组织院青年团员参加爱国、爱党教育活动——赴焦庄户地道战爱国主义教育基地参观学习及红螺寺春游踏青。来自全院各个部门的46名青年通过参观、游览,共同度过了一个活泼、生动、难忘的主题团日。

23日　中国新闻出版研究院工会按照新闻出版总署计生办的通知精神,组织职工积极向贫困母亲捐款。参加捐款的职工为197人,捐款3 640元。

24日　为确保职工身心健康,中国新闻出版研究院工会联系北京中医医院的专业技术人员上门开展"为职工送健康"的活动。

同日　中国新闻出版研究院召开"第八次全国国民阅读调查"成果发布会。郝振省院长公布了"第八次全国国民阅读调查"结果,发布会由魏玉山副院长主持。

本月　中国新闻出版研究院团委被中央国家机关团工委评为2010年"中央国家机关'五四红旗'创建单位"。

本月　受中共中央宣传部和新闻出版总署委托,中国新闻出版研究院动漫游戏产业研究中心承担了"移动多媒体终端发展对策调研报告"课题。课题组对移动多媒体终端的现状、运营模式、存在的问题进行了梳理和剖析,为上级部门的决策提出了有价值的对策建议。

5月

2—6日 中国新闻出版研究院派员作为中国代表赴澳大利亚参加国际标准化组织信息与文献技术委员会（ISO/TC46）2011年度工作会议。在5月4日的会议上，首个由中国新闻出版业提出的国际标识符提案——ISDL国际标准项目正式立项，并成立工作组，由中国新闻出版研究院周芷旭作为项目召集人，开展ISDL标准制定工作。

3—12日 中国新闻出版研究院组团赴澳大利亚、新西兰就中国版权产业经济贡献项目分别与澳大利亚版权委员会、澳大利亚表演权协会、新西兰版权特许有限公司进行座谈。代表团由中国新闻出版研究院副院长范军、新闻出版总署办公厅副主任蒋茂凝，中国新闻出版研究院李晓晔、张凤杰和王杨等组成。

4日 在新闻出版总署党委、团委举办的"学党史、知党情、跟党走"庆祝中国共产党成立90周年党史知识竞赛中，中国新闻出版研究院的三名选手组，获得了初赛第二名，决赛第三名的好成绩。四名参赛的队员（其中一名作为备选队员）为李文娟、马莉、胡学敏、王哲。

6日 《新闻出版总署机关党委关于为中国新闻出版研究院党员品牌工程授牌的决定》（新机党字［2011］24号）发布，补授予中央国家机关"强素质·作表率"读书活动、数字版权保护技术研发工程两个项目为党员品牌工程。

17日 受新闻出版总署人事司委托，中国新闻出版研究院与江苏省新闻出版局、凤凰出版传媒集团等单位，在江苏省南京市举办了第五期新媒体技术人才培训班暨网络编辑国家职业资格鉴定培训班。新闻出版总署人事司司长余昌祥、江苏省新闻出版局局长徐毅英、中国新闻出版研究院副院长魏玉山、凤凰出版传媒集团股份公司副总经理佘江涛等出席了本次培训班的开班仪式并讲话。

30日 中国新闻出版研究院所属中国印刷博物馆被第二十一届全国图书交易博览会组委会授予"第二十一届全国图书交易博览会活动创意奖"。

本月 中国新闻出版研究院与上海理工大学联合培养的2008级硕士研究生毕业答辩会在研究院举行。经答辩委员会审议，本届10名学生全部顺利通过答辩，取得硕士学位。

6月

7日 根据中共新闻出版总署机关委员会《关于表彰新闻出版总署先进基层党组织、优秀共产党员和优秀党务工作者的决定》（新机党字［2011］28号），中国新闻出版研究院中国书籍出版社党支部获得"新闻出版总署先进基层党组织"称号；中国新闻出版研究院科研管理处处长丘淙、出版经济研究室主任张晓斌获得"新闻出版总署优秀共产党员"称号；院长郝振省获得"新闻出版总署优秀党务工作者"称号。

17日　由中国新闻出版研究院编撰，中国书籍出版社出版的《2010—2011中国出版业发展报告》（中国出版蓝皮书）召开新闻发布会。院长郝振省、副院长魏玉山和蓝皮书课题组部分人员出席会议。

23日　《电子词典内容质量及版权状况检测报告》新闻发布会在中国新闻出版研究院召开。院长郝振省、副院长魏玉山、国家级多媒体数字出版实验室主任张立、课题组成员以及来自多家媒体的记者20余人参加。

同日　根据新闻出版总署办公厅《关于表彰第七届深圳文博会优秀组织奖及优秀展示奖获奖单位的通报》（新出厅字[2011]201号），中国新闻出版研究院获得第七届深圳文博会新闻出版馆优秀组织奖。

28日　中国新闻出版研究院院属的中国印刷博物馆为庆祝伟大的中国共产党建党90周年，举办"红色印刷展"。新闻出版总署副署长阎晓宏、印刷发行管理司司长王岩镔、北京印刷学院党委书记郑吉春、院长曲德森、中国印刷博物馆常务副馆长张连章、副馆长张征贤等出席。中国新闻出版研究院院长兼中国印刷博物馆馆长郝振省主持了揭幕仪式。阎晓宏副署长亲自为"红色印刷展"揭幕。

29日　在新闻出版总署庆祝中国共产党成立90周年表彰先进暨歌咏大会上，中国新闻出版研究院演唱了《中国中国，鲜红的太阳永不落》《共和国之恋》两首歌曲，荣获歌咏大会二等奖。

本月　中国新闻出版研究院统计处完成《2010年新闻出版产业分析报告》。

本月　为检查研究生学位论文进展情况，掌握论文撰写过程中存在的问题、缺陷和不足，保障学位论文质量，中国新闻出版研究院研究生工作办公室组织了研究院与上海理工大学联合培养的2009级硕士研究生中期检查，检查采用答辩方式进行。

本月　新闻出版总署直属机关党委授予中国书籍出版社"先进基层党组织"奖牌。

7月

1日　中国新闻出版研究院院长郝振省受邀出席在人民大会堂举行的庆祝中国共产党成立90年大会。

6日　由中国新闻出版研究院主办的第四届中国数字出版博览会在北京国际会议中心开幕。新闻出版总署副署长孙寿山、国家广播电影电视总局副局长李伟、中国科学院副院长李静海、科学技术部高新技术发展及产业化司副司长元宁、工信部电信管理局副局长刘杰，以及中国编辑学会会长桂晓风、中国印刷技术协会理事长于永湛、中国出版协会副理事长李宝中等领导出席开幕式。孙寿山副署长在开幕式上致词。

25日　数字版权保护技术研发工程启动大会召开。新闻出版总署副署长孙寿山、新闻出版重大科技工程项目领导小组办公

室主任张毅君等总署领导和数字版权保护技术研发工程总体组组长、中国新闻出版研究院院长郝振省等总体组领导出席了大会。

本月　出版经济研究室与统计处共同完成《2011年中国新闻出版统计资料汇编》。

8月

11日　由中国新闻出版研究院和韩国出版学会共同主办的第十三届中韩出版学术年会在北京开幕。新闻出版总署对外交流与合作司副司长陈英明，中国新闻出版研究院院长郝振省、副院长范军，韩国出版学会会长、金浦大学教授南奭纯及其率领的韩国代表团全体成员，民族出版社、法律出版社、建筑工业出版社、人民教育出版社、中国青年出版社等单位领导及中国新闻出版研究院的部分职工参加。副院长魏玉山主持会议。

30日　由中国版协国际合作出版工作委员会、中国新闻出版研究院、出版参考杂志社联合发起主办的第十届（2010年度）输出版、引进版优秀图书评选活动在北京揭晓。新闻出版总署副署长、国家版权局副局长阎晓宏出席颁奖典礼，并为获奖者颁奖。

本月　中国新闻出版研究院统计处完成《2011年中国新闻出版统计资料手册》。

9月

1日 新闻出版总署副署长李东东一行莅临中国新闻出版研究院调研,中国新闻出版研究院召开了研究院上半年工作汇报大会。新闻出版总署法规司司长王自强陪同调研。院长郝振省出席大会并作工作汇报,副院长魏玉山主持大会。

8日 根据中央国家机关团工委《关于表彰2009—2011年度中央国家机关优秀共青团员、优秀共青团干部和五四红旗团委(团支部)的决定》,中国新闻出版研究院团委书记香江波被中央国家机关团工委授予"2009—2011年度中央国家机关优秀共青团干部"称号。

13—18日 中国新闻出版研究院副院长魏玉山与中国版本图书馆馆长左晓光等赴南非参加ISBN国际年会。

15—18日 中国新闻出版研究院人事处组织新录用人员进行岗前培训。培训由院领导和各主要业务部门的负责人授课,重点介绍了研究院的历史业绩、发展规划,以及各项业务工作基本流程、基本方法和基本要求。共有26名新录用人员参加。

21—30日 中国新闻出版研究院副院长范军与国际出版研究室主任姜晓娟赴台湾参加第六届两岸杰出青年出版专业人才研讨会。

23日 中国新闻出版研究院副院长魏玉山带领部分科研骨干和管理骨干到中央教育科学研究所进行交流学习。

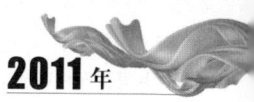

26日 由中国新闻出版研究院国民阅读研究与促进中心和中国教育学会小学教育专业委员会联合主办,学友园教育传媒集团发起并协办的2011"全国小学生阅读状况在线调查"成果新闻发布会在北京朝阳公园小人国儿童职业生活体验城召开。全国人大常委、民进中央副主席、新教育实验发起人朱永新,中国新闻出版研究院副院长魏玉山,中国新闻出版研究院国民阅读研究与促进中心主任徐升国等出席。

27日 《出版词典》第三次编撰工作会议在北京广西大厦召开。副院长魏玉山、编辑部有关同志以及各分支聘请的审稿专家参加。会议基本确定了《出版词典》各分支的词目。

本月 中国新闻出版研究院工会组织100名职工参加丰台区太平桥地区组织的人大代表换届选举工作,并组织职工进行了民主选举投票。

本月 数字版权保护技术研发工程进入需求分析阶段。本阶段应根据需求调研结果并分析需求功能的界定、业务流程、数据流程、与其他系统集成方式等内容,形成《需求规格说明书》。

本月 受新闻出版总署委托,中国新闻出版研究院动漫游戏产业研究中心承担了由文化部、广电总局、新闻出版总署共同组织的"2011国家动漫精品工程"和"文化艺术政府奖首届动漫奖"课题的申报和评选工作。

10月

5日 韩国首尔举办了第25届读书日纪念仪式,同时表彰了在出版产业发展和出版文化交流中做出贡献的有关人员。中国新闻出版研究院《出版发行研究》杂志常务副社长沈菊芳被授予韩国"文化体育观光部长奖"。这是中国人首次获此荣誉。

11日 由中国新闻出版研究院传媒研究中心举办的"2011年中国传媒创新报告课题"第二次专家讨论会在北京召开。会议主要听取有关专家对《2011年中国传媒创新报告》课题报告的撰写意见。中国期刊协会原会长张伯海、央视调查资深顾问姚林、中国人民大学新闻传播学院教授匡文波、中国广告协会报刊委员会主任梁勤俭、全国手机媒体新闻传播专业委员会秘书长吴红晓等参加。

13—27日 中国新闻出版研究院副院长魏玉山参加中宣部组织的出版界"四个一批"人才在四川、江西的"走转改"社会实践活动。

16日 由中国新闻出版研究院人才研究中心承担的2011年全国出版专业职业资格考试在全国各地同时举行。本年度报考人数为18 445人。全国出版专业职业资格准入考试相关工作得到新闻出版总署领导和行业的认可。

18日 中国新闻出版研究院团委被新闻出版总署机关团委授予2011年"新闻出版总署五四红旗团委(支部)";中国

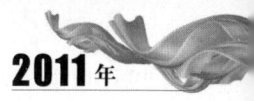

新闻出版研究院团委书记香江波被新闻出版总署机关团委授予"2009—2011年度新闻出版总署优秀共青团干部"称号；张明波被新闻出版总署机关团委授予"2009—2011年度新闻出版总署优秀共青团干部"称号；许婧被新闻出版总署机关团委授予"2009—2011年度新闻出版总署优秀共青团员"称号。

24日　新闻出版总署发出《关于刘拥军等6人职务任免的通知》，新出人［2011］62号，任命刘拥军、张立为中国新闻出版研究院副院长。

26日　中国新闻出版研究院在京郊门头沟开展了离退休干部党支部学习活动。

11月

4—5日　中国新闻出版研究院工会组织职工参加新闻出版总署组织的第五届乒乓球比赛。研究院最终获得女子团体冠军。在女子单打比赛中，研究院包揽了前三名，其中魏羽雁获得第一名、史秀峰获得第二名、闫京萌获得第三名。男子处级组比赛中，王中华获得第二名、杨驰原获得第三名。

14日　受新闻出版总署人事司委托，中国新闻出版研究院与江苏省新闻出版局、凤凰出版传媒集团等单位，在江苏省扬州市举办了第六期新媒体技术人才培训班暨网络编辑国家职业资格鉴定培训班。新闻出版总署人事司副司长李宏葵、教育培训处处长徐胜帝，江苏省新闻出版局副局长沈建国，凤凰出版传媒集团股

份公司副总经理佘江涛等出席了本次培训班的开班仪式并讲话。

18日 中国新闻出版研究院在北京举办出版传媒集团资本运营研讨会。新闻出版总署产业发展司司长范卫平、中国新闻出版研究院院长郝振省等出席会议。

同日 由中国新闻出版研究院传媒研究中心举办的高校学报主编座谈会在北京召开。会议主要听取有关专家对非时政类报刊转企改制的意见与建议。中国高校科技期刊研究会理事长颜帅、全国高等学校文科学报研究会理事长武京闽、北京科技大学期刊中心主任佟建国等参加。

22日 由中国新闻出版研究院统计处承办的全国新闻出版统计工作会议在北京举行。新闻出版总署党组副书记、副署长蒋建国发表讲话。新闻出版总署产业发展司司长范卫平主持会议并讲话。副司长袁亚平主要对2011年统计工作情况进行了通报。郝振省院长就下一年的统计工作作了具体部署。

23日 新闻出版总署党组成员、副署长李东东，总署人事司司长余昌祥、总署机关党委常务副书记孙文科等到中国新闻出版研究院，宣布了新闻出版总署党组关于任命刘拥军、张立为中国新闻出版研究院副院长的决定。会议由院长郝振省主持，副院长魏玉山、范军等出席。

24日 中国新闻出版研究院院长郝振省带领中层以上干部赴中国艺术研究院参观学习。

同日 新闻出版总署第十七届六中全会宣讲团到中国新闻出版研究院进行巡讲。

25日 中国新闻出版研究院召开院办期刊体制改革工作会议,部署院属四个期刊体制改革实施工作。院领导和期刊社干部、职工30余人参加。会议由副院长刘拥军主持,院长郝振省出席会议并讲话。

同日 由中国出版协会和中国新闻出版研究院主办,中国联通公司协办的2011全国新闻出版业网站年会在北京召开。新闻出版总署副署长孙寿山委托科技与数字出版司司长张毅君宣读了他的书面讲话。

本月 世界知识产权组织(WIPO)出版了《各国版权相关产业经济贡献评估研究(National Studies on Assessing the Economic Contribution of the Copyright-Based Industries)》(第五集)(以下简称《研究》)。这本《研究》中的第一份报告即为中国新闻出版研究院于2007年首次开展的"中国版权相关产业的经济贡献调研"项目的研究成果。《研究》为WIPO系列出版物,主要介绍世界各国的版权相关产业经济贡献研究成果,深受国际社会关注。

本月 中国新闻出版研究院出版经济研究室完成了北京中文在线数字出版股份有限公司委托的上市募集资金投资项目可行性论证和报告编制。

12月

9日 国家社科基金项目《出版学学科体系（与教材建设）研究》各科教材编写提纲审定会在北京召开。中国新闻出版研究院副院长魏玉山、苏州大学出版社原总编辑吴培华等出席了审定会。

12日 中国新闻出版研究院武汉大学博士后培养基地博士后开题报告评议会在研究院举行。中国新闻出版研究院院长郝振省，中国新闻出版研究院副院长魏玉山、刘拥军出席了会议。

13日 中国新闻出版研究院与上海理工大学召开了"研究生工作座谈会"。上海理工大学人事处处长吴裔南，研究生部主任孙跃东，出版印刷与艺术设计学院党总支书记汪维，副院长刘真、蔡锦达、姜君臣，传播学硕士点负责人张敏教授，中国新闻出版研究院院长郝振省，副院长魏玉山、刘拥军、张立，出版经济研究室主任张晓斌，人事处处长时亮远，后勤服务中心主任石兴权，信息服务中心主任董淑华等出席。

15日 新闻出版总署发出《关于新闻出版总署信息中心传媒发展研究所变更名称并划转中国新闻出版研究院的通知》，新出人[2011]81号，新闻出版总署信息中心传媒发展研究所更名为中国新闻出版研究院传媒研究所，机构和职能划转至中国新闻出版研究院。

16日 由中国新闻出版研究院传媒研究中心举办的"非时政类报刊转制过程中的突出问题研究"课题专家研讨会在北京召开。

23日 以新闻出版总署署长柳斌杰、副署长阎晓宏为首席专家,由中国新闻出版研究院具体组织实施完成的国家社科基金特别委托项目"贯彻落实科学发展观与实施版权战略研究"课题获准正式结项。

26日 由中国期刊协会、中国新闻文化促进会和中国新闻出版研究院主办,《出版发行研究》杂志承办的"第六届中国期刊创新年会"在北京召开。新闻出版总署副署长邬书林,中国期刊协会会长石峰、中国新闻文化促进会会长李东东、中宣部出版局副局长刘建生、中国新闻出版研究院院长郝振省出席开幕式并讲话,开幕式由副院长魏玉山主持。

本月 由中国书籍出版社出版的《天球星秘密基地历险记》《决胜教育之巅——送孩子上世界一流名校》,经中国书刊业发行协会评选委员会评审,被评为"2011年度全行业优秀畅销品种"。

本月 由中国书籍出版社与西安曲江出版传媒股份有限公司联合申报的"世界华文教育数字出版项目"入选新闻出版总署"新闻出版改革发展项目库",并获得财政部文化产业发展专项资金资助。

本年 中央国家机关"强素质·作表率"读书活动主题讲坛共举办12期讲座:朱良志主讲《中国艺术中的智慧——由八大山人谈起》,李培林主讲《社会建设与民生问题》,胡鞍钢主讲《"十二五"规划:编制与解读》,温铁军主讲《中国的三农问题与三治问题》,郝时远主讲《民族问题:世界与中国》,张启华主讲《在探索中前进的中国共产党》，葛兆光主讲《禅宗与中国文化》，金冲及主讲《从辛亥革命到中国共产党的建立》，卞祖善主讲《贝多芬交响乐综述与赏析》，张亚勤主讲《21世纪的信息科技》，丁伟志主讲《中国文化近代转型的启思》，杨义主讲《先秦诸子研究与现代文化建设》。

2012 年

1 月

7 日 由中国新闻文化促进会和中国新闻出版研究院联合举办的首届华文出版物艺术设计大赛颁奖典礼暨"创意 创新 绿色"艺术设计大讲堂活动在北京举行。中国新闻文化促进会会长李东东、新闻出版总署印刷发行管理司司长王岩镔，中国新闻出版研究院院长郝振省，新闻出版总署新闻报刊司副司长丁以绣，中国版协装帧艺术委员会主任胡守文等领导、设计装帧界专家及来自全国各新闻出版单位的代表出席。

8 日 由传媒杂志社联合中国新闻文化促进会、中国广播电视协会、北京大学新闻与传播学院、清华大学新闻与传播学院、中国人民大学新闻学院、暨南大学新闻与传播学院、中国传媒大学媒体管理学院主办，浙江传媒学院、浙江日报报业集团承办的第七届中国传媒年会在杭州开幕。新闻出版总署原副署长、中国新闻文化促进会会长李东东在开幕式上致辞。中国记协书记处书记祝寿臣、新闻出版总署新闻报刊司巡视员张泽青、浙江省委宣

传部常务副部长胡坚、浙江省新闻出版局巡视员王汐出席开幕式并讲话。开幕式上，中国新闻出版研究院宣布在浙江传媒学院设立杭州科研基地并举行了签字、揭牌仪式。

10日　中国新闻出版研究院举行了2011年度优秀新闻出版科研成果（论文）奖评审会。评出的获奖项目共19项。

11日　中国新闻出版研究院新春联欢会在北京举行。郝振省院长，魏玉山、范军、张立副院长以及全院干部职工200余人欢聚一堂，共庆2012年新春的到来。整场16个节目全部由研究院各部门的干部职工自创、自编、自演。

16日　中国新闻出版研究院"2011年度工作总结表彰大会"举行。研究院领导班子全体成员、全院职工和离退休人员代表200余人参加了大会。会议由副院长魏玉山主持。郝振省院长在会上作了《抓住新机遇　应对新挑战　努力推进中国新闻出版研究院新闻出版科研事业大发展》的工作报告。

31日　根据《新闻出版总署关于表彰2011年度机关先进工作部门和年度考核优秀个人的决定》（新出人[2012]7号）中国新闻出版研究院郝振省院长在2011年度考核中确定为优秀等次，予以嘉奖。

本月　出版发行研究杂志社正式并入中国书籍出版社，进行了相关工商登记工作，完成了转企改制的目标。

本月　全国新闻出版行业第三批领军人才评选揭晓。中国新闻出版研究院传媒研究所所长李晓晔入选。本届全国共有258人入选。

本月　中国书籍出版社在首届华文出版物艺术设计大赛中被大赛组委会特颁发优秀组织奖证书。

本月　由中国书籍出版社出版的《中国出版学研究综录》在首届华文出版物艺术设计大赛中荣获优秀奖。

2月

2日　中国新闻出版研究院召开全体党员会议，对认真做好党的十八大代表候选人预备人选推荐工作和出席中央国家机关党代表会议代表推荐工作进行部署。中国新闻出版研究院党委副书记、院长郝振省，党委书记、副院长魏玉山作动员部署并讲话。

5日　中国新闻出版研究院产业发展咨询中心邀请部分在北京的数字出版龙头企业负责人，以沙龙的形式，对我国数字出版领域实际情况进行了交流，对数字出版产业发展趋势进行了预测，并对2012年数字出版发展引导和有关主管部门提出了建议。

9日　中国新闻出版研究院2012年度"出版理论前沿"系列讲座的第一讲（总第32讲）在研究院举行。本次讲座特邀北京大学新闻与传播学院博士生导师、研究院学术委员会委员肖东发教授，作了题为"论文写作与学术规范"的讲座。讲座由魏玉山

副院长主持。

同日 根据新闻出版总署机关党委《关于公布"我看农家书屋"主题活动获奖名单的通知》（新机党字[2012]11号），中国新闻出版研究院宋微撰写的《勤读、明理、知书——改变，从村里建起益民书屋开始》获征文类二等奖；刘志永撰写的《农家书屋：为农民的幸福带来希望》获征文类三等奖；许婧撰写的《农家书屋 诗意的栖居》获征文类鼓励奖。中国新闻出版研究院尚烨拍摄的《琉璃庙镇益民书屋实践活动》《琉璃庙镇益民书屋赠书仪式》两幅作品，与许婧拍摄的《书屋带来新科技》均获得摄影类作品优秀奖。

11—19日 中国新闻出版研究院院长郝振省带领"《国际标准文档关联编码（ISDL）》出访团"赴伦敦组织召开了ISDL第二次面对面国际工作组工作会议，并为配合ISDL研制工作拜访了国际唱片业协会。出访团团员包括人民教育电子音像出版社主任蔡逊、深圳天朗科技时代有限公司副总经理吕迎丰，中国新闻出版研究院标准化研究室主任刘颖丽、主任助理周芷旭等。

29日 中共新闻出版总署直属机关委员会发出《关于荣庆祥同志任职的通知》，新机党字[2012]17号，荣庆祥任中共中国新闻出版研究院党委副书记、纪委书记。

3月

7日 新闻出版总署党组成员、副署长孙寿山，总署机关党

委常务副书记孙文科，总署人事司副司长李宏葵等到中国新闻出版研究院，宣布了新闻出版总署党组关于任命荣庆祥同志为中国新闻出版研究院党委副书记、纪委书记的决定。会议由院长郝振省主持，副院长魏玉山、范军、刘拥军、张立出席会议。

同日　中国新闻出版研究院在北京组织召开《出版词典》释文撰写启动会。魏玉山副院长到会并讲话。

15—16日　由中国新闻出版研究院主办的全国新闻出版单位数字出版部门主任工作交流会议在北京召开，来自全国近200家新闻出版机构的数字出版负责人及数字技术商、销售渠道商、阅读终端厂商代表参加。

27日　中国新闻出版研究院举办"出版理论前沿讲座"，特邀请全国政协委员、韬奋基金会理事长、中国新闻出版研究院学术委员聂震宁作了"出版理论研究的成绩与问题"专题讲座。讲座由刘拥军副院长主持。

27日　中国新闻出版研究院聘请国际标准化专家Mr Paul Jessop为外籍特约研究员授牌仪式在海南三亚举行。研究院副院长魏玉山向Paul颁发了聘书。

31日　新闻出版总署发出《关于中国新闻出版研究院内设机构和主要职责的批复》（新出人［2012］24号），同意中国新闻出版研究院设立17个内设机构，其中科研机构9个，分别为出版研究所、传媒研究所、印刷研究所、市场（发行）研究所、数

字出版研究所、标准化研究所、政策法规研究所、调查统计中心、工程研发中心；科研保障机构3个，分别为人才研究中心（研究生培养办公室）、网络管理中心、后勤服务中心；内部管理机构5个，分别为科研管理部、办公室、财务部、人事部（离退休干部工作办公室）、党委办公室（党群工作部）。并对内设机构的主要职责，特别是科研机构的职责做了详细的界定。

4月

7日　第九届中国民营书业高峰论坛在辽宁沈阳举行。本届论坛由中国新闻出版研究院与辽宁省新闻出版局主办，辽宁翰文教育集团承办。新闻出版总署办公厅主任范卫平、辽宁省新闻出版局局长马述君等出席并讲话。

14日　中国新闻出版研究院工会组织职工参加新闻出版总署在圆明园举办的广播操比赛活动，获得了优秀奖。

15日　中国新闻出版研究院组织本院专家召开关于组建大型发行集团工作座谈会，讨论并部署了关于组建发行集团调研报告的起草工作。

16日　中国新闻出版研究院召开廉政风险防控机制工作专题会议。会议本着立足眼前，着眼长远的原则，统筹对研究院廉政风险防控机制工作进行了安排，明确了任务，区分了责任，规定了完成时限。研究院廉政风险防控机制工作领导小组成员郝振省院长、荣庆祥副书记参加。

18日 第41届伦敦书展在伦敦伯爵宫展览中心落下帷幕。中国印刷博物馆积极参加了中国主题馆中国古代出版印刷展展品的收集、确认、展览和讲解等工作，并认真完成了在主题馆的古代木雕版刷印操作表演，为弘扬中华文明、宣传建国60多年以来，特别是改革开放以来中国新闻出版业所取得的巨大成就作出了贡献，得到了新闻出版总署领导和国内外广大参展者的一致好评。

同日 新闻出版总署出版管理司作出批复，同意中国书籍出版社开展政治、语文、英语三科中小学教辅材料出版业务。

本月 中国新闻出版研究院出版经济研究室承担并完成了读者出版传媒股份有限公司委托的上市募集资金投资项目可行性论证和报告编制。

5月

2—4日 数字版权保护技术研发工程总体需求成果通过了新闻出版总署的专家评审，这标志需求分析阶段工作基本结束。

7日 中央建设学习型党组织工作协调小组办公室编印的《建设学习型党组织工作简报》2012年第24期（总第184期），刊载了题为《中央国家机关围绕"强素质·作表率"推动机关干部深入开展读书活动》的文章。文章指出：中央国家机关紧紧围绕党和国家工作大局，突出服务科学发展和促进干部健康成长，广泛开展"强素质·作表率"读书活动，以推荐书目、举办讲坛、交流研讨等多种方式，推动机关干部爱读书、读好书、善读书，成为中央国家机关常态化、长效化的读书学习品牌。

9日　中国新闻出版研究院国际出版研究室内部项目推进答辩会在研究院召开。郝振省院长对这一工作创新给予了高度重视并作了批示，范军副院长对参与答辩的科研人员提出了要求。

15日　由中国新闻出版研究院与上海理工大学联合培养的2009级硕士研究生举行毕业答辩会。

18—21日　第八届中国（深圳）文博会数字出版展示交易会在文博会期间成功举办。

22日　中国邮政集团公司在其总部召开了委托课题"邮政企业数字出版业务发展策略与实施方案研究"结题评审会。中国新闻出版研究院副院长魏玉山带领课题组全体成员参加会议。

同日　中国新闻出版研究院副院长范军率领中国版权产业调研项目代表团对世界版权组织、芬欧汇川公司、瑞典隆德大学开始进行为期12天的学术交流。团员有中国新闻出版研究院版权研究中心主任赵冰、出版经济研究室主任张晓斌、国际出版研究室主任姜晓娟和中国出版网主编卫朝峰。

23日　中国新闻出版研究院就承担的新闻出版总署2012年重点课题项目"农家书屋工程建设评估"召开项目研讨会。郝振省院长，副院长魏玉山、刘拥军，传媒研究中心主任李晓晔、北京市新闻出版局发行处副处长王志等参加。

24—26日 由中国新闻出版研究院主办的新华书店教辅发行工作交流会在江西南昌举办,共有各地新华书店代表近百人参加。会议研讨了《关于加强中小学教辅材料使用管理工作的通知》对教辅生产企业、分销企业和零售企业今后工作的影响和意义。

本月 由中国新闻出版研究院作为项目主承担单位,中国科学院自动化研究所、中国软件评测中心、北京信息科技大学作为合作单位申请的2012年度"科研院所技术开发研究专项资金"项目——"数字出版标准符合性测试关键技术研究及应用"被科技部正式批准立项。

本月 全国哲学社会科学规划办公室发布公告,以中国新闻出版研究院为责任单位、由郝振省院长为负责人的 "中国版权相关产业发展的成就、问题与对策研究"课题经专家评审,正式被列为2012年度国家社会科学基金重点项目。该项目预计2014年12月底完成。

本月 根据《中共中央办公厅、国务院办公厅关于印发〈评比达标表彰活动管理办法(试行)〉的通知》要求,中央国家机关精神文明建设协调领导小组办公室于2011年下半年,组织对2009年度评选的290个文明单位、33个文明单位标兵进行了复查。中国新闻出版研究院通过复查,获得文明单位荣誉称号。

本月 受福建省新闻出版局委托,中国新闻出版研究院动漫游戏产业研究中心对福建省数字出版产业发展现状进行了全面梳理和评估,并依据国家战略及福建省的地域特点,为其制定了较

为科学合理的发展规划。

本月 中国新闻出版研究院成立了以信息中心为主的正版软件清查小组,制定了软件资产管理暂行办法,对全院的办公软件和硬件设备进行了资产登记,普查全院职工软件使用情况,卸载了非正版的办公软件,使全院经过整改,基本实现了办公软件正版化。

本月 中国新闻出版研究院出版经济研究室承担并完成了中国科技出版传媒股份有限公司委托的上市募集资金投资项目可行性论证和报告编制。

6月

1日 在第22届全国图书交易博览会上,受书博会组委会邀请,中国印刷博物馆联合北京北大方正电子有限公司推出了突出古代西夏印刷的"中华印刷之光"展览。

5日 由中国新闻出版研究院承担的数字版权保护技术研发工程召开了"工程阶段性进度安排调整方案"讨论会议。新闻出版重大科技工程项目领导小组办公室(以下部分简称)"重大办"、总体组、各分包负责人参加了讨论会议。会议就各阶段进度与经费拨付结点做了相关的调整。

8日 中国新闻出版研究院召开第五届党委、纪委换届党员大会,选举产生了研究院第五届党委、纪委委员。新闻出版总署

党组成员、副署长、直属机关党委书记孙寿山出席大会并作重要讲话。新闻出版总署人事司司长余昌祥，新闻出版总署直属机关党委常务副书记孙文科参加了此次大会。郝振省院长分别代表研究院第四届党委和纪委作了工作报告，大会还分别审议通过了党委工作报告和纪委工作报告。通过无记名投票、差额选举的方式，大会选举产生了中共中国新闻出版研究院第五届党委和纪委。郝振省、魏玉山、荣庆祥、范军、刘拥军、张立、李晓晔当选为中共中国新闻出版研究院第五届党委会委员，荣庆祥、穆桂强、李晓晔、时亮远、石兴权当选为中共中国新闻出版研究院第五届纪律检查委员会委员。

同日　方正阿帕比赠送中国新闻出版研究院"跨媒体交互式触摸屏系统"揭幕仪式在研究院举行。新闻出版总署党组成员、副署长孙寿山，新闻出版总署人事司司长余昌祥，新闻出版总署直属机关党委常务副书记孙文科，院长郝振省，方正阿帕比公司总经理赫思佳等出席。揭幕仪式由副院长魏玉山主持。

15日　中国新闻出版研究院研究生办公室组织了2010级研究生的中期检查评审会。

21日　新闻出版总署机关党委在中国新闻出版研究院举办2012年度入党积极分子培训班，共计113人参加培训。总署直属机关党委常务副书记孙文科作开班动员，并为学员们作了题为《认真学习党章　自觉增强党性　争做新时期合格党员》的专题讲座。

22日　在世界知识产权组织保护音像表演外交会议暨第四届中国版权博览会期间，中国国家版权局与中国新闻出版研究院联合发布了"2007—2009年中国版权相关产业经济贡献调研"成果。

28日　全国新闻出版标准化技术委员会成立大会在北京召开。新闻出版总署副署长、全国新闻出版标准化技术委员会主任邬书林出席会议并讲话。中国新闻出版研究院院长郝振省代表全国新闻出版标准化技术委员会秘书处承担单位作了发言。国家标准化管理委员会巡视员、服务业标准部主任廖晓谦，新闻出版总署科技与数字出版司司长张毅君，国家标准化管理委员会服务业标准部副主任段炼等出席大会。

本月　北京永拓会计师事务所对中国新闻出版研究院承担的数字版权保护技术研发工程800万启动经费及2011年总体组管理经费进行审计，根据审计结果出具了《管理建议书（征求意见稿）》。

本月　为检查研究生学位论文进展情况，掌握论文撰写过程中存在的问题、缺陷和不足，保障学位论文质量，中国新闻出版研究院研究生工作办公室组织了研究院与上海理工大学联合培养的2010级研究生中期检查。检查采用答辩方式进行。

本月　中国书籍出版社王平在新闻出版总署创先争优活动中表现突出，被总署直属机关党委评为敬业模范。

7月

3日 由韬奋基金会联合中国新闻出版研究院、《中国新闻出版报》共同举办的"首届韬奋出版人才高端论坛"启动仪式在北京举行。新闻出版总署党组成员、副署长孙寿山,全国政协委员、韬奋基金会理事长聂震宁,中国新闻出版研究院副院长魏玉山,三联书店总经理樊希安出席启动仪式并讲话。启动仪式由中国新闻出版报社社长姜军主持。

6日 中国新闻出版研究院科研一支部赴河北省红色圣地西柏坡,进行以"爱党、爱祖国、爱人民"为主题的纪念建党91周年的教育活动,副院长刘拥军参加了活动。在七届二中全会会址前,面对鲜红的党旗,科研一支部的同志们再次举起右手,宣读"为共产主义事业奋斗终身"的誓言。

13日 新闻出版总署发出《关于明确魏玉山、荣庆祥行政级别的通知》,同意魏玉山任中国新闻出版研究院党委书记,荣庆祥任中国新闻出版研究院党委副书记、纪委书记,两人行政级别为正局级。

同日 "全民阅读办公室"、新闻出版总署出版管理司召开中央国家机关"强素质·作表率"主题读书活动优秀图书推荐工作会议。出席会议的有新闻出版总署出版管理司司长吴尚之,机关党委常务副书记孙文科、副书记安立春;中央国家机关工委宣传部巡视员郭存亮、中国新闻出版研究院院长郝振省等。会议邀请了全国50家重点出版社的社长、总编辑出席会议。会议要求

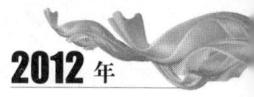

各出版社要积极支持读书活动,推荐优秀图书,以推动读书活动的深入开展,并强调把此项工作纳入出版社的考核内容。会议由吴尚之主持。读书活动办公室负责人出席。

同日 《2011—2012中国出版业发展报告》(中国出版蓝皮书)新闻发布会在中国新闻出版研究院召开。

同日 中国新闻出版研究院科研二支部、行政支部、后勤支部的同志们来到隆化县董存瑞烈士陵园缅怀先烈。在烈士铜像前,全体党员面对党旗举起右手,重温了入党誓词。随后,全体成员一同参观了董存瑞烈士纪念馆。副院长范军、党办主任穆桂强参加了此次活动。

17日 根据新机党字[2012]51号,新闻出版总署直属机关党委批准,同意魏玉山、郝振省、荣庆祥、范军、刘拥军、张立、李晓晔任新一届中国新闻出版研究院党委委员,魏玉山任党委书记,郝振省、荣庆祥任副书记。同意荣庆祥、穆桂强、李晓晔、石兴权、时亮远任新一届纪委委员,荣庆祥任纪委书记,穆桂强任副书记。

19—20日 2012中国数字出版年会在北京国际会议中心举行。新闻出版总署党组成员、副署长孙寿山,中宣部出版局副局长刘建生,总署科技与数字出版司司长张毅君,中国新闻出版研究院院长郝振省,总署信息中心主任薛松岩,中国新闻出版研究院副院长魏玉山、范军、张立等出席开幕式。

19—23日 中国书籍出版社在北京召开"世界华文教育数字出版项目"阶段成果汇报及工作研讨会,向有关部门领导和专家学者汇报项目阶段成果,听取专家和领导的评估意见和指示,同时认真总结前段工作经验,对下一步项目实施工作进行了专门研讨。

30日 由中国新闻出版研究院和韩国出版学会共同主办的第14届中韩出版学术研讨会在韩国首尔市政大厅召开。韩国出版学会会长南奭纯,历任会长闵丙德、李正春、李钟国,韩国国会议员金才允及100多位韩国出版研究者、出版从业者出席了会议。中国代表团团长为中国新闻出版研究院院长郝振省,成员有副院长刘拥军、出版发行研究杂志社常务副社长沈菊芳、中国书籍出版社社长兼总编辑王平、人民教育出版社副总编王岳、教育科学出版社副社长张晶义、建筑工业出版社副总编张惠珍等12名成员出席会议。

本月 《国际出版业发展报告(2010版)》(国际出版蓝皮书)由中国书籍出版社出版发行。

本月 信息中心进行中央级事业单位2013—2015年修缮购置申报工作,主要对研究院科研条件基础设施进行改造。其中包括新闻出版改革发展项目库、中国新闻出版研究院调查统计系统、全民阅读数字阅读推广平台、中国新闻出版研究院机房网络改造、新闻出版标准符合性测试实验室建设、绿色印刷——柔性版纸版设备购置、动漫数据库二期、全媒体信息资源技术平台二期9个项目。

8月

14日 经过近一年的筹备，旨在为全国数字出版管理部门服务、为全国数字出版行业服务，由中国新闻出版研究院主办的中国数字出版信息网正式上线开通。中国数字出版信息网目前分为资讯、成果、需求、独家四大板块，内容涵盖全国数字出版行业信息。网站将为各大数字出版集团、出版社、出版企业等机构提供信息服务；为数字出版工作者提供信息检索服务、科研成果发表，为全社会提供了解数字出版的平台；促进数字出版行业的繁荣与发展。

22日 由中国新闻出版研究院承担的国家社科基金重点项目"中国版权相关产业发展的成就、问题与对策研究"课题启动会暨第一次专家研讨会在京召开。国家版权局版权管理司司长于慈珂，国家版权局法规司副巡视员高思，国家版权局法规司法制处副处长杨颖，项目负责人中国新闻出版研究院院长郝振省，项目组成员副院长魏玉山，副院长范军，以及项目组成员中国新闻出版研究院政策法规研究所所长赵冰、副所长张凤杰等与会。会议由魏玉山副院长主持，主要就课题研究内容与框架进行了讨论。

24—26日 中国新闻出版研究院《传媒》杂志支部9名党员、入党积极分子及群众赴江西开展了"八一精神永放光芒"主题教育活动，参观学习了八一南昌起义纪念馆、庐山会议旧址和庐山抗战博物馆。

8月30日—9月27日 为了更加详尽地掌握概要设计阶段各分包技术研发进展情况，更好地为下一阶段的工作积累相关的资料，由重大办牵头，数字版权——工程总体组、工程管控、联合总集成和工程监理开展概要设计前的轮巡检查工作。历时一个月，共完成了22家参与单位的轮巡检查工作。

31日 "第11届输出版、引进版优秀图书"颁奖典礼在新闻出版总署举行。新闻出版总署副署长邬书林、科技与数字出版司司长张毅君、对外交流与合作司司长张福海，中国新闻出版研究院院长郝振省、副院长范军，中国版协驻会副理事长李宝中、国际合作出版工作委员会主任常振国等参加了颁奖典礼。颁奖典礼由郝振省院长主持。

本月 由中国书籍出版社出版的《60年中国人的阅读心灵史》荣获"第十届（2011年度）输出版、引进版优秀图书评选"活动中的"输出版优秀图书奖"，《雇佣军——战争生意与生死博弈》荣获"引进版社科类优秀图书奖"。

9月

1日 由中国书籍出版社、北京作家协会主办的"大地道德的中国书写——《故乡永在》出版座谈暨版权推介会"在北京国际图书博览会上召开。中国新闻出版研究院院长郝振省，北京作家协会秘书长、著名作家王升山，原《十月》副主编、著名散文家张守仁，《人民文学》副主编、著名作家邱华栋，《光明日报》作品版主编付小悦等出席研讨会，就《故乡永在》一书的艺术特

性和社会文化意义进行了探讨。会议由中国书籍出版社社长兼总编辑王平主持。

11日 根据新闻出版总署《关于同意中联城乡统筹发展研究中心并入中国新闻出版研究院的批复》(新出人[2012]54号),中联城乡统筹发展研究中心(原隶属于国资委系统)并入中国新闻出版研究院,实行统一管理。

12日 科技部2012年度国家科技支撑计划"基于协同服务及评价体系的数字出版服务平台与示范"项目启动会在北京召开。中国新闻出版研究院承担了该项目中课题三"文化内容多维度评价体系研究"任务。

13—16日 为切实提高新招录人员的综合素质,增进大家对新闻出版行业、研究院总体情况的了解,更快适应新的工作岗位,中国新闻出版研究院人事处组织新招录人员进行岗前培训。由研究院领导和主要业务部门负责人授课,重点介绍研究院的历史沿革与发展规划,科研、出版工作基本流程和基本方法。此次培训内容基本涵盖了研究院科研、出版工作的主要方面,以集中授课和经验交流为主,以观看录像、参观、自学等活动为辅。

18—23日 中国新闻出版研究院副院长魏玉山参加中宣部组织的"四个一批"人才赴英国考察学习交流活动。考察团到牛津大学出版社、剑桥大学出版社、培生集团、英国科教出版集团等进行考察交流,了解英国教育出版业发展情况。

21日 根据《关于同意成立中国新闻出版研究院海峡分院的批复》（新出人[2012]56号），中国新闻出版研究院海峡分院成立。海峡分院是中国新闻出版研究院的首家分院，由中国新闻出版研究院和福建省新闻出版局共同主办。

26日 由中国新闻出版研究院协办的2012首届中国国际新闻出版技术装备博览会在天津梅江会展中心开幕。中共中央政治局委员、天津市委书记张高丽宣布博览会开幕，天津市委副书记、市长黄兴国，新闻出版总署署长、国家版权局局长柳斌杰出席开幕式并致辞。

本月 受新闻出版总署委托，中国新闻出版研究院动漫游戏产业研究中心承担了第二届"原动力"中国原创动漫出版扶持项目的申报、评审及公示工作。

本月 由中国书籍出版社出版的《李东东词赋辑》在"创意、创新、绿色"艺术设计大讲堂暨首届华文出版物艺术设计大赛中荣获图书银奖。

10月

2日 新闻出版总署党组成员、中纪委驻总署纪检组组长宋明昌在中国新闻出版研究院在总署的挂职干部、平顺县副县长章泽锋的陪同下，来到总署定点扶贫县平顺山区走访慰问，并看望了全国著名劳模、一至十一届全国人大代表申纪兰。

16日 根据《关于将中国印刷博物馆列为总署直管单位的通知》（新出人[2012]62号），经新闻出版总署党组研究决定，中国印刷博物馆按正局级事业单位由总署直接管理，不再委托中国新闻出版研究院代行管理职责。郝振省不再兼任中国印刷博物馆馆长职务；张连章任中国印刷博物馆副馆长。

29日 为了扩大概要设计阶段外部评审专家规模，重大办牵头召开了数字版权保护技术研发工程情况介绍会。此次会议主要目的是为新加入的专家从四个方面做版权工程总体情况的介绍。主要内容为：（1）总体组介绍了工程的项目管理模式、进度情况及评审安排；（2）总集成介绍了工程整体技术架构及项目分包间关系；（3）工程标准包介绍了工程标准体系架构及制订情况；（4）重大办介绍了概要设计阶段评审参考要点等。

30—31日 全国新闻出版统计工作会议在江苏南京举行。新闻出版总署办公厅主任范卫平首先传达了柳斌杰、蒋建国关于新闻出版统计工作的指示。会议由中国新闻出版研究院院长郝振省主持。副院长魏玉山总结了2011年新闻出版统计年报工作，并对2012年新闻出版统计快报与年报提出了具体要求。

本月 中国出版网视频演播室正式启用。作家汪鑫、超侠携新作做为第一期节目嘉宾，共话创作历程，分享创作感悟。这是中国出版网多媒体、多角度、多手段报道行业热点动态的新尝试。

11 月

2日 由中国新闻出版研究院承担的"新闻出版行业道德伦理与社会责任问题研究"课题大纲修订研讨会在研究院召开。中纪委监察部驻总署纪检组副组长、监察局局长陈毓江,办公室主任李军,正处级纪检监察员孙卫卫出席了本次会议。中国新闻出版研究院院长郝振省,院党委书记、副院长魏玉山也出席了研讨会。

2—3日 中国新闻出版研究院团委组织全院青年在京郊对研究院"三化精神"进行了学习,并就研究院及团委青年工作进行了专题讨论,同时开展了一次生动的拓展式体验培训。中国新闻出版研究院党委书记、副院长魏玉山出席活动并讲话。

5日 由韬奋基金会联合中国新闻出版研究院、《中国新闻出版报》共同举办的"首届韬奋出版人才高端论坛"在北京举行。新闻出版总署副署长孙寿山出席论坛并作主旨讲话。主论坛由韬奋基金会理事长聂震宁主持,中国新闻出版研究院院长郝振省介绍了首届韬奋出版人才高端论坛征文活动情况。

6日 由中国书籍出版社出版的《如何把报纸做强做大》一书出版座谈会在新闻出版总署举行。座谈会召开前,新闻出版总署党组书记、副署长蒋建国会见了该书作者、今晚报社社长、今晚传媒集团董事长贾长华,指出报刊在改革过程中既要把握正确导向,又要坚持走向市场。

7日 全国新闻出版标准化技术委员会在北京召开了《数字

阅读终端内容呈现格式》行业标准审查会。会上，专家们听取了标准起草小组对该标准（送审稿）编制和意见汇总情况介绍，并对标准（送审稿）文本进行了逐条审查。

同日　全国新闻出版标准化技术委员会在北京召开了《基于加解密技术的数字版权保护平台基本要求》行业标准审查会。

8日　中国共产党第十八次全国代表大会在北京开幕。按照新闻出版总署领导和院领导要求，中国新闻出版研究院全院党员干部职工，观看了党的第十八次全国代表大会开幕的视频，认真聆听了胡锦涛所作的《坚定不移沿着中国特色社会主义道路前进　为全面建成小康社会而奋斗》的十八大报告。

观看报告结束后，院党政领导班子召开了座谈会，进行了部署和安排，要求各个党支部组织党员、职工认真学习贯彻十八大会议精神。

10日　中国新闻出版研究院印刷研究所（筹）召开了"国外绿色印刷发展现状及趋势研究"课题论证会。会议由郝振省院长主持，新闻出版总署印刷发行管理司副司长曹宏遂、中国印刷协会常务副理事长张双儒、中国印刷研究所原所长沈海祥、北京印刷技术协会秘书长张庆连以及印刷行业知名专家徐世垣、李家祥、刘成芳等出席。参加会议的还有中国新闻出版研究院副院长魏玉山、刘拥军，印刷研究所筹备组负责人张羽玲等。

14日　2013年上半年中央国家机关读书活动中国新闻出版研究院院内专家荐书会首次召开。随着读书活动的深入开展，得到了全国重点出版社的积极支持,荐书量不断增加,读书活动办公室决定在院内设立初评专家荐书环节,为荐书工作把好首道关口。出席本次荐书会的有郝振省、李晓晔、王平、徐升国、丘浈、武斌等。与会人员对出版单位推荐的涉及政治、经济、历史、文化、科技五大类,总计146种图书进行评审推荐,共推荐了31种图书作为终评专家荐书会候选书目。

15日 中国书籍出版社召开了全体编辑参加的加强审稿工作座谈会,以进一步强化编辑审稿责任意识,切实提高图书编校质量。会议由社长兼总编辑王平主持。座谈会上,各位编辑纷纷就审稿工作的意义、价值和重点、难点畅谈认识,提出意见,并就如何提高本社图书的审稿质量谈了自己的看法并提出了相关建议。

21日 中国新闻出版研究院召开离退休干部学习十八大精神座谈会,会上,大家一起谈认识、说体会,表达着对十八大报告所指明的扎实推进社会主义文化强国建设、全面建成小康社会的坚定信心。院长郝振省,党委书记、副院长魏玉山,党委副书记、纪委书记荣庆祥,副院长范军、张立,人事处处长时亮远,党办副主任黄立平,后勤服务中心主任石兴权等中层干部和业务骨干出席座谈会。座谈会由党群处主任穆桂强主持。会后,离退休老干部集体参观了中国人民抗日战争纪念馆和打响全面抗战第一枪的卢沟桥革命遗址。许婧、郭梦楠、王本元、赵楠希等院里的青年同志为各位老干部献上了丰富多彩的文艺汇报演出。

23日、26日 中国新闻出版研究院分别召开了领导班子和中层干部学习宣传贯彻党的十八大精神座谈会。院长郝振省,院

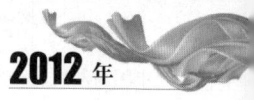

党委书记、副院长魏玉山，党委副书记、纪委书记荣庆祥，副院长范军，以及院中层干部和部分业务骨干出席座谈会。

同日 科技部2013年度国家科技支撑计划"基层公共文化服务数字化技术应用与示范"项目专家论证会在北京举行。项目整合了新闻出版总署、教育部、文化部和新疆生产建设兵团推荐的五个课题，内容涉及农家书屋、机器人表演、军垦文化、农耕文明、体感交互等五大领域。中国新闻出版研究院承担的项目是"数字农家书屋内容推送系统研发及示范"。该项目由科技部负责管理、新闻出版总署组织实施、中国新闻出版研究院负责牵头，中国农业大学、北京交通大学、石河子大学作为项目协作单位，另有20余家技术企业参与。中国新闻出版研究院副院长魏玉山作为项目负责人和课题负责人向专家作了汇报。

本月 中国新闻出版研究院成立数字版权保护技术研发工程追踪新技术、新模式工作小组，并于11月9日邀请各界专家召开第一次新技术、新模式研讨咨询会。

12月

5日 中联城乡统筹发展研究中心并入中国新闻出版研究院新闻发布会在北京召开。新闻出版总署人事司司长余昌祥，印刷发行司司长王岩镔，直属机关党委常务副书记孙文科，办公厅副主任蒋茂凝，中国新闻出版研究院院长郝振省，党委书记、副院长魏玉山，党委副书记、纪委书记荣庆祥，副院长范军、刘拥军、张立等出席。发布会由魏玉山主持。余昌祥司长宣读了总署《关

于同意中联城乡统筹发展研究中心并入中国新闻出版研究院的批复》。成立于2008年1月的中联城乡统筹发展研究中心是原属于国资委的事业单位。

6日 由中国期刊协会、中国新闻文化促进会和中国新闻出版研究院联合主办,出版发行研究杂志社承办的"第七届中国期刊创新年会"在北京召开。新闻出版总署副署长邬书林、中国期刊协会会长石峰、中国新闻文化促进会会长李东东、中宣部出版局副局长刘建生、中国新闻出版研究院院长郝振省等出席并讲话。

8日 由中国新闻出版研究院与中国出版协会共同主办的2012全国新闻出版业网站年会在北京召开。新闻出版总署科技与数字出版司司长张毅君,中国出版协会常务副理事长刘建国,中国新闻出版研究院院长郝振省,新闻出版总署产业发展司副司长李建臣,信息中心副主任刘成勇等出席年会开幕式并讲话。中国新闻出版研究院党委书记、副院长魏玉山主持开幕式。

10日 中国新闻出版研究院职工范雪梅、于建平、赵文飞、赵丽君及来自新闻出版总署机关和直属单位的共计35名运动员,组成了新闻出版总署太极拳代表队,在中央国家机关第二届职工太极拳交流赛上,以8.56分的成绩获银奖。

16日 中国新闻出版研究院西安曲江新媒体合作研发基地在西安曲江新区挂牌设立。西安曲江新媒体合作研发基地是中国新闻出版研究院为推进新媒体研发,在全国授牌的第一家研发基地。基地落户在国家级文化产业示范区西安曲江新区,由西安曲江出

版传媒股份有限公司承办运营。

21日 中国新闻出版研究院与人民卫生出版社在世界医药图书大厦举行了战略合作协议签字仪式。双方以"合作共赢"为原则，建立长期的战略合作伙伴关系。

26日 中国新闻出版研究院、武汉大学博士后培养基地博士后出站报告评议会在中国新闻出版研究院举行。经评审委员会全票通过，同意庞海音同志出站。中国新闻出版研究院顺利完成了对博士后的培养工作。

本月 由中国书籍出版社与西安曲江出版传媒股份有限公司联合申报的"D&E发现与培养——教育咨询数字出版产业化项目"入选新闻出版总署"新闻出版改革发展项目库"，并获得财政部文化产业发展专项资金资助。

本年 中央国家机关"强素质·作表率"读书活动主题讲坛共举办12期讲座：林毅夫主讲《中国经济发展与文化复兴》，田青主讲《守望精神家园》，刘庆峰主讲《智能语音技术及产业应用前沿介绍》，王校轩主讲《当前南海形势及我对策》，厉华主讲《红岩魂——信仰的力量》，蔡昉主讲《中国人口红利消失及其对经济增长的挑战》，刘梦溪主讲《中国传统文化价值理念的现代意义》，梅宏主讲《信息科学技术漫谈》，金一南主讲《苦难辉煌：对国家和民族命运的思索》，衣俊卿主讲《核心价值观与文化软实力》，吕有生主讲《新时期我国面临的国际安全环境》。

2013 年

1 月

16 日 北京印刷学院全体党政领导班子一行到中国新闻出版研究院进行座谈，双方就建立合作机制、人才培养、教学研究等方面进行了磋商，以期达到强强联合，优势互补。中国新闻出版研究院院长郝振省，院党委书记、副院长魏玉山，院党委副书记、纪委书记荣庆祥，副院长范军、刘拥军，北京印刷学院党委书记郑吉春，校长王永生，党委副书记刘超美，副校长蒲嘉陵等出席本次会议。

22 日 中国新闻出版研究院举行了 2012 年度科研成果评审工作会议。会议对 69 项科研项目成果进行了认真评议，通过无记名投票评定项目等级并评选出 17 项优秀科研成果（含优秀论文 6 篇）。

本月 数字版权保护技术研发工程总体组落实郝振省院长"三个一"工作部署和精细化管理要求，完成"三个一"：形成一份《数字版权保护技术研发工程进展情况》简报；开展一次全面的工程轮巡检查；召开一次面向全院职工全面介绍版权工程情况的汇报会。"三个一"对版权工程的顺利开展具有重要的促进和保障作用。为保存此项工作成果，总体组将相应材料进行了汇编整理，并印制成册。

2月

4日　中国新闻出版研究院"2012年度工作总结表彰大会"举行。会议由党委书记、副院长魏玉山主持。郝振省院长在会上作了《总结去年　部署今年　争取一个更大的发展》的工作报告。院党委副书记、纪委书记荣庆祥宣读了"关于表彰2012年度先进集体、先进工作者的决定"、"关于2012年度突出贡献奖的表彰决定",副院长范军宣读了"优秀科研成果获奖名单",副院长刘拥军宣读了"集体类其他奖项获奖名单"、副院长张立宣读了"个人类其他奖项获奖名单"。研究院领导为受表彰的先进集体代表、先进个人和优秀出版科研成果获奖者颁发了荣誉证书。

22日　数字版权保护技术研发工程在北京召开2012年工作总结会。

本月　由中国新闻出版研究院组织编纂、基础理论研究室承担、中国书籍出版社出版的科研项目——《出版词典》获得2013年度国家出版基金资助。

3月

8日　中国新闻出版研究院工会组织女职工参加新闻出版总署举办的"新闻出版强国梦,巾帼英雄竞芳华"诗歌朗诵会。研究院参加了四个节目的表演。其中许婧表演的开场舞"人说山西好风光"获好评。

10日 为促进读书活动深入开展,在中央国家机关"强素质·作表率"读书活动迎来4周年之际,读书活动办公室决定,在中央国家机关开展评选推荐"最受中央国家机关干部欢迎的10本书"的活动。这10本书是从读书活动4年来推荐的103种阅读书目中评选推荐出来的,将在本年度第4期读书讲座上公布,并对积极投票、推荐命中率较高的前30位个人予以奖励。

11日 全国政协委员、中国新闻出版研究院院长郝振省做客新华网两会直播间。本届政协会议上,中国新闻出版研究院院长郝振省和新闻出版总署副署长邬书林等115位委员联名递交了关于制定实施国家全民阅读战略的提案。

22—24日 由中国新闻出版研究院主办的2013全国新闻出版单位数字出版部门主任工作交流会——全国数字出版业务骨干年会在北京举办。来自全国近300家新闻出版单位数字出版部门主任、业务骨干及数字技术商、销售渠道商、阅读终端厂商代表共同参加会议。会议由中国新闻出版研究院党委书记、副院长魏玉山主持,原新闻出版总署科技与数字出版司数字出版处处长王强在会上讲话。

25日 湖北省新闻出版局党组书记、局长张良成,局党组成员、副局长马莉等一行五人到中国新闻出版研究院走访座谈。中国新闻出版研究院院长郝振省,党委书记、副院长魏玉山,党委副书记、纪委书记荣庆祥及有关部门负责人出席了座谈会。

本月　黄立平被评为太平桥地区 2012 年度人口和计划生育工作先进个人。

本月　中国新闻出版研究院出版经济研究室承担并完成了江苏可一文化产业集团股份有限公司上市募集资金投资项目可行性论证和报告编制。

4 月

3 日　由中国书籍出版社出版的《高考英语满分突破丛书》在第二届全国中小学外语教师名师大会中，经国家基础教育实验中心外语教育研究中心专家组评审，荣获文献著作类一等奖。

9—10 日　《出版词典》第六次编纂工作会议在北京召开，本次会议的主要内容是在前几次会议的基础上，进一步完善和确定《出版词典》的条目内容、体例设置，并对各分支的具体释义、写作进行讨论，提出修改意见。

13 日　由中国新闻出版研究院、江苏省新闻出版局主办，江苏可一文化产业集团股份有限公司承办的第十届中国民营书业发展高峰论坛在南京召开。全国百余家民营书业企业的代表参加会议。

13 日　中国新闻出版研究院工会组织职工参加新闻出版总署在颐和园举办的广播操和健步走活动。研究院共 177 人参加。

18 日　在第 18 个世界读书日来临之际，由中国新闻出版研

究院组织实施的第十次全国国民阅读调查项目在北京召开成果发布会。中国新闻出版研究院院长郝振省发布了初步研究成果。发布会由魏玉山副院长主持。

25日　国家版权局与中国新闻出版研究院在京联合发布了2010年中国版权相关产业经济贡献调研成果。原新闻出版总署版权管理司司长于慈珂在会上宣读了课题相关成果。

27日　国家新闻出版广电总局重大办组织召开"数字版权保护技术研发工程"需求变更方案研讨会。

本月　信息中心按照清产核资的规定开展了资产清查工作，对研究院的1 600多台（件）、价值2 600万元的电子办公设备进行了认真细致的盘点，做到了账物相符。

5月

9日　全国人大常委会委员、全国人大教科文卫委员会主任委员柳斌杰，国家新闻出版广电总局副局长邬书林到中国新闻出版研究院走访调研。原新闻出版总署办公厅主任范卫平、原新闻出版总署法规司副司长袁亚平等一行四人陪同调研。中国新闻出版研究院院长郝振省，院党委书记、副院长魏玉山，院党委副书记、纪委书记荣庆祥，副院长范军、刘拥军、张立，以及院各部门主要负责人参加调研座谈会。

11—13日　中国书籍出版社在北京召开"D&E发现与培养——

教育咨询出版产业化项目"首次工作会议，对该项目的前期工作成果进行汇报总结，对项目实施具体方案和计划作出详细说明，并听取与会领导、专家的意见和建议。

13日 国家新闻出版广电总局副局长阎晓宏就如何改进新闻出版统计工作，进一步增强新闻出版统计工作服务能力等问题，来到中国新闻出版研究院进行专题调研，并与研究院有关部门负责人进行座谈。原新闻出版总署办公厅主任范卫平、原新闻出版总署出版产业发展司副司长张亮等陪同调研。听取了中国新闻出版研究院院长郝振省、副院长魏玉山等关于近年来新闻出版统计工作情况及2012年统计年报工作进展等方面的工作汇报。

17日 中共中央政治局常委、中央书记处书记刘云山在国家版权局《版权专报》第12期上根据中国新闻出版研究院研究成果报送的《中国版权相关产业的经济贡献已占全国GDP的6.57%》一文上作出批示。

17—20日 第九届中国（深圳）文博会数字出版展示交易会在文博会期间成功举行。中共中央政治局委员、中央书记处书记、中宣部部长刘奇葆同志分别莅临新闻出版馆，视察了数字出版展区，并听取了国家数字出版基地建设发展汇报；国家新闻出版广电总局局长蔡赴朝、副局长聂辰席、副局长阎晓宏参观了安徽、中南数字出版基地展区，孙寿山副局长对国家数字出版基地展区逐一进行了详细参观并了解每一家国家数字出版基地建设进展、产品研发、持续发展等情况。

27日　由中国新闻出版研究院新闻出版人才研究中心承办的人民法院出版社招聘应届毕业生考试在国家法官学院如期举行。此次考试报考人数220名，实考人数149人，共分为6个考场进行应试。

28日　修订后的《江苏基本实现现代化指标体系》正式对外发布，居民综合阅读率被列为江苏基本实现现代化的指标之一。该数据是由中国新闻出版研究院国民阅读研究与促进中心参与制定完成的。

30日　中国新闻出版研究院与武汉大学合作培养博士后出站报告会在中国新闻出版研究院举行。出席报告会的专家有博士后合作导师、中国新闻出版研究院院长郝振省，中国期刊协会顾问张伯海，中国青年出版总社原总编辑胡守文，中国新闻出版研究院副院长刘拥军等。报告会由张伯海主持。报告会上，李钊平博士后作了题为《数字化环境下中国消费类文摘期刊的生存与发展模式研究》的报告。

本月　受国家新闻出版广电总局直属机关工会委托，由中国新闻出版研究院工会承办，黄立平负责组织了国家新闻出版广电总局新闻出版系统内的《女职工劳动保护特别规定》知识竞赛活动，中国新闻出版研究院内女职工参加了知识竞赛，并荣获《女职工劳动保护特别规定》知识竞赛优秀个人奖。

本月　按照新闻出版总署、中国新闻出版研究院、工程监理公司三方签署的数字版权保护技术研发工程《技术服务合同》约

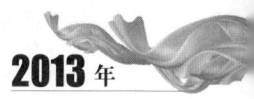

定，新闻出版重大科技工程项目领导小组办公室、数字版权保护技术研发工程总体组、工程监理三方签署了《监理实施规划》。

本月 信息中心通过机房网络设备修缮购置项目，在办公楼中安装部署了网络无线设备，信号覆盖全楼。同时采取了入网认证等安全措施，实现了通过笔记本或移动终端上网的需求。

本月 中国新闻出版研究院与上海理工大学联合培养的2010级硕士研究生毕业，共11人。

6月

1—2日 数字版权保护技术研发工程总体组办公室在北京召开办公会议。会议由中国新闻出版研究院副院长张立主持，郝振省院长、魏玉山副院长，首席专家张树武、工程总集代表曾智、办公室副主任杨武勇、财务主管郭云、工程管控主管李庆兵等相关人员出席会议。会议主要内容为推动工程后续工作，具体讨论工程进度情况、工程当前面临的问题、造成两大问题原因分析、两大问题如不及时解决可能带来的后果、解决两大难题的建议等。

3日 "口述出版史"阶段性成果汇报会在中国新闻出版研究院召开。研究院领导郝振省、魏玉山、荣庆祥、范军、刘拥军、张立参加。"口述出版史"项目是研究院的重点科研项目，是列入研究院"十二五"规划重点研究方向的研究课题。

6日 中国新闻出版研究院参加了由国家新闻出版广电总局

新闻出版系统直属机关工会在地坛体育馆组织的羽毛球比赛。经过多轮次循环淘汰赛,中国新闻出版研究院李建红荣获女子单打比赛第一名,王青荣获女子单打比赛第三名,李建红、王青组合荣获女子双打比赛第一名。

16日 在福建厦门举办的第五届海峡新闻出版业发展论坛上,国家新闻出版广电总局副局长邬书林为中国新闻出版研究院海峡分院授牌,院长郝振省和福建省新闻出版局副局长蒋达德共同为海峡分院接牌。

中国新闻出版研究院海峡分院由中国新闻出版研究院和福建省新闻出版局共同主办,是《新闻出版总署(国家版权局)、福建省人民政府共同推进海峡西岸经济区新闻出版业建设合作协议》的具体成果之一,也是中国新闻出版研究院的首家分院,具有开创性意义。

17日 数字版权保护技术研发工程完成所有分包技术调整方案的最终签署工作。

21日 中国新闻出版研究院组织中层干部学习传达中央关于开展党的群众路线教育实践活动会议精神和国家新闻出版广电总局落实中央会议精神的工作部署。会议由郝振省院长主持。党委书记魏玉山传达了习近平总书记在党的群众路线教育实践活动工作会议上的讲话精神。副院长刘拥军传达了中央开展群众路线教育实践活动领导小组组长刘云山和副组长赵乐际的讲话精神。

28—29日　中国新闻出版研究院参加了由国家新闻出版广电总局出版系统直属机关工会在北京邮政局组织的第六届乒乓球比赛活动。队员荣获女子团体比赛第一名、男子团体比赛第二名。魏羽雁获女子单打比赛第一名；闫京萌获第二名；姜远丽获第三名。男子单打比赛处级组杨驰原获第三名。

本月　中国新闻出版研究院女干部职工积极参与中央国家机关妇工委举办的"书香'三八'"征文活动。其中香江波撰写的《20 30 40——品位人生三个阶段的三种幸福》、宗蕾撰写的《小议和谐社会的爱情观教育》、黄立平撰写的《淡定是福》获得了二等奖。李文娟撰写的《写给我最珍爱的宝贝》、许婧撰写的《一点一滴　脚踏实地》、姜远丽撰写的《感悟幸福》获得了三等奖，中国新闻出版研究院还荣获了"优秀组织奖"。

本月　研究院旁边的金石酒店撤销了移动基站，通信信号减弱，影响了中国新闻出版研究院的手机通信质量。研究院在大楼每层都安装了移动信号放大器，解决了通信信号弱的问题。

本月　中国新闻出版研究院与上海理工大学联合培养的2010级硕士研究生接受中期检查。

7月

5日　《出版词典（修订本）》词条编纂工作培训会在北京召开。郝振省院长出席本次培训会并讲话，会议由党委书记、副院长魏玉山主持。会议邀请中国大百科全书出版社编审傅祚华、商务印

书馆古代汉语编辑室主任乔永两位专家分别以《〈出版词典〉词条稿编辑加工的几个问题》《汉语辞书编纂与编辑加工中应注意的问题》为题，就工具书的编纂及编辑加工等问题进行了专题培训。授课后，与会人员结合《出版词典》各分支现有稿件的编纂情况与专家进行了充分交流。

8日 第五届中国数字出版博览会在北京国际会议中心隆重开幕。全国人大常委会委员、教科文卫委员会主任委员柳斌杰出席开幕式并致辞，国家新闻出版广电总局副局长孙寿山作主旨报告。中国编辑学会会长桂晓风，新闻出版总署信息中心主任薛松岩，中国新闻出版研究院院长郝振省，党委书记、副院长魏玉山，国家新闻出版广电总局副司长阎智红，国家新闻出版广电总局副司长祁正贤，中科院院长代表金建辉，中国印刷协会常务副理事长张双儒，中国出版协会副秘书长沈建林等出席开幕式。开幕式由国家新闻出版广电总局数字出版司司长张毅君主持。

12日 为加快中国新闻出版研究院重点科研出版工程建设，确保工程按计划实施，经院领导班子研究决定，中国新闻出版研究院联合中国书籍出版社成立了重大出版工程办公室。该办公室具体负责中国新闻出版研究院重点出版、科研工程的协调推进工作，针对工程进程中的具体困难和问题，协调院各有关部门、有关人员研究落实解决措施，确保工程质量、进度和预算执行。

13—14日 中国新闻出版研究院与人民卫生出版社联合组织的首届"新闻出版单位如何应对机构改革，提升综合能力高级培训班"在内蒙古呼和浩特开班。韬奋基金会理事长、中国出版集

团原总裁聂震宁、中国新闻出版研究院院长郝振省、内蒙古新闻出版局副局长庞亚民，人民卫生出版社副总编辑、副总经理杜贤，中国传媒大学媒介形象与推广研究所所长张洪生等出席培训班开班仪式，郝振省院长、庞亚民副局长以及杜贤副总编在开班仪式上分别致辞。

15日　中国新闻出版研究院召开党的群众路线教育实践活动动员大会。国家新闻出版广电总局党的群众路线教育实践活动第八督导小组组长刘建国出席并作讲话，郝振省院长作动员讲话，党委副书记、纪委书记荣庆祥宣布中国新闻出版研究院党的群众路线教育实践活动实施方案。会议由党委书记、副院长魏玉山主持。

19日　中国新闻出版研究院邀请延安干部学院李世明教授作了题为《为人民服务与群众路线》的专题报告。院长郝振省，党委书记、副院长魏玉山，党委副书记、纪委书记荣庆祥与中国新闻出版研究院110余名党员干部一起聆听了李世明教授的精彩报告。

20日　《中国出版通史》（简编本）专家审稿会在北京召开。国家文物鉴定委员会委员李致忠、武汉大学信息管理学院教授曹之、北京师范大学古籍研究院教授周少川、北京大学信息管理系教授王余光、武汉大学信息管理学院出版科学系教授吴永贵、中国出版集团证券部副处长仝冠军、国家出版基金管理规划办公室综合处处长刘兰肖等专家学者出席会议，中国新闻出版研究院院长郝振省及党委书记、副院长魏玉山作为项目主持单位负责人和

审读专家也参加了会议。审稿会由中国书籍出版社社长兼总编辑王平主持。

24日 中国新闻出版研究院召开了半年培训工作会议，院长郝振省，党委书记、副院长魏玉山，党委副书记、纪委书记荣庆祥出席会议并讲话。

26日 中国新闻出版研究院院长郝振省在院内为全体党员作了题为《重温历史 把握内涵 查找问题 贵在实践，扎实搞好党的群众路线教育实践活动 全面拓展新闻出版科研工作新天地》的群众路线教育专题辅导报告。党委书记、副院长魏玉山，党委副书记、纪委书记荣庆祥与研究院全体党员一起听取了报告。

同日 中国新闻出版研究院召开第五届中国数字出版博览会总结表彰大会，对在本届数博会组织筹备工作中表现突出的部门和个人进行表彰。院长郝振省，党委书记、副院长魏玉山，党委副书记、纪委书记荣庆祥，副院长范军、刘拥军、张立，以及受表彰部门代表和个人出席会议。表彰大会由魏玉山主持。党委副书记、纪委书记荣庆祥宣读了表彰决定。希普思文化公司、科研管理部、数字出版研究所及办公室等11个部门受到了表彰和表扬，李大伟等17名先进个人及香江波等33名先进会务人员受到了表彰。

31日 《2012—2013中国出版业发展报告》（中国出版蓝皮书）新闻发布会在中国新闻出版研究院举行。

7月31日—8月3日 人事处组织了为期4天的新职工岗前

培训,参加此次培训的有2013年度新招录职工和近期调入职工。

本月 中国书籍出版社在2009—2012年度残疾人就业保证金工作中成绩突出,被北京市西城区人民政府残疾人工作委员会评为"诚信单位"。

8月

2日 中国新闻出版研究院举行了2013年度院级课题中期检查报告会。会议听取了9位课题负责人的工作情况汇报,对各课题进展情况进行了充分评议。

7日 由中国新闻出版研究院和韩国出版学会共同主办的第15届中韩出版学术研讨会在北京开幕。中国新闻出版研究院院长郝振省、国家新闻出版广电总局进口管理司副巡视员王华、中国新闻出版研究院副院长范军、韩国出版学会会长夫吉万、韩国驻华使馆韩国文化院院长金辰坤等出席会议并致辞。

19日 北京丰台区委宣传部副部长韩俊伟一行来中国新闻出版研究院就进一步推进北京国家数字出版基地建设等事宜进行调研。院长郝振省,党委书记、副院长魏玉山,副院长张立等出席会议。

25日 中国书籍出版社在北京召开《中国出版通史》(简编本)第二次专家审稿会。与会专家就简编本的修改、完善等问题展开了集中而深入的探讨。

29日 新当选的台湾图书出版事业协会理事长陈本源、副理事长梁锦兴、副理事长林洋慈、副秘书长张晏瑞、执行副秘书长王宏杰等一行五人到中国新闻出版研究院参访座谈。院长郝振省,党委书记、副院长魏玉山,副院长范军及研究院有关部门负责人出席了座谈会。

本月 由中国新闻出版研究院、中国版协国际合作出版工作委员会、出版参考杂志社主办的第12届输出版引进版优秀图书推介活动,经过初评、复评、终评等评审环节,出炉了本年度推介活动优秀图书及人物。其中包括100种输出版图书,50种引进版社科类图书,30种引进版科技类图书,10名优秀版权经理人,10名推动输出引进版权的典型人物。

9月

4—5日 全国新闻出版统计业务培训会议在北京召开。中国新闻出版研究院党委书记、副院长魏玉山通报了2012年度新闻出版统计年报工作情况,新闻出版广电总局规划发展司副司长张亮出席并主持会议。

13日 上海出版印刷与艺术设计学院举行了2013级师生见面会,中国新闻出版研究院副院长刘拥军代表研究院5位导师出席见面会。

27日 江西省莲花县委县政府在政府会议中心召开一年一度的教育颁奖大会,中国新闻出版研究院传媒研究所副研究员刘建

华因发起创办瑶溪(井冈山)发展基金会,被评为第三届"教育贡献奖"尊师重教先进个人。

29日 中国新闻出版研究院与中国社科院文化研究中心在北京签订战略合作协议。中国新闻出版研究院院长郝振省、中国社科院文化研究中心副主任张晓明出席签约仪式并讲话,签约仪式由党委书记、副院长魏玉山主持。

本月 受国家新闻出版广电总局委托,中国新闻出版研究院动漫游戏产业研究中心承担了第三届"原动力"中国原创动漫出版扶持项目的申报、评审及公示工作,圆满完成本届扶持工作。

10月

11—12日 数字版权保护技术研发工程总体组协助重大办在北京组织召开了"数字版权保护技术研发工程管控包"概要设计阶段专家评审会。

10月20日—22日 在山东济南举办2013全国教育出版数字化转型发展研讨会,来自数字出版实践一线的16位嘉宾进行了演讲。

28日 中国新闻出版研究院召开离退休干部群众路线教育实践活动座谈会。院长郝振省,党委书记、副院长魏玉山,党委副书记、纪委书记荣庆祥,副院长范军、张立出席。座谈会由党群处主任穆桂强主持。

31日 《读书的风雅》出版座谈会暨时代书评专题研讨会在中国新闻出版研究院召开。中国韬奋基金会理事长聂震宁，中国新闻出版研究院院长郝振省，副院长魏玉山，原中国出版科学研究所副所长邱益文，及《读书的风雅》作者、中国青年出版社原副总编郑一奇等出席本次座谈会。会议由中国书籍出版社社长兼总编辑王平主持。

本月 由韬奋基金会主办，中国新闻出版研究院与中国新闻出版报社联合举办的第二届韬奋出版人才高端论坛"我心目中的中国好编辑"征文评选结果揭晓。中国新闻出版研究院科研管理部和团委组织申报的作品中，有6篇作品分获二、三等奖和优秀奖。中国书籍出版社卢安然、赵丽君的《我心目中的中国好编辑——叶圣陶》获得二等奖；基础理论研究室孙鲁燕的《执拗精卫填书海 孜孜矻矻泽文林——与好编辑有关的断想》；中国书籍出版社安玉霞的《编辑三力：政治力、沟通力、文字力》；中国书籍出版社杨铠瑞、牛翠宇的《蓦然回首，灯火阑珊处——我心目中的好编辑郑振铎》；中国新闻出版研究院与上海理工大学联合培养的2012级研究生姜月的《思想的味道——冯梦龙的编辑理念之管见》获得三等奖；中国书籍出版社李立云的《以人为本，服务大众——我心目中的好编辑应具有的品格》获得优秀奖。

本月 由中国新闻出版研究院工程研发中心承担的国家社会科学基金一般项目《数字出版商业模式研究》通过了全国哲学社会科学规划办公室的审核并准予结项，鉴定级别为良好。该课题为2009年申报项目。

本月 中国新闻出版研究院制定并实施了《中国新闻出版研究院研究报告体例》。

11月

2日 由中国毛泽东诗词研究会主办的"贺敬之同志新古体诗创作暨线装本《心船歌集》座谈会"在中央文献研究室举行。座谈会由中央文献研究室副主任陈晋主持，年届89岁高龄的贺敬之出席座谈会。中国书籍出版社社长王平向贺敬之和中国毛诗会赠送了由中国书籍出版社最新出版的线装本《心船歌集》增补本。

6日 中国新闻出版研究院召开党的群众路线教育实践活动征求意见整改落实专题会议，通报了阶段性整改落实情况，再次进行意见征集，并对下一步整改落实工作作出安排。院长郝振省，党委书记、副院长魏玉山，党委副书记、纪委书记荣庆祥，副院长张立，以及科研、出版和管理各有关部门负责人参加会议。会议由郝振省院长主持。

12月

10日 中国新闻出版研究院、山东世纪天鸿书业有限公司战略合作签约暨"中国民营书业研究基地"揭牌仪式在淄博举行。中国新闻出版研究院党委书记、副院长魏玉山，世纪天鸿书业有限公司董事长任志鸿分别在协议书上签字并为研究基地揭牌。山东淄博国家高新区党委书记刘荣喜、淄博国家高新区经济发展局局长解典出席仪式。

本月 由中国新闻出版研究院动漫游戏产业研究中心申报的"基于云技术的动漫UGC创意资源平台建设及产业化"项目获得国家财政部文资办1 200万元专项扶持资金。

本月 中国新闻出版研究院与上海理工大学联合培养的2012级硕士研究生开题报告会召开。

本月 由中国书籍出版社出版的《故乡永在》《幼儿英语教学法》，经中国书刊发行业协会评选委员会评审，被评为"2012—2013年度全行业优秀畅销书"。

本月 北京人天书店有限公司特授予中国书籍出版社战略创新奖。

本年 中央国家机关"强素质·作表率"读书活动主题讲坛共举办12期讲座：张国刚主讲《〈资治通鉴〉与家国兴衰》，葛晓音主讲《古典诗词的阅读和欣赏》，陈平原主讲《读书的立场、趣味与方法》，莫言主讲《文学创作漫谈》，郭建宁主讲《文化强国与中国梦》，欧阳自远主讲《中国人的探月梦》，商传主讲《走进晚明》，温铁军主讲《中国发展经验的前后30年》，楼宇烈主讲《哲学与人生》，王朝柱主讲《革命历史题材作品的创作漫谈》，汪建新主讲《从诗词感悟毛泽东的伟岸人格》，陈佳洱主讲《科技强国，我的中国梦》。

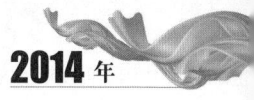

2014 年

1 月

9—10 日 中国新闻出版研究院举行了2013年度院级课题结项评审暨优秀科研成果评选会议。会议对56项课题和成果进行了认真评议，通过无记名投票评定了各课题等级并评选出优秀科研成果21项。会议由中国新闻出版研究院党委书记、副院长魏玉山主持。全国政协委员、韬奋基金会理事长聂震宁，中国印刷技术协会副理事长曲德森，北京大学新闻传播学院教授、博士生导师肖东发，中国新闻出版研究院副院长范军、刘拥军、张立作为专家评审委员出席了会议。

11 日 "第八届中国期刊创新年会"在北京召开。国家新闻出版广电总局副局长邬书林、中国期刊协会会长石峰、中国新闻文化促进会会长李东东、中宣部出版局副局长刘建生、中国新闻出版研究院院长郝振省等出席开幕式并讲话。开幕式由中国新闻出版研究院党委书记、副院长魏玉山主持。中国新闻出版研究院党委副书记、纪委书记荣庆祥，副院长范军分别主持论坛，来自全国各地出版业、期刊业的240余名代表参加了此次会议。

16 日 为丰富春节期间文化生活，引导干部职工多读书、读好书，经中国新闻出版研究院领导同意，科研管理部在广泛征求全院职工意见建议的基础上，制定并公布了《中国新闻出版研究院2014年春节期间推荐阅读书目》。《书目》包括9种图书，

内容涉及政治、经济、文化、哲学、文学、科技、学术等多个方面。

26日 中国新闻出版研究院"2013年度工作总结表彰大会"举行。院长郝振省出席会议并作了题为《继续坚定不移把中国新闻出版研究院做大做强做优》的工作报告,研究院领导班子全体成员、全院职工和离退休人员代表200余人参加了大会,会议由党委书记、副院长魏玉山主持。会上,中国新闻出版研究院党委副书记、纪委书记荣庆祥宣读了"关于表彰2013年度先进集体、先进工作者的决定""关于2013年度突出贡献奖的表彰决定",副院长范军宣读了"优秀科研成果获奖名单",副院长刘拥军宣读了"集体类其他奖项获奖名单"、副院长张立宣读了"个人类其他奖项获奖名单"。研究院领导为受到表彰的先进集体代表、先进个人和优秀出版科研成果获奖者颁发了荣誉证书。

同日 中国新闻出版研究院新春联欢会在研究院举行。会场简朴节约,现场气氛欢乐和谐,演出热闹、喜庆,领导班子全体成员及全院干部职工200余人欢聚一堂,共庆2014年新春的到来。12个节目全部由研究院各部门的干部职工自创、自编、自演,不仅表达了对新闻出版事业的热爱,同时也展现了研究院职工团结一致、昂扬向上的精神风貌。

27日 《古韵新风》出版座谈会在中国新闻出版研究院召开,郝振省院长、文化部原副部长郑欣淼、著名音乐家王立平等参会。座谈会由中国书籍出版社社长兼总编辑王平主持。《古韵新风——中国当代格律诗词创新作品选编》(全三册)由著名诗人易行主编,

辑录了当代极具代表性的诗词作品近3 000首,由中国书籍出版社出版发行。

本月　出版经济研究室完成国家新闻出版广电总局委托的项目《科技出版"十二五"时期发展规划中期评估报告》及《数字出版"十二五"时期发展规划中期评估报告》。

本月　由中国书籍出版社出版的《故乡永在》在第二届华文出版物艺术设计大赛中获得优秀奖,《咏归楼主诗词三集》《看顶级美剧学英语》在此届大赛中获得提名奖。

本月　中国书籍出版社数字化转型升级项目建设工作正式启动。

2月

7—15日　隶属于中国新闻出版研究院的希普思文化咨询有限公司,为促进海峡两岸出版企业合作深化,组织大陆出版单位赴台湾出版公司就技术合作、项目合作、资金合作、企业管理合作等方面进行考察、交流、洽谈与合作。此次活动采取集体与分开的方式进行,集体介绍两岸出版资源、集体参观具有代表性的台湾出版公司;分别考察有合作意向的台湾出版企业,分别交流、洽谈、合作。

17日　国家版权局发布了2013年度中国版权十大事件。根据中国新闻出版研究院《2010年中国版权相关产业经济贡献调研》

报告发布的"我国版权相关产业对 GDP 贡献达 6.57%"进入。

21日 第九届中国传媒年会在西安隆重开幕。原新闻出版总署署长、全国人大教科文卫委员会主任柳斌杰、中国记协党组书记翟惠生,全国政协委员、原国家新闻出版总署副署长、中国新闻文化促进会会长李东东,国家新闻出版广电总局发展研究中心主任庞井君、中共陕西省委宣传部常务副部长薛保勤、陕西省新闻出版广电局副局长陆柯仑,中国新闻出版研究院党委书记、副院长魏玉山等领导出席开幕式,开幕式由中国新闻出版研究院院长郝振省主持。

25日 中国新闻出版研究院召开党的群众路线教育实践活动民主测评暨总结大会。国家新闻出版广电总局第八督导组组长刘建国及督导组全体人员,中国新闻出版研究院党委书记、副院长魏玉山,党委副书记、纪委书记荣庆祥,副院长范军、刘拥军、张立出席会议。会议由院长郝振省主持。党委书记、副院长魏玉山作了中国新闻出版研究院党的群众路线教育实践活动工作总结报告。

本月 中国新闻出版研究院党委组织中层以上干部分三批参加国家新闻出版广电总局机关党委组织的学习习近平总书记系列讲话精神培训班。学习时间为每期一周。

3月

3—12日 全国第十二届政协委员、中国新闻出版研究院院长郝振省出席全国政协十二次二次会议,并提交三个提案:《重

点关注新书出版一年内禁止打折》《著作权法的修订完善》以及《推进扫黄打非、净化互联网环境》。作为这三个提案的第一提案人，他说，"想为业界做点实在事情"。

15日 中国新闻出版研究院与中国新闻文化促进会共同主办的第二届华文出版物艺术设计大赛颁奖典礼暨艺术设计大讲堂在国家教育行政学院举办。共有74件作品入选铜奖和银奖，1件图书作品获得金奖。此外，优秀作品奖共有161件，提名奖97件。

22日 中国新闻出版研究院工会组织职工参加新闻出版总署在玉渊潭公园组织的健步走活动。

23日 2014全国新闻出版单位负责人及数字出版部门主任工作交流会暨海峡两岸数字出版企业合作大会在北京举办。来自全国近400家新闻出版单位数字出版部门主任、业务骨干及数字技术商、销售渠道商、阅读终端厂商代表共同参加会议。会议由中国新闻出版研究院党委副书记、纪委书记荣庆祥主持，国家新闻出版广电总局数字出版司司长张毅君为大会致辞，中国新闻出版研究院院长郝振省作了报告。

28日 国家新闻出版广播电影电视总局纪念"三八"国际妇女节暨巾帼建功表彰大会召开。中国新闻出版研究院应用理论研究室（国民阅读研究与促进中心）荣获"巾帼文明岗"称号。

30日 "口述出版史"课题研讨会在中国新闻出版研究院召开。中国期刊协会会长石峰，国家出版基金规划管理办公室主任

李潞，全国哲学社会科学规划办公室副主任杨庆存，中国新闻出版研究院院长郝振省，中国新闻出版研究院党委书记、副院长魏玉山，中国新闻出版研究院党委副书记、纪委书记荣庆祥出席。

本月　中国书籍出版社成立传统文化编辑部，着力加大传统文化图书出版力度。编辑部与《光明日报》、尚古书房联合，在《光明日报·国学版》共同推出2014年度"国学博士论坛"专栏。

本月　由中国新闻出版研究院组织编撰，中国书籍出版社出版的科研项目《现代出版学研究丛书》获得2014年度国家出版基金资助。

4月

8日　国家新闻出版广电总局发出通知，新广发［2014］30号，任命魏玉山为中国新闻出版研究院院长。

9日　中国新闻出版研究院党委组织国家新闻出版广电总局直属单位出版产品质量监督检测中心、国家出版基金规划管理办公室及研究院全体党员参加学习宣讲十八大精神报告会。国家新闻出版广电总局外事司司长张福海作了报告。

12日　第11届中国民营书业发展高峰论坛在山东淄博举行。本届论坛由中国新闻出版研究院、山东省新闻出版广电局联合主办，山东世纪天鸿文教科技股份有限公司承办。全国人大常委、全国人大教科文卫委员会主任、原国家新闻出版总署署长柳斌杰

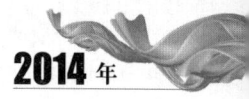

同志出席论坛并作重要讲话。

12日 "出版词典重点词条审定会"在中国新闻出版研究院召开。会议对一些内容重要和容易引起争议的重点词条进行讨论,主要涉及出版管理以及比较重要的名词概念、学科概念等。研究院领导郝振省、魏玉山、荣庆祥、范军、刘拥军、张立,传媒研究所所长李晓晔,中国书籍出版社社长兼总编辑王平,基础理论研究室副主任冯建辉以及孙鲁燕研究员等参加。

15日 中国新闻出版研究院召开主要领导调整任免会议。国家新闻出版广电总局副局长、党组成员孙寿山,总局机关党委常务副书记孙文科,总局人事司副司长蒋茂凝出席会议。总局人事司副司长蒋茂凝宣读了总局《关于郝振省、魏玉山职务任免的通知》,总局机关党委常务副书记孙文科宣读了总局党组《关于朱伟峰等三名同志职务任免的通知》。魏玉山任中国新闻出版研究院院长兼党委书记、郝振省同志因年龄原因不再担任中国新闻出版研究院院长、党委副书记职务。

18日 中国新闻出版研究院在北京发布了2011年中国版权产业的经济贡献调研成果。副院长范军出席发布会。本次成果为国家版权局委托研究院开展的"中国版权产业的经济贡献"项目的第五次调研成果。国内主要媒体对本次调研成果进行了详细报道。

19日 由中国新闻出版研究院传媒杂志社与清华大学新闻与传播学院联合主办的"传媒发展论坛2014"暨《中国传媒产业发展报告(2014)》发布会在清华大学举行。

21日 "第11次全国国民阅读调查"项目在北京召开成果发布会。国家新闻出版广电总局出版管理司司长吴尚之、新闻报刊司主要负责人艾立民出席本次发布会。此次调查的初步研究成果由中国新闻出版研究院院长、党委书记魏玉山发布。

25日 中国新闻出版研究院团委等49个基层团组织被授予"中央直属机关五四红旗团组织"称号。中国新闻出版研究院五名青年团员参加了此次活动。

同日 中央国家机关"强素质·作表率"读书活动5周年媒体见面会在国家新闻出版广电总局召开。会议由国家新闻出版广电总局直属机关党委常务副书记孙文科主持。主办、承办方领导，中央国家机关工委宣传部副部长于中城，全国政协委员、中国新闻出版研究院原院长郝振省，国家新闻出版广电总局直属机关党委副书记安立春等出席。郝振省代表活动承办方回顾总结了5年来读书活动的开展情况。与会人员畅谈读书活动的示范效应和品牌价值，分享参与读书活动的感想和收获，交流活动组织的经验和构想。

同日 为纪念读书活动开展5周年，《中国新闻出版报》编发"强素质·作表率"读书活动特刊。刊发专题采访读书活动主办方领导的文章：《学以致用 用以促学——访中央国家机关工委副书记邵旭军》《再出发 更精彩——访国家新闻出版广电总局党组成员、副局长孙寿山》。

26日 中央国家机关"强素质·作表率"读书活动五周年纪

念仪式暨读书活动主题讲坛2014年第四讲（总第60讲）在国家新闻出版广电总局举行。中共中央书记处书记、国务委员兼国务院秘书长、中央国家机关工委书记杨晶为活动五周年作出的重要批示。中共中央直属机关工作委员会副书记李勇，中央国家机关工委副书记邵旭军，国家新闻出版广电总局党组书记、副局长蒋建国，党组成员、副局长孙寿山等向"十佳听众"颁发了奖状。读书活动从本期开始改由中央直属机关工委、中央国家机关工委和国家新闻出版广电总局三家联合举办，名称改为"中央和国家机关'强素质·作表率'读书活动"。

27日　中国书籍出版社与中国爱国主义教育编辑委员会共同组编的《红色年轮》系列丛书出版座谈会在中国科技会堂召开。国家新闻出版广电总局图书司司长吴尚之、全国政协委员郝振省、中国新闻出版研究院院长魏玉山，以及数十位革命元勋和开国将领的后代与党史军史方面的专家、新闻出版界人士出席。中国书籍出版社社长兼总编辑王平主持会议。

本月　中国新闻出版研究院党委对所属科研支部进行了改选，由原来的2个党支部调整为9个党支部。

5月

8日　上海出版印刷高等专科学校党委书记李江、校长陈斌等一行6人到访中国新闻出版研究院，与中国新闻出版研究院院长、党委书记魏玉山，党委副书记、纪委书记荣庆祥等同志会谈。

15—19日 由中国新闻出版研究院承办的第十届中国（深圳）文博会数字出版展示交易会在文博会期间举行。

15日 2014数字出版高端论坛在深圳举行。论坛由国家新闻出版广电总局数字出版司司长张毅君和中国新闻出版研究院院长党委书记、魏玉山主持，国家新闻出版广电总局副局长孙寿山作主旨报告，深圳市副市长陈彪出席论坛并致辞，12家数字出版转型示范单位负责人发表演讲。

22日 中国新闻出版研究院第一次"青年学术沙龙"举办。中国出版网总编辑章泽锋、传媒研究所副研究员查国伟分别畅谈了赴山西省平顺县挂职锻炼的心得体会和赴美学术交流的心得体会，并与20余位青年科研、出版人员进行交流。魏玉山院长参加了此次沙龙并作总结讲话。

本月 国家标准化管理委员会、教育部、国家新闻出版广电总局等25个部委组成的联席会议办公室，下达了第一批98项国家级社会管理和公共服务综合标准化试点项目计划。中国新闻出版研究院成为首批试点项目承担单位。中国新闻出版研究院承担的试点项目名称为《新闻出版元数据共享及标准符合性测试标准化》。

本月 由中国新闻出版研究院动漫游戏产业研究中心编纂，中国书籍出版社出版的《2012—2013中国动漫游戏产业年度报告》问世。

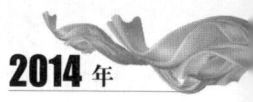

本月　数字版权保护技术研发工程总体组、工程管控按照新闻出版广电总局新闻出版重大科技工程项目领导小组办公室的要求，根据各方面考核，最终确定由北京集佳知识产权代理有限公司中标。

本月　中国新闻出版研究院研究生办公室组织了研究院与上海理工大学联合培养的2011级10位硕士研究生的毕业答辩。

6月

6—7日　中国新闻出版研究院工会组织职工参加国家新闻出版广电总局组织的乒乓球比赛。研究院获得团体比赛女子第一名、男子第四名。单打比赛魏羽雁获得女子第一名，庞元获得女子第三名。

20日　由中国书籍出版社和中华诗词学会联合主办的"《中华诗词文库》名家诗词诗论作品集"出版座谈会在北京举办。中国新闻出版研究院党委副书记、纪委书记荣庆祥出席并致辞。座谈会由中国书籍出版社社长兼总编辑王平主持。

本月　由中国社会科学院文献计量与科学评价研究中心研制与评选的《中国人文社会科学核心期刊要览（2013年版）》由社会科学文献出版社正式出版。由中国新闻出版研究院主办的《出版发行研究》杂志再次入选该评价系统核心期刊，并位列"新闻学与传播学"学科第7位。《出版发行研究》杂志已经同时入选

中国人文社会科学核心期刊、中文核心期刊和CSSCI来源期刊。

7月

2日 北京市科学技术委员会公布了2013年度北京市重点实验室和工程技术研究中心认定名单。由中国新闻出版研究院标准化所承担的数字出版标准符合性测试实验室获得重点实验室认定。

4日 中国新闻出版研究院国际出版研究室召开"少儿、文学图书版权贸易"和"对丝路国家版权贸易"专题研讨会,来自10家版权贸易重点单位的有关专家与中国新闻出版研究院"中国新闻出版业国际竞争力与影响力动态监测数据库"课题组成员共同探讨了我国图书版权输出的现状与发展趋势。

同日 受国家新闻出版广电总局印刷发行司委托,由中国新闻出版研究院印刷研究所承担的"中国印刷用纸报告"课题在中国(上海)国际印刷周上发布。发布会由国家新闻出版广电总局印刷发行司副司长徐胜帝主持。中国新闻出版研究院副院长刘拥军发布《中国印刷用纸报告》,国家新闻出版广电总局印刷发行司司长王岩镔、中国造纸协会相关领导,以及来自国内外新闻出版行业的300余人出席了发布会。

8日 中国新闻出版研究院"出版理论前沿"系列讲座第36讲在研究院举办。本次讲座特邀中宣部改革办副主任、中央文化企业国有资产监督管理领导小组办公室副主任高书生,作了题为

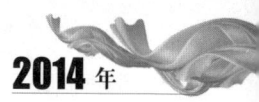

"全面深化改革大背景下的文化体制改革"的专题讲座。中国新闻出版研究院院长、党委书记魏玉山主持讲座。

9日 中国新闻出版研究院发布《2013年新闻出版产业分析报告》。

15日 2014中国数字出版年会在北京国际会议中心举行。国家新闻出版广电总局副局长孙寿山出席开幕式并作了题为《加快融合发展步伐，推动数字出版产业迈上发展新台阶》的主旨报告。

中宣部出版局巡视员、副局长刘建生，中国新闻出版研究院院长魏玉山，党委副书记、纪委书记荣庆祥，国家新闻出版广电总局版权管理司副巡视员段玉萍，中国新闻出版研究院副院长范军、张立，新闻出版总署信息中心副主任刘成勇，中国教育出版传媒集团党委书记、总经理李朋义，安徽出版集团党委书记、董事长王亚非等出席大会。

17日 2014中国传媒品牌高峰论坛在上海交通大学闵行校区举办。本次论坛由交大公共关系研究中心与传媒杂志社共同主办。

20日 "《出版词典》（修订本）定稿工作会议"在北京召开。聂震宁、王自强、索来军、龚莉等来自政府管理部门、出版行业的专家应邀与会。魏玉山、郝振省、范军、张立等中国新闻出版研究院领导，书籍出版社王平、研究院基础理论研究室冯建辉、孙鲁燕等同志参加了此次会议。

25日 中国新闻出版研究院举行第二次"青年学术沙龙"。此次沙龙以"2014年度青年课题中期座谈"为主题，院内部分学术带头人受邀与青年课题负责人及入职两年之内的新职工座谈交流，针对青年科研出版人员在课题研究过程中遇到的困难、问题答疑解惑。

本月 由中国新闻出版研究院院长郝振省任主编，副院长范军任副主编，国际出版研究室主任姜晓娟任执行主编，国际出版研究室参与编撰的《新闻出版业走出去工作指南（上下册）》由高等教育出版社正式出版发行。

本月 中国新闻出版研究院根据科研管理工作的相关要求对2014年院级课题实施中期检查。其中，重点课题采用"提交书面材料＋现场汇报"形式检查，青年人才培育项目课题采用"提交书面材料＋座谈交流"形式检查，品牌课题和一般课题采用提交书面材料形式检查。本次中期检查所反映的研究情况是课题结项评估的重要评价因素。

本月 财政部对中国书籍出版社在2013年度中央文化企业财务决算工作中的突出表现给予了通报表扬。

8月

1日 由中国新闻出版研究院和贵州出版集团共同举办，基础理论研究室具体承办的"出版集团与新媒体融合高层研讨会"在贵阳市召开。国家新闻出版广电总局规划发展司副司长李建臣

到会并发言，中国新闻出版研究院副院长范军、贵州出版集团公司董事长彭晓勇先后主持会议并致辞。

18日　中国新闻出版研究院"出版理论前沿"系列讲座第37讲在研究院举行。本次讲座特邀中央财经大学文化与传媒学院副院长莫林虎教授作了题为"出版企业的文化管理问题"的专题讲座。中国新闻出版研究院副院长刘拥军主持了讲座。

28日　在第21届北京国际图书博览会上，中国出版传媒商报社、中国文化走出去协同创新中心·中国海外汉学研究中心和中国图书进出口（集团）总公司联合组织发布了《"海外馆藏：中国图书世界影响力"报告（2014版）》，中国书籍出版社获评"2013中国图书世界影响力出版100强"，位列第48位。

29日　由中国版协国际合作出版工作委员会、中国新闻出版研究院、出版参考杂志社联合发起主办的第13届输出版、引进版优秀图书推介活动颁奖典礼在第21届北京国际图书博览会现场举行，共有100种输出版优秀图书、50种引进版社科类优秀图书、30种引进版科技类优秀图书、10名优秀版权经理人、10名推动输出和引进版权的典型人物获得表彰。国家新闻出版广电总局副局长吴尚之出席颁奖典礼并讲话。中国新闻出版研究院院长魏玉山主持颁奖典礼。

30日　由中国新闻出版研究院和人民出版社主办、人民卫生出版社冠名、出版发行研究杂志社承办的2014"人卫杯"出版界乒乓球邀请赛在北京海淀体育馆举行。国家新闻出版广电总局副

局长孙寿山出席开幕式，中国新闻出版研究院院长魏玉山、副院长范军也出席了邀请赛。来自国家新闻出版总局机关、在京出版单位和各省市的19支球队、近110名运动员参加。

本月　国家新闻出版广电总局委派信息中心到中国新闻出版研究院进行办公软件正版化检查。检查了购买办公软件合同及授权书，抽查了12名职工的计算机办公软件使用情况。

本月　中国出版协会授予中国书籍出版社中国出版协会理事会会员单位。

9月

1日　《中国新闻出版研究院关于财务支出管理的若干规定》《中国新闻出版研究院关于加强财务管理的规定（暂行）》《中国新闻出版研究院关于加强固定资产管理的若干规定（暂行）》发布。

2日　《数字教材加工及检测》行业标准启动会在北京召开。来自国家新闻出版广电总局、教育部、全国新闻出版标准化技术委员会及数字教材研发、制作和技术相关企业的20多位领导专家出席会议。全国新闻出版标准化技术委员会秘书长魏玉山对标准编制工作提出了要求。

同日　由中国新闻出版研究院出版参考杂志社与北京市新闻出版局联合举办的第12届北京国际图书节首场论坛——中国出

版走出去论坛在中华世纪坛小剧场举办。国家新闻出版广电总局进口管理司司长张福海，中国出版集团公司副总裁刘伯根，中国科技出版传媒集团有限公司董事长柳建尧，安徽出版集团总裁、时代出版传媒股份有限公司董事长王亚非，中国新闻出版研究院院长魏玉山、副院长范军出席本次论坛。

4—5日　由中国新闻出版研究院调查统计中心组织的全国新闻出版统计业务培训班在山东青岛举办。国家新闻出版广电总局规划发展司司长余昌祥作开班动员。中国新闻出版研究院院长魏玉山通报了2013年度新闻出版统计年报工作情况。

11日　中国新闻出版研究院举行第三次"青年学术沙龙"。对外交流合作中心主任林晓芳介绍了英国出版教育与数字出版概况，并与青年科研出版人员进行了交流座谈。

17日　中国新闻出版研究院人事处组织了为期3天的青年出版科研人员培训，对近四年来招录的相关职工参加了培训。院长、党委书记魏玉山作开班动员。

28日　中国新闻出版研究院"出版理论前沿"系列讲座第38讲在研究院举办。本次讲座特邀人民卫生出版社有限公司董事长兼党委书记陈贤义，作了题为"抓住机遇创新发展　战略合作携手共赢"的专题讲座。中国新闻出版研究院院长、党委书记魏玉山主持讲座。

29日 《现代出版学研究丛书》编撰工作会议在北京召开。会议由中国书籍出版社社长兼总编辑王平主持,中国新闻出版研究院副院长范军致辞。聂震宁、王勤、吴永贵、刘兰肖、朱坤泉、宋慧献等行业专家与丛书撰稿人应邀与会。

本月 中共中央组织部、中共中央宣传部、人力资源和社会保障部、科技部联合下发了《关于表彰全国杰出专业技术人才和专业技术人才先进集体的决定》,99名全国杰出专业技术人才和96个专业技术人才先进集体受到表彰。中国新闻出版研究院被授予专业技术人才先进集体荣誉称号。

本月 《中国新闻出版研究院"十二五"时期发展规划》发布。

本月 中国新闻出版研究院工会组织职工开展做广播操活动,进一步提高职工的健康意识,增强体质,陶冶情操,培养科学的养生之道。

本月 受国家新闻出版广电总局委托,中国新闻出版研究院动漫游戏产业研究中心承担了第四届"原动力"中国原创动漫出版扶持项目的申报、评审及公示工作。

本月 中国新闻出版研究院与上海理工大学联合培养的2014级新生入学。研究院在北京师范大学开设的"中外出版比较研究"系列课程也如期开课。

10月

14—16日 中国新闻出版研究院希普思文化咨询有限公司在北京举办2014全国教育出版数字化新趋势研讨会，主题为"互联网与教育出版数字化"。

15日 原中国出版科学研究所副所长、编审方厚枢因病去世，享年87岁。

17日 英国斯特灵大学人文艺术学院院长詹姆斯·道格拉斯·布莱迪一行来访中国新闻出版研究院。研究院党委副书记、纪委书记荣庆祥，副院长范军与道格拉斯等进行了座谈。斯特灵大学语言中心助教王晓梅，研究院对外合作交流中心主任林晓芳等参加座谈。

21日 国家新闻出版广电总局发出《关于黄晓新任职的通知》，新广发[2014]85号，任命黄晓新为中国新闻出版研究院副院长。

同日 中共国家新闻出版广电总局党组发出《关于黄晓新、魏玉山职务任免的通知》，新广党组发[2014]83号，任命黄晓新为中国新闻出版研究院党委委员、书记；任命魏玉山为中国新闻出版研究院党委副书记，免去其中国新闻出版研究院党委书记职务。

22—24日 由中国新闻出版研究院希普思文化咨询有限公司

组织的 2014 新华书店发展论坛在安徽合肥召开。本次是该论坛的第五次。

28 日　国家新闻出版广电总局党组成员、副局长吴尚之，总局直属机关党委常务副书记孙文科，总局人事司副司长李宏葵等到中国新闻出版研究院，宣布了国家新闻出版广电总局党组关于任命黄晓新为中国新闻出版研究院党委书记、副院长的决定。会议由总局人事司副司长李宏葵主持。中国新闻出版研究院院长、党委副书记魏玉山，党委书记、副院长黄晓新，纪委书记、党委副书记荣庆祥，副院长范军、刘拥军、张立出席会议。

本月　中国新闻出版研究院党群处组织离退休老干部活动。研究院领导和科研、行政有关部门主要负责人参加。老干部对研究院的发展提出了建设性的意见。

本月　由中国新闻出版研究院组织编撰的《2013—2014 中国出版业发展报告》（中国出版蓝皮书）由中国书籍出版社出版发行。该书由中国新闻出版研究院副院长范军任主编，中国新闻出版研究院市场（发行）所所长兼调查统计中心主任张晓斌任副主编。

本月　根据国家机关事务管理局《中央行政事业单位国有资产管理暂行办法》（国管资 [2009] 167 号）及《行政事业单位国有资产处置管理实施办法》的规定，信息中心盘点出已到报废期且不能再使用的电子设备共计 124 台（套）、价值 300 多万元的资产。中国新闻出版研究院成立了资产清查小组，小组成员按照国有资产报废的规定和流程，准备了各种报废文件，召开了报废

资产专家鉴定会,经专家鉴定所报废的设备均符合报废条件。报经国家新闻出版广电总局财务司批准后,报废设备由中国电子回收公司进行回收处理。

本月 出版经济研究室撰写完成国家新闻出版广电总局委托的项目《新闻出版业"十二五"时期发展规划中期评估报告》。该《报告》指出,《新闻出版业"十二五"时期发展规划》总体目标、主要任务、重大项目与政策措施的执行、落实情况有喜有忧,总体正常。为保证"十二五"规划的顺利完成,《报告》还特别就"十二五"后期行业发展规划、"十三五"规划制定提出调整建议。

11月

1—2日 中国书籍出版社与西安曲江出版传媒股份有限公司在北京联合举办了"世界华文教育数字出版项目"专家评审会。中国新闻出版研究院院长魏玉山、国家新闻出版广电总局规划发展司副司长李建臣等出席会议。中国书籍出版社社长兼总编辑王平主持会议。

4日 由中直机关工委宣传部巡视员、副部长吴清彬一行四人组成的检查组到中国新闻出版研究院检查指导精神文明建设工作。国家新闻出版广电总局直属机关党委常务副书记孙文科,直属机关工会委员会副主席陈艳茹陪同检查。中国新闻出版研究院院长、党委副书记魏玉山,院党委书记、副院长黄晓新,院党委副书记、纪委书记荣庆祥,副院长范军、刘拥军、张立等出席座谈会。检查组听取了魏玉山同志的工作汇报,实地察看了中国新

闻出版研究院精神文明创建的情况，查阅了有关资料并进行了问卷调查。

5日 在国家新闻出版广电总局开展的职工劳动技能练兵·编辑、记者技能练兵竞赛中，中国书籍出版社组队代表中国新闻出版研究院参赛，获得组织奖。

19日 首届国际数字出版大会在北京国际会议中心召开。本届大会由中国新闻出版研究院指导，中国知网、中国新闻出版研究院希普思文化咨询公司承办，中国新闻出版研究院院长魏玉山，院党委书记、副院长黄晓新，院党委副书记、纪委书记荣庆祥，中国新闻出版总署信息中心主任薛松岩，中国新闻出版研究院副院长范军、刘拥军、张立，同方知网（北京）技术有限公司总经理王明亮，同方知网（北京）技术有限公司副总经理张宏伟等出席大会。

20日 中国新闻出版研究院与大唐高鸿通信技术有限公司在首届国际数字出版大会上签署了战略合作协议。院党委副书记、纪委书记荣庆祥，大唐高鸿通信技术有限公司总经理翁冠男等出席签约仪式。

同日 数字版权保护技术研发工程总集成包、工程管控包相继完成了第三阶段专家评审工作。至此，版权工程除包15-3外，所有分包均已完成了第三阶段的专家评审工作。

20—21日 由中国新闻出版研究院调查统计中心组织的全国

新闻出版统计工作会议在北京举行。国家新闻出版广电总局副局长阎晓宏出席会议并讲话。总局规划发展司副司长向建军、中国新闻出版研究院院长魏玉山出席会议。

本月 为了解决办公用房紧张的局面，中国新闻出版研究院决定将三层资料室书库作为办公用房，腾出地下二层两个房间作为书库。

本月 由中国新闻出版研究院与上海理工大学联合培养的2013级硕士研究生开题报告会如期举行。

12月

1日 中国新闻出版研究院与北京印刷学院在中国新闻出版研究院举行了战略合作签约仪式。中国新闻出版研究院院长魏玉山，院党委书记、副院长黄晓新，院党委副书记、纪委书记荣庆祥，副院长刘拥军、张立，北京印刷学院校长王永生、副校长蒲嘉陵等出席签约仪式并座谈。

3日 由中国新闻出版研究院国际出版研究室承担的"国际新闻出版业资讯库"（二期）研究工作完成，并顺利通过国家新闻出版广电总局进口管理司验收。

15日 由中国新闻出版研究院牵头的中国音像与数字出版协会科学研究工作委员会获得国家新闻出版广电总局批准。委员会秘书处由工程研发中心承担。

17日　韩国出版文化产业振兴院院长李载昊一行七人到中国新闻出版研究院参观访问。中国新闻出版研究院院长魏玉山,副院长范军出席了座谈会。座谈会由范军主持。韩国出版文化产业振兴院战略企划室室长朴容德,海外事业部部长郑在外,海外事业部员工卓渶姝,韩国中小出版协会会长姜昌龙,韩国中小出版协会团长李建雄,北京大学对外汉语教育学院博士研究生金美虹,民族出版社总编辑终审助理金京植,中国新闻出版研究院出版研究所所长徐升国,人事处处长兼政策法规所所长赵冰,产业发展咨询中心主任李大伟,科研管理部副主任黄逸秋,国际出版研究室主任助理王珺等参加了座谈。

18日　《中国新闻出版研究院重大产业项目管理办法(试行)》《中国新闻出版研究院国有资产管理办法(试行)》发布。

22日　中国新闻出版研究院发出《关于发布〈中国新闻出版研究院重大产业项目管理办法〉和〈中国新闻出版研究院国有资产管理办法〉的通知》。两项办法经12月17日院党政联席会议讨论通过,自2015年1月1日起执行,

同日　中国新闻出版研究院向所属的出版发行研究杂志社、出版参考杂志社、传媒杂志社、新阅读杂志社、中国出版网发出《关于发布〈中国新闻出版研究院院属期刊和网站对外经营合作管理规定〉的通知》。该《规定》经12月17日院党政联席会议讨论通过,自2015年1月1日起执行。

24日 中国新闻出版研究院在北京发布2012年中国版权产业经济贡献的调研成果。国家版权局版权管理司司长于慈珂出席发布会并讲话,中国新闻出版研究院院长魏玉山发布调研成果,中国新闻出版研究院副院长范军主持发布会。

26日 由中国新闻出版研究院与中国建筑工业出版社联合举办,出版参考杂志社承办的"2014年度全国优秀审读报告评选活动"在北京举办颁奖典礼暨"规范撰写审读报告提高图书编辑质量"研讨会,国家新闻出版广电总局副局长吴尚之出席并讲话。

本月 自2014年5月开始,数字版权保护技术研发工程各分包相继进入到了集成测试阶段。在各分包内部审查的基础上,工程管控、工程监理、工程总集、工程标准、总体组技术部对各分包提交的第四阶段成果物进行了两轮前置审查。

本月 财政部文资办将中国新闻出版研究院申请的"中国出版物版权输出促进计划"列为2014年度文化产业发展专项资金支持项目。

本月 中国新闻出版研究院发布实施了《中国新闻出版研究院科研课题管理办法》(新出研字[43]号)。

本月 中国书籍出版社出版的《冰心儿童图书获奖作家作品》(共17册)图书荣获由上海市教育委员会颁发的第23届上海市中小学、幼儿园优秀图书评选活动二等奖。

本年　中央国家机关"强素质·作表率"读书活动主题讲坛共举办12期讲座：周龙主讲《京剧艺术鉴赏》，林左鸣主讲《用企业家精神点燃时代引擎》，厉以宁主讲《中国经济双重转型之路》，张黎主讲《关于加强时代特征研究的几点思考》，史正富主讲《中国经济超常增长的前景与战略选择》，王浩主讲《生命之源：水资源危机与应对》，马勇主讲《甲午战争：缘起、过程及启示》，庄聪生主讲《抢抓全面深化改革新机遇　促进民营经济实现新发展》，张海文主讲《当前海洋局势及我国海洋战略的思考》，吉狄马加主讲《诗人的公众角色与诗歌在当下现实中的作用》，刘东主讲《全球化与中国文化》，逄先知主讲《毛泽东建国以来的思想轨迹》。

2015 年

1 月

6日　中国新闻出版研究院在北京召开《江西省大余县文化产业发展规划（2015—2025年）》专家评审会。国家新闻出版广电总局规划发展司副司长李建臣，中国新闻出版研究院院长魏玉山，江西省大余县委副书记、县长曹爱珍，江西省大余县委副书记、副县长车壮丽等出席会议。评审会由中国新闻出版研究院副院长范军主持。

7日　《中国新闻出版报》刊登记者邹韧采访中国新闻出版研究院院长魏玉山的文章《我国版权产业走出去任重道远——中

国新闻出版研究院院长魏玉山解读2012年中国版权产业经济贡献调研成果》。

15日 "第九届中国期刊创新年会"在北京召开。国家新闻出版广电总局副局长吴尚之,全国政协委员、中国新闻文化促进会会长李东东,中国期刊协会会长石峰,中宣部出版局副局长刘建生,国家新闻出版广电总局新闻报刊司司长李军出席会议并讲话。中国新闻出版研究院院长魏玉山,中国新闻出版研究院党委书记、副院长黄晓新,中国新闻出版研究院副院长范军分别主持会议。

23日 中国新闻出版研究院举行了2014年度院级课题结项评审暨优秀科研成果评选会议。会议对56项课题和成果进行了认真评议,通过无记名投票评定了各课题等级并评选出优秀科研成果13项。

27日 第八届全国新闻出版业网站年会暨新闻出版业互联网发展大会在北京开幕。中国出版协会常务副理事长邬书林出席年会开幕式并讲话。中国新闻出版研究院院长魏玉山,中国新闻出版研究院党委书记、副院长黄晓新,中国出版协会常务副理事长兼秘书长刘建国等出席。中国新闻出版研究院党委副书记、纪委书记荣庆祥,副院长范军、刘拥军、张立分别主持会议。

来自新闻出版行业、互联网公司、数字技术服务商等领域的200多位代表参加了此次会议。

28日 国家新闻出版广电总局财务司印发《国家新闻出版广

电总局财务司关于表彰2013年度部门决算先进单位的通知》，中国新闻出版研究院在本次评比中获得三等奖。中国书籍出版社在国家新闻出版广电总局财务司2013年度企业财务会计决算先进单位的总结评比中获得二等奖。

本月　"2014年度全国优秀审读报告评选活动"评选揭晓。中国版协常务副理事长邬书林，国家新闻出版广电总局出版管理司司长张福海、副巡视员袁越伦，中国编辑学会会长郝振省，中国版协科技委秘书长张敬德，中国新闻出版研究院院长魏玉山、党委书记黄晓新、副院长范军，中国建筑工业出版社党委书记张兴野、社长沈元勤、总编辑咸大庆出席颁奖仪式，将近70家出版集团、出版社的相关领导、获奖代表以及媒体代表参加会议。

本月　中国书籍出版社被国家新闻出版广电总局财务司评为"2013年度企业财务会计决算编报先进单位"。

本月　中国新闻出版研究院副院长范军、传媒研究中心主任李晓晔、出版研究所所长徐升国、数字出版研究所所长王飚被聘为上海理工大学出版硕士联合培养单位硕士生导师。

2月

2日　第五届中华优秀出版物奖在北京揭晓。本次共有338种优秀作品获奖。其中，中国新闻出版研究院徐升国的《数字出版：手机为王？——手机出版的特征及其在中国的发展》和刘建华的《数字时代"扫黄打非"的落点与内化》获得出版科研论文类奖。

全国人大教科文卫委员会主任委员、中国出版协会理事长柳斌杰任本届中华优秀出版物奖评奖委员会主任委员。国家新闻出版广电总局副局长、中国出版协会副理事长邬尚之,中国出版协会常务副理事长邬书林任评奖委员会副主任委员。

4日 《光明日报》刊登记者刘彬采访中国新闻出版研究院院长魏玉山的文章——《出版业网站要适应大数据环境》。魏玉山院长指出目前新闻出版业网站存在三大问题,解决这些问题,关键是要适应大数据环境。要利用数据为网站运营、用户推荐、用户营销提供决策依据。

同日 由中国书籍出版社和海南省文联、中华诗词研究院共同举办的《写在天涯的诗》新书首发式在海口市召开。海南省文联主席张萍、中华诗词研究院第一副院长周兴俊、中国书籍出版社社长兼总编辑王平出席首发式。

5日 经过公开投标,中国新闻出版研究院标准化研究所成功中标国家数字复合出版系统工程标准包。项目启动会即日召开。新闻出版重大科技工程项目领导小组办公室副主任谢俊旗、刘成勇,标准包项目承担单位中国新闻出版研究院院长魏玉山,新闻出版重大科技工程项目领导小组办公室和复合出版工程管理办公室相关人员,以及标准包所有起草组成员出席了会议。

9日 重大办下发《关于印发〈新闻出版重大科技工程项目建设管理组织机构及职责(暂行)〉等6项制度的通知》,包括项目建设管理组织机构及职责、项目经费管理办法、项目研发管

理规定、项目标准管理办法、项目文件处理办法及评审专家库管理办法等暂行规定。

10日 中国新闻出版研究院与北人集团公司在京签署战略合作协议。中国新闻出版研究院院长魏玉山，院党委书记、副院长黄晓新，北人集团公司党委书记、董事长张培武，北人集团公司总经理陈邦设等出席签约仪式并进行了座谈。会议由黄晓新主持。

12日 中国新闻出版研究院"2014年度工作总结表彰大会"举行。中国新闻出版研究院院长魏玉山作工作报告，研究院领导班子全体成员和全院职工200余人参加了大会。会议由院党委书记、副院长黄晓新主持。

本月 中央直属机关精神文明建设委员会决定授予中直机关155个单位"2012—2014年度中央直属机关文明单位"荣誉称号，国家新闻出版广电总局中国新闻出版研究院受到表彰，荣获"2012—2014年度中央直属机关文明单位"。

本月 在国家新闻出版广电总局2012—2014年度精神文明建设先进单位和个人评比中，中国新闻出版研究院荣获"2012—2014年度精神文明建设标兵单位"称号，中国新闻出版研究院党群处主任穆桂强被评为"2012—2014年度精神文明建设先进工作者"，中国新闻出版研究院市场（发行）研究所所长兼调查统计中心主任张晓斌、北京希普思文化咨询有限责任公司刘利彬、后勤服务中心副主任张征贤被评为"2012—2014年度精神文明建设先进个人"。

3月

1日 全国妇联在北京人民大会堂举行全国先进女职工集体和个人表彰大会，大会表彰了10名全国三八红旗手标兵、300名全国三八红旗手、200个全国三八红旗集体、2000个全国巾帼文明岗、1000名全国巾帼建功标兵和500个全国巾帼建功先进集体。中国新闻出版研究院标准化研究所获全国巾帼文明岗荣誉称号。

3日 在中国版权保护中心主办的2015CPCC中国版权服务年会闭幕式上，由国家新闻出版广电总局（国家版权局）版权管理司司长于慈珂发布了《中国新闻出版报》和《中国版权》杂志联合评选出的2014年度中国版权十大事件。其中根据中国新闻出版研究院报告《2012年中国版权产业经济贡献》发布的"我国版权产业对GDP贡献达6.87%"榜上有名。

13日 新疆新闻出版广电局局长古力先·吐拉洪来访中国新闻出版研究院，与院长魏玉山，院党委书记、副院长黄晓新等进行座谈。中国书籍出版社社长兼总编辑王平在会上介绍了出版社的有关情况，中国新闻出版研究院传媒研究所所长李晓晔、印刷研究所所长张羽玲、国有资产与项目管理办公室主任时亮远等参加了座谈。

同日 原中国出版科学研究所副所长、编审邓从理因病去世，享年87岁。

30日 "湖南永兴县创建全国全民阅读示范县研究课题专家论证会"在北京召开，该课题由中国新闻出版研究院、中国出版集团、永兴县委县政府联合完成。中宣部出版局副局长刘建生，韬奋基金会会长聂震宁，中国出版集团副总裁樊希安，永兴县委宣传部部长曹玉春以及来自出版、阅读、新媒体、社会学等研究领域的专家出席会议。会议由中国新闻出版研究院院长魏玉山主持。

同日 新疆维吾尔自治区政协原副主席、《新疆文库》编辑出版委员会主任张贵亭一行访问中国新闻出版研究院，与研究院院长魏玉山，院党委书记、副院长黄晓新，副院长刘拥军等就大型文献丛书《新疆文库》的编辑出版合作进行座谈。《新疆文库》编辑出版委员会办公室主任史亚康，《新疆文库》特聘专家、新疆大学历史系教授、新疆大学出版社原总编辑周轩，中国新闻出版研究院传媒研究所所长李晓晔，国有资产与项目管理办公室主任时亮远，中国书籍出版社社长兼总编辑王平、副总编辑游翔、副社长孟怡平等参加了座谈。

本月 《中国版权产业的经济贡献（2009年—2010年）》由中国书籍出版社正式出版发行。本书为国家版权局委托的"中国版权产业的经济贡献"调研项目的第三次和第四次调研成果，也是该项目出版的第三本专著。

本月 中国书籍出版社申报的出版项目《汤用彤全集新编》和《中国共产党90年史话》获2015年度国家出版基金资助。

4月

7—10日 由中国新闻出版研究院指导，出版发行研究杂志社主办的首届出版企业经营与财务管理研讨会在江苏省镇江市召开。国家新闻出版广电总局规划发展司副司长李建臣，中国新闻出版研究院党委书记、副院长黄晓新，凤凰出版集团股份有限公司副总经理佘江涛，镇江市委宣传部副部长包建国，镇江市文广新局局长周文娟等出席开幕式。

11—12日 第十届中国传媒年会在武汉举行。全国人大教科文卫委员会主任、原新闻出版总署署长柳斌杰，全国政协委员、中国新闻文化促进会会长、原新闻出版总署副署长李东东，全国政协委员、中国广播电影电视社会组织联合会副会长、国家新闻出版广电总局原副局长张丕民，国家新闻出版广电总局新闻报刊司司长李军，湖北省政协副主席王振有等领导出席年会开幕式并致辞。开幕式由中国新闻出版研究院院长魏玉山主持。

中国新闻出版研究院党委书记、副院长黄晓新，中共湖北省委宣传部常务副部长杨万贵，中共湖北省委宣传部副部长、湖北省广播电视台台长王茂亮，湖北省新闻出版广电局局长张良成，湖北日报传媒集团党委书记、社长、董事长邹贤启等出席会议。

20日 由中国新闻出版研究院组织实施的第12次全国国民阅读调查成果在北京发布。中国新闻出版研究院院长魏玉山发布了此次调查的初步研究成果，发布会由副院长范军主持。

20—22日 由中国新闻出版研究院主办，瑞泰集团、圣才教

育协办的"2015全国新闻出版单位数字出版工作交流会暨海峡两岸数字出版企业合作大会"在北京国家教育行政学院举办。

30日 中国社会报社副社长秦艳一行来访中国新闻出版研究院，双方主要针对培训业务、经营发展等合作问题进行了深入交流。

本月 由中国新闻出版研究院国际出版研究室承担了国家新闻出版广电总局"丝路书香"工程重点翻译资助项目秘书处工作，开展"丝路书香"工程重点翻译资助项目征集、组织评审等工作。

本月 由中国新闻出版研究院国际出版研究室承担的"版权交易信息库"2014年度信息采集与研究工作完成，相关成果简报报送国家新闻出版广电总局进口管理司及吴尚之副局长审阅。

本月 中国新闻出版研究院出版经济研究室承担并完成了中国教育出版传媒股份有限公司上市募集资金投资项目可行性论证和报告编制。

5月

7日 国家新闻出版广电总局召开"关于新闻出版业科技体系建设暨行业科技机构建设思路汇报会"，总局数字出版司联合中国新闻出版研究院向总局党组成员、副局长孙寿山同志作了汇报。中国新闻出版研究院汇报主题为《新闻出版科技成果管理与服务建设方案》。

11日　在国家新闻出版广电总局数字出版司的直接指导下，中国新闻出版研究院组织28家专业出版单位开展的数字内容资源知识服务模式试点工作，在北京召开了启动会。

12日　《中国新闻出版研究院岗位聘任公示》发布。

14日　2015数字出版高端论坛在深圳举办。国家新闻出版广电总局副局长孙寿山出席论坛并作主旨发言。总局数字出版司司长张毅君、中国新闻出版研究院院长魏玉山主持论坛。

15日　中国新闻出版研究院在北京组织召开了"国家多媒体数字出版实验室全媒体信息资源技术平台设备购置项目"验收会。中国新闻出版研究院副院长范军，财务部主任郭云、信息中心主任董淑华、国有资产与项目管理办公室李游、项目小组全体成员及被邀请的3位专家参加。

20日　共青团国家新闻出版广电总局第一次代表大会在总局开幕。中国新闻出版研究院党委书记黄晓新等出席会议。研究院香江波、许婧两位代表参加了会议。

29日　由中国新闻出版研究院团委举办的"新鲜青年　文化沙龙"首期开讲。本次讲座的主题是"注重仪态着装　打造职场丽人"，特邀单侠同志作为开讲嘉宾。中国新闻出版研究院五十余位青年参加了这次讲座。

本月　基于《MPR出版物》行业标准提出的、我国新闻出版业首个国际标准《国际标准关联标识符 ISLI》，经过历时五年的研制工作正式发布，标准号 ISO 17316。

本月　中国新闻出版研究院工会组织职工参加国家新闻出版广电总局开展的"最美家庭"摄影和家风家训格言创作活动，展示孝老爱亲、夫妻和睦、科学教子、廉洁文明、书香润德、勤俭节约、爱岗爱家等家庭幸福时刻。许婧、薛创、冉然、介晶、魏羽雁、郎燕妮、孔娜等参加。

本月　中国新闻出版研究院研究生工作办公室组织了研究院与上海理工大学联合培养的 2012 级硕士研究生的毕业答辩，10 位学生顺利取得硕士学位。

6月

1 日　《中国新闻出版研究院岗位聘任决定》发布。根据《中国新闻出版研究院岗位设置实施细则》，经院专业技术岗位专家委员会评审，党政联席会议讨论，决定聘任郝振省等70人科研系列岗位，荣庆祥等24人管理系列岗位，聘期自2013年1月至2015年12月。

5—26 日　数字版权保护技术研发工程开展第五阶段成果轮巡检查工作。

12 日　重要国有出版传媒企业探索实行特殊管理股制度专家研讨会在北京召开。中宣部文改办副巡视员、事业处处长张二国，

中国出版集团公司党组书记、副总裁王涛,人民卫生出版社有限公司董事长陈贤义,中国教育出版传媒集团公司董事、战略发展部主任刘超,中国科技出版传媒集团战略发展部总经理李迟喜,中国建筑工业出版社副总编辑胡永旭,中央财经大学文化创意研究院执行院长魏鹏举应邀与会。会议由中国新闻出版研究院副院长范军主持,中国新闻出版研究院院长魏玉山作总结讲话。

14日 第六届中国数字出版博览会在北京国际会议中心隆重开幕。国家新闻出版广电总局副局长孙寿山作了题为《融合引领创新 创新驱动发展》的主旨报告、中宣部出版局巡视员刘建生为开幕式致辞。中国科学院副秘书长、院士谭铁牛,中国期刊协会会长石峰,国家新闻出版广电总局规划发展司司长朱伟峰,国家新闻出版广电总局新闻报刊司司长李军,国家新闻出版广电总局出版管理司巡视员朱启会,国家新闻出版广电总局规划发展司副司长李建臣,新闻出版总署信息中心主任刘晓凯,中国新闻出版研究院院长魏玉山,中国新闻出版研究院党委书记、副院长黄晓新,中国新闻出版研究院副院长范军、刘拥军、张立,韬奋基金会理事长聂震宁,中国编辑学会会长郝振省等领导出席开幕式。开幕式由国家新闻出版广电总局数字出版司司长张毅君主持。

15日 国家新闻出版广电总局新闻出版重大科技工程项目领导小组办公室下发《关于确定数字版权保护技术研发工程应用推广单位的通知》,明确数字版权保护技术研发工程应用推广单位为中国新闻出版研究院。

17日 中国新闻出版研究院组织全体党员召开"三严三实"

专题教育启动会。中国新闻出版研究院院长、党委副书记魏玉山主持会议并就开展专题教育活动提出要求。党委书记、副院长黄晓新作动员报告。

18日 在中国传统节日——端午节即将到来之际,由共青团北京市西城区委员会、北京市西城区青年联合会共同组织的第二届"西城区社区青年汇"龙舟赛在金帆水上俱乐部举行。国家新闻出版广电总局团委组织成立了国家新闻出版广电总局机关、无线局、电影数字节目管理中心和中国新闻出版研究院四支队伍与西城区团委组织的共46支队伍齐聚后海。

29日 中共国家新闻出版广电总局党组发出通知,新广党组发[2015]49号,任命董毅敏为中国新闻出版研究院党委副书记、纪委书记。

本月 遵照国家新闻出版广电总局机关党委的要求,中国新闻出版研究院以支部为单位开展了以"严纪守法、鉴危自省"为主题的专题组织生活会。党员干部对照六项纪律开展了自查,进一步提高了党员干部遵守纪律的自觉性。

本月 中国新闻出版研究院工会组织女职工参加国家新闻出版广电总局第五期女职工特殊疾病互助保障计划活动。研究院有27名女职工参加。

本月 由中国新闻出版研究院动漫游戏产业研究中心编纂、中国书籍出版社出版的第三部年度报告——《2013—2014中国动

漫游戏产业年度报告》问世。

本月　按照上海理工大学研究生工作的要求，中国新闻出版研究院研究生工作办公室组织了研究院与上海理工大学联合培养的 2013 级硕士研究生中期检查报告会。

7月

7日　国家新闻出版广电总局党组成员、副局长吴尚之，总局机关党委常务副书记孙文科，总局人事司巡视员李潞到中国新闻出版研究院，宣布国家新闻出版广电总局党组关于中国新闻出版研究院领导班子调整任免的决定。董毅敏任中国新闻出版研究院党委副书记、纪委书记，荣庆祥因为年龄原因不再担任中国新闻出版研究院党委副书记、纪委书记的职务。

中国新闻出版研究院院长、党委副书记魏玉山，总局纪检组监察局副局级纪检监察专员董伊薇，中国新闻出版研究院副院长范军、刘拥军、张立出席会议。会议由中国新闻出版研究院党委书记、副院长黄晓新主持。

8日　全国新闻出版标准化技术委员会（SAC/TC527）在北京召开《中国标准关联标识符（ISLI）》国家标准审查会。审查组由来自科研机构、出版单位、管理部门以及有关方面的专家组成，国家新闻出版广电总局数字出版司副司长谢俊旗、国家标准化管理委员会服务业标准部副主任段炼、中国新闻出版研究院副院长张立出席会议。

14 日　国家新闻出版广电总局发出《关于刘拥军等 3 人职务任免的通知》，新广发 [2015]67 号，任命刘拥军为中国印刷博物馆副馆长，免去其中国新闻出版研究院副院长职务。

16 日　国际按需印刷发展案例分论坛在北京国际会议中心召开。论坛由中国新闻出版研究院印刷研究所所长张羽玲主持。中国新闻出版研究院党委书记、副院长黄晓新，国家新闻出版广电总局数字出版司产业推进处处长王强、印刷发行司印刷处张迁平，中国新闻出版研究院出版研究所所长徐升国等行业的领导和专家，北人集团公司的张培武董事长、陈邦设总经理，中国惠普有限公司大中华区总经理黄志铭等近 200 人出席。

19 日　中国书籍出版社在北京图书大厦举办《李绍先眼中的阿拉伯人》新书签售会，本书作者，著名中东问题专家李绍先与读者零距离交流，就中东热点问题进行互动。

20 日　国家新闻出版广电总局发出《关于王平任职的通知》，新广发 [2015]73 号，任命王平为中国新闻出版研究院副院长。

28 日　中国新闻出版研究院院长魏玉山、党委书记黄晓新审阅并签字通过了工程研发中心《关于成立"新闻出版科技成果管理与服务中心"的请示》，中国新闻出版研究院将以工程研发中心为依托，设立"新闻出版科技成果管理与服务中心"，负责包括数字版权保护技术研发工程应用、推广在内的新闻出版科技成果管理与服务工作。

31日 中共国家新闻出版广电总局党组发出《关于王平同志任职的通知》，新广党组发[2015]66号，任命王平为中国新闻出版研究院党委委员。

同日 数字版权保护技术研发工程管控包测试招投标工作完成。最终确定的三家第三方测试机构分别为：国家信息中心、中国软件测评中心和北京中科卓信软件测评技术中心。

本月 数字版权保护技术研发工程总体组联合重大办组织召开版权工程全体大会，就第五阶段问题整改工作提出要求，包括对整改不力的后果责任与惩戒措施进行宣讲。

本月 《国际出版业发展报告（2014版）》（国际出版蓝皮书）由中国书籍出版社出版发行。该书由中国新闻出版研究院副院长范军主编，中国新闻出版研究院国际出版研究室组织撰写。

本月 中国新闻出版研究院党办组织职工参加国家新闻出版广电总局办公厅开展的收看"激情·奉献·廉洁"先进事迹报告会及征文活动。游翔、许婧代表研究院参加了征文活动。

本月 中国新闻出版研究院党办组织召开转业军人和军人家属座谈会。会上，转业军人和家属畅谈当兵历史、转业后的收获，以及军人为国家为人民的献身精神和无私奉献，军人家属的不易和辛苦等。研究院党政主要领导魏玉山、黄晓新、董毅敏及14名转业军人、家属参加。

8月

1日 由中国书籍出版社主办的《国旗之恋》签售会在北京图书大厦成功举办。本书作者、天安门国旗班首任班长董立敢，与后任几位班长齐聚签售现场，为读者讲述国旗和国旗班的故事。

4日 重大办联合总体组下发《数字版权保护技术研发工程第五阶段工作情况通报》至各分包承担单位。该《通报》综合了第五阶段轮训检查情况、各单位任务承担情况及检查问题整改情况。

9—13日 应韩国出版学会邀请，由中国新闻出版研究院院长魏玉山为团长，政策法规研究所所长赵冰、市场发行研究所所长张晓斌、印刷研究所所长张羽玲、出版参考杂志社副社长李建红、科研管理部副主任黄逸秋为团员的出版学术代表团出席了在韩国首尔召开的第十六届韩中出版学术交流会议。

10日 在《新阅读》杂志与《大学生村官报》联合举行的"图书漂流，开启爱的阅读旅程"活动中，江西省萍乡市芦溪县新泉乡乔岭小学，陕西省渭南市澄城县韦庄中学的同学们收到了免费赠阅的《新阅读》。

22日 2015"国开杯"出版界乒乓球邀请赛在北京海淀体育馆举行。国家新闻出版广电总局副局长孙寿山出席开幕式，并在赛后为取得成绩的运动员和运动队颁奖。前世界冠军、中国乒协副主席、原中国乒乓球队女队主教练陆元盛亲临现场观战并指导。

总局出版管理司司长周慧琳，中宣部出版局副局长冯士新，中国新闻出版研究院院长魏玉山、党委书记黄晓新、副院长范军，国开（北京）出版传媒集团有限公司总支书记周永胜，深圳出版发行集团公司总经理尹昌龙，北京人天书店有限公司总经理施春生，京东图书部总监杨海峰，《乒乓世界》杂志主编夏娃等参加了邀请赛。

26日　中国邮政集团报刊发行局局长刘绍权一行到访中国新闻出版研究院，与中国新闻出版研究院党委书记黄晓新以及数字出版研究所所长王飚、传媒杂志社主编杨驰原等进行了座谈。

27日　中国书籍出版社荣获"2014中国图书世界馆藏影响力出版100强"。

31日　国家新闻出版广电总局机关党委常务副书记孙文科，总局人事司巡视员李潞到中国新闻出版研究院，宣布国家新闻出版广电总局党组关于王平同志任职的决定。中国新闻出版研究院院长魏玉山，中国新闻出版研究院副院长范军、张立，中国新闻出版研究院党委副书记、纪委书记董毅敏出席会议。会议由中国新闻出版研究院党委书记、副院长黄晓新主持。

本月　中国新闻出版研究院工会组织全院职工参加国家新闻出版广电总局举办的法纪知识技能练兵竞赛。共有130多人参加了网上答题，90%以上参加人员取得了80分以上的成绩。

9月

23日 中国新闻出版研究院"出版理论前沿"系列讲座第39讲举行。本次讲座特邀日本侨报社总编辑兼日中交流研究所所长段跃中,作了题为"日本出版界现状与日本侨报出版社的20年——在日本讲中国故事的实践报告"的专题讲座。研究院党委书记、副院长黄晓新主持讲座。讲座开始前,副院长、中国书籍出版社社长王平与段跃中总编辑分别代表中国书籍出版社、日本侨报社签署了战略合作协议。

25日 由中国新闻出版研究院团委举办的"'互联网 '时代的出版人才"征文活动评比结果揭晓。活动共评出6位获奖选手。其中一等奖2名、二等奖2名、三等奖2名。科研管理部逯薇的《高校数字出版专业人才培养的问题及对策研究》、中国书籍出版社李立云的《"互联网"时代培养学术图书编辑综合素质的途径》获一等奖;标准化研究所李旗的《"互联网"时代出版人才标准化素质的探讨》、中国书籍出版社庞元的《出版社编辑互联网思维模式探究》获二等奖;政策法规研究所杨昆的《"互联网"时代出版业的版权运营与保护》、中国书籍出版社杨铠瑞的《"互联网":出版业跨界转型的新路径》获三等奖。

29日 重大办在北京组织召开了"数字版权保护研发工程——管控包第五阶段专家评审会",工程总体组、工程管控、工程总集、工程标准参加了会议。

本月 中国新闻出版研究院工会组织女职工参加国家新闻出

版广电总局开展的第三届书香"三八"征文活动。征文以"健康女性·幸福中国"为主题,通过阅读《牵手幸福》《阳光女性》等书籍,结合本人的家庭生活和工作等,讲述身边经历的美好故事。宗蕾、李文娟代表研究院参加。

本月　中国新闻出版研究院工会组织职工参加国家新闻出版广电总局开展的职工献爱心毛衣编织"恒爱行动"公益活动。黄立平、范雪梅、宋士玲、姜远丽、房琍等参加。

本月　中国新闻出版研究院党委办公室组织职工参加国家新闻出版广电总局精神文明办公室组织的"祖国在我心中"合唱节活动。参加职工90多人。

本月　受中国视协卡通艺术委员会邀请,中国新闻出版研究院动漫游戏产业研究中心在2015中国卡通产业论坛上发布了《2013—2014中国动漫游戏产业年度报告》。

本月　中国新闻出版研究院出版经济研究室撰写完成《新闻出版业"十二五"时期发展规划终期评估报告》。该《报告》主要包括规划实施的总体情况、规划实施过程中存在的主要问题、关于新闻出版业"十三五"时期行业发展的建议三部分内容。

本月　《中国新闻出版多语种语料库》项目获财政部2015年文化产业发展专项资金资助。

本年　中央和国家机关"强素质·作表率"读书活动主题讲坛共举办12期讲座：张维为主讲《一个文明型国家的崛起》，马长生主讲《关爱生命　拥抱健康——从提高科学素养、健康素养，防病治病，提升生命质量谈起》，乔良主讲《美国东移与中国西进——中美博弈下的中国战略选择》，韩震主讲《哲学思维与领导力》，李绍先主讲《中东大乱局与中国应对》，尹鸿主讲《新媒体时代的传播与社会》，何建明主讲《南京大屠杀的真相与思考》，鄂竟平主讲《南水北调：资源配置的实践》，金一南主讲《全民抗战是百年沉沦中的民族觉醒》，李扬主讲《认识中国经济新常态》，单霁翔主讲《故宫的世界　世界的故宫》，陈晋主讲《毛泽东的战略领导智慧和决策风格》。

附录

一、中国新闻出版研究院[①] 30 年来组织机构变化情况

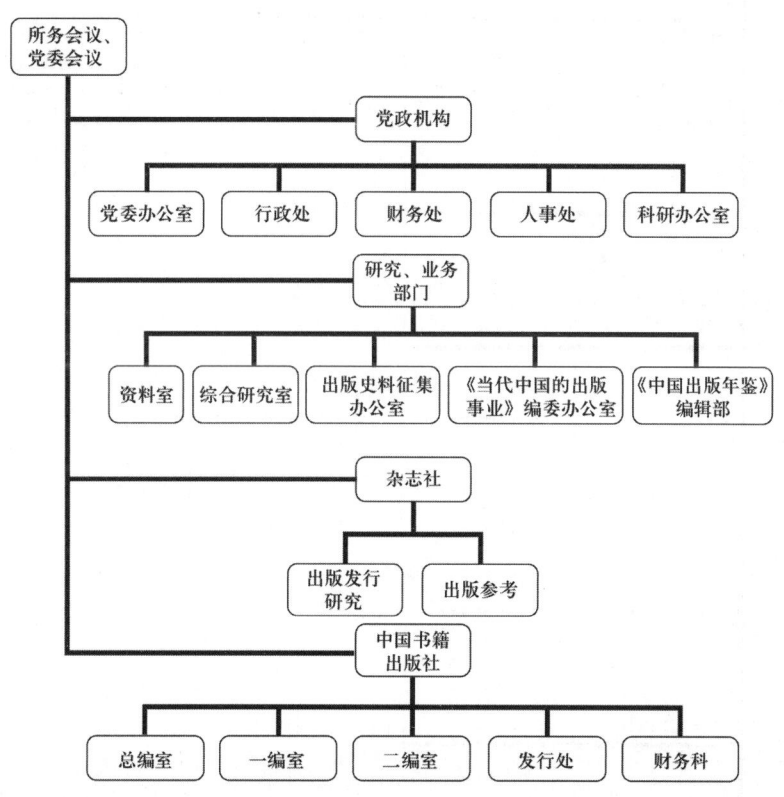

中国出版科学研究所建所 10 周年时的组织机构图

[①] 1985 年 3 月 21 日,中国出版发行科学研究所成立,1989 年 8 月更名为中国出版科学研究所,2010 年 9 月 17 日更名为中国新闻出版研究院。下同。

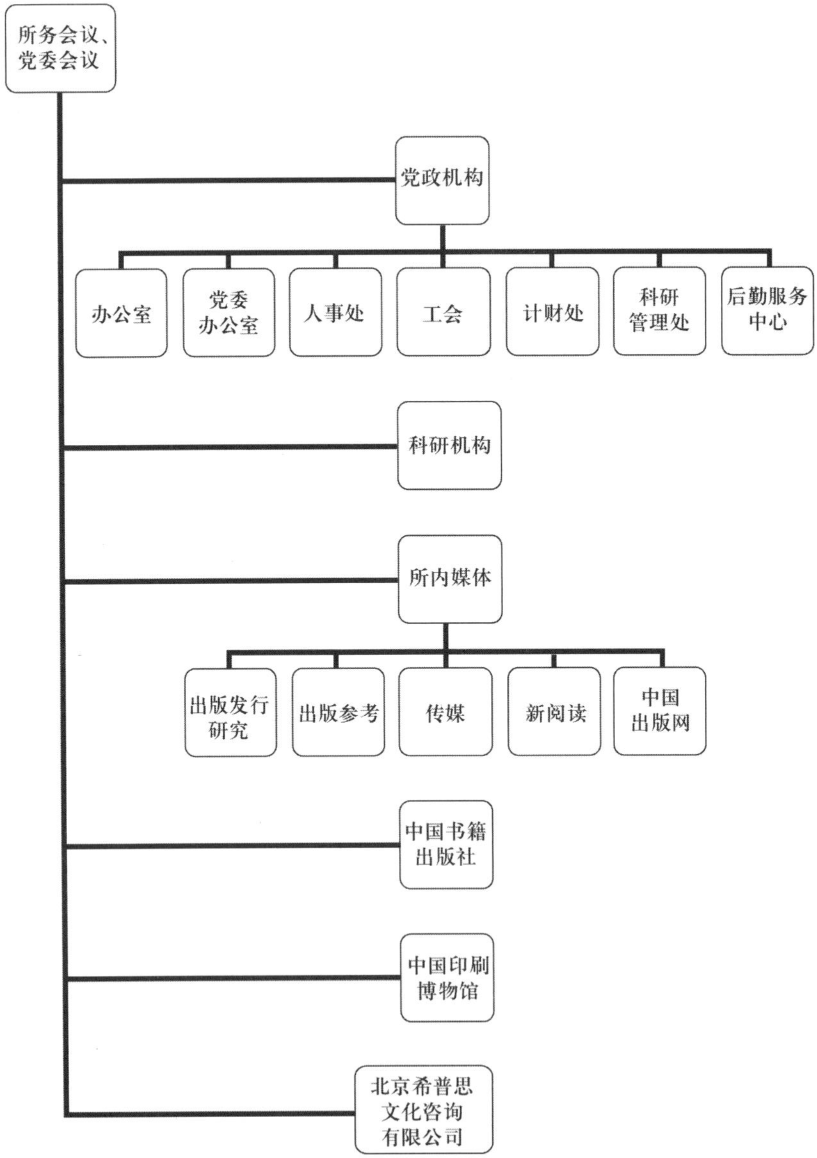

中国出版科学研究所建所 25 周年时的组织机构图（1）

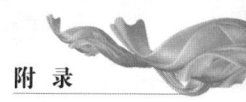

附 录

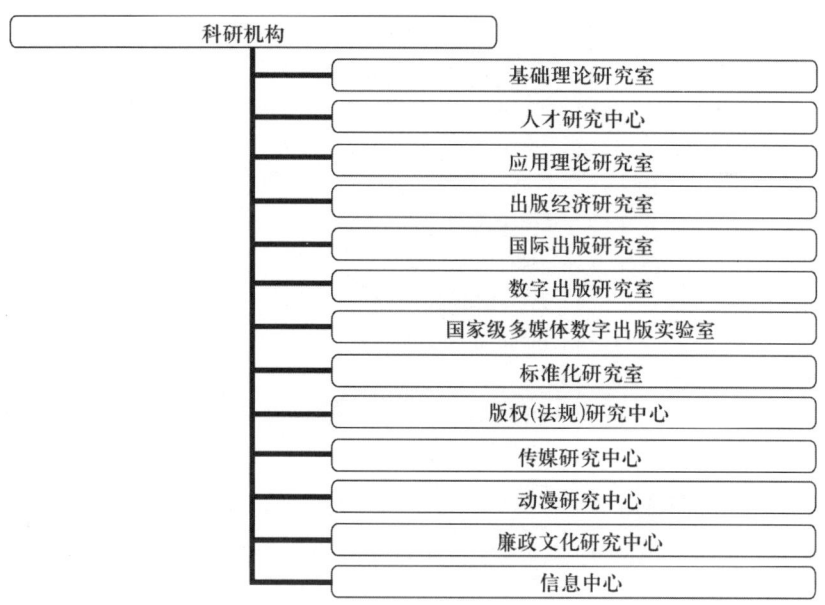

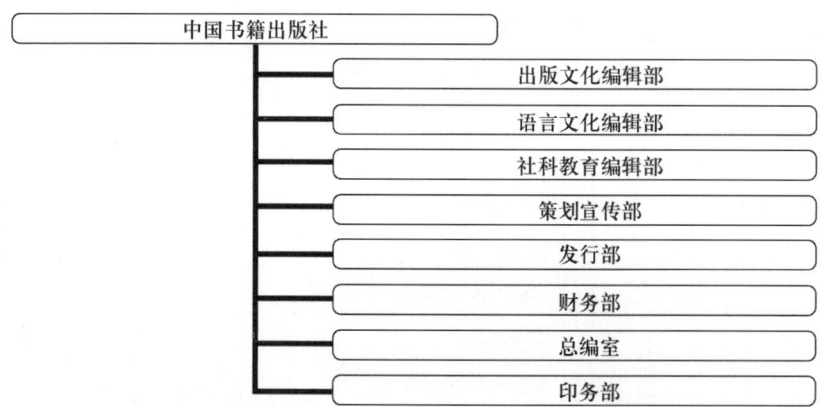

中国出版科学研究所建所 25 周年时的组织机构图（2）

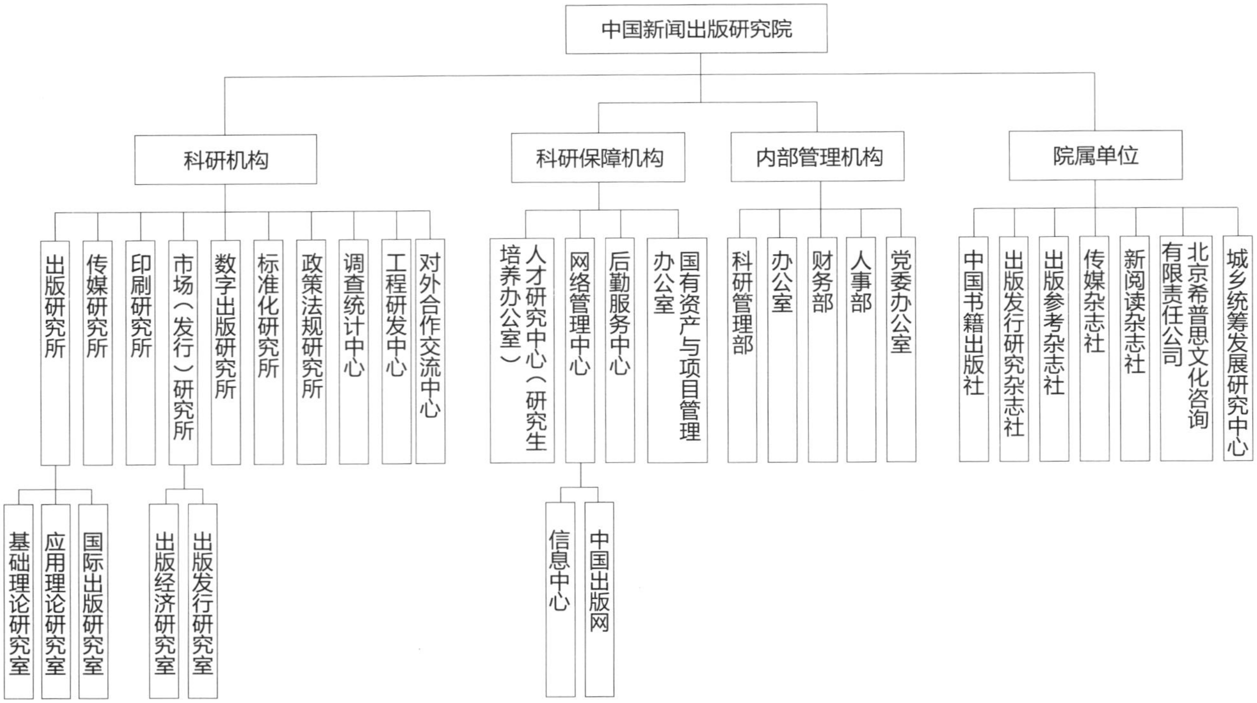

中国新闻出版研究院成立30周年时的组织机构图

二、中国新闻出版研究院历届领导班子成员名单

1984年7月中国出版发行科学研究所筹备组成立

筹备组

组长　王益

副组长　叶再生　邵益文

1985年3月中国出版发行科学研究所成立

1985年6月—1987年9月

副所长　邵益文（1985年6月任命）

副所长　陆本瑞（1985年10月任命，未到任）

1987年9月—1990年11月（1989年8月更名为中国出版研究所）

所长　边春光（1987年9月5日宣布—1989年12月29日）

常务副所长　陆本瑞（1987年9月5日宣布）

党委书记、副所长　邵益文（1987年9月5日宣布任副所长，1988年9月任党委书记）

副所长　邓从理（1987年9月5日宣布）

副所长　方厚枢（1987年9月5日宣布）

1990年11月—1994年9月

所长　袁亮（1990年11月任命）

常务副所长　陆本瑞（1994年10月离休）

党委书记、副所长　邵益文（1994年10月退休）

副所长　邓从理（1993年2月离休）

副所长　方厚枢（1993年2月退休）

副所长　洪忠炉（1993年2月任命）

1994年9月—1996年9月

所长　袁亮（1996年10月退休）

党委书记、副所长　吴克明（1994年9月任命）

副所长　洪忠炉

1996年9月—1999年1月

主持工作副所长、党委副书记　余敏（1996年9月28日宣布）

党委书记、副所长　吴克明（1999年2月退休）

副所长　洪忠炉（1999年2月退休）

1999年1月—2005年10月

主持工作副所长、党委书记　余敏（1999年7月任党委书记，2007年5月退休）

副所长　郝振省

党委副书记、纪委书记　宋英亮

2005年10月—2009年7月

所长、党委书记　郝振省（2005年10月任命）

副所长　辛广伟（2009年9月调任人民出版社）

党委副书记、纪委书记、副所长　宋英亮（2009年8月调任新闻出版总署教育培训中心）

副所长　魏玉山

附录

2009年7月—2010年11月

所长、党委副书记　郝振省（2009年7月31日宣布）

党委书记、副所长　左晓光（2009年7月31日宣布，2010年5月调任中国版本图书馆）

副所长　魏玉山

副所长　范军（2009年9月17日宣布）

2010年11月—2012年2月

院长、党委副书记　郝振省（2010年11月5日任党委副书记，11月11日任院长）

副院长　魏玉山（2010年11月任命）

副院长　范军（2010年11月任命）

副院长　刘拥军（2011年10月任命）

副院长　张立（2011年10月任命）

2012年2月—2014年4月

院长、党委副书记　郝振省（2014年4月不再担任中国新闻出版研究院院长职务）

党委书记、副院长　魏玉山（2012年7月起任党委书记）

党委副书记、纪委书记　荣庆祥（2012年2月任党委副书记、纪委书记）

副院长、党委委员　范军

副院长、党委委员　刘拥军

副院长、党委委员　张立

2014 年 4 月—2014 年 10 月

院长、党委书记　魏玉山（2014 年 4 月任院长）

党委副书记、纪委书记　荣庆祥

副院长、党委委员　范军

副院长、党委委员　刘拥军

副院长、党委委员　张立

2014 年 10 月—2015 年 6 月

院长、党委副书记　魏玉山

党委书记、副院长　黄晓新（2014 年 10 月任命）

党委副书记、纪委书记　荣庆祥（2015 年 6 月退休）

副院长、党委委员　范军

副院长、党委委员　刘拥军（2015 年 7 月调任中国印刷博物馆）

副院长、党委委员　张立

2015 年 6 月—今

院长、党委副书记　魏玉山

党委书记、副院长　黄晓新

副院长、党委委员　范军

副院长、党委委员　张立

党委副书记、纪委书记　董毅敏（2015 年 6 月任命）

副院长、党委委员　王平（2015 年 7 月任命）

三、中国新闻出版研究院历届党委、纪委成员名单

临时党支部：

1985 年 5 月 20 日，中国出版发行科学研究所召开全体党员

会议,成立临时党支部。邵益文任党支部书记,王秀芹任组织委员,余甘澍任宣传委员。有关事宜报国家出版局机关党委审批。

第一届党委、纪委名单：

1988年9月17日,新闻出版署机关党委批复,同意由邵益文、王秀芹、袁继荨、农奋东、魏玉山五位同志组成中共中国出版发行科学研究所第一届委员会,邵益文任书记。

1988年11月14日,新闻出版署机关党委批准中国出版发行科学研究所党的纪律检查委员会由袁继荨、朱诠、丘淙三人组成,袁继荨任书记。

第二届党委、纪委名单：

1995年11月23日,中国出版科学研究所选举产生吴克明、张清雅、魏玉山、孙继芬等四位同志组成第二届党委会,吴克明任书记；由丘淙、闫秀英组成第二届纪委会,纪委书记一职暂时空缺。

第三届党委、纪委名单：

1999年7月1日,通过选举,中国出版科学研究所第三届党委由余敏、宋英亮、郝振省、魏玉山、时亮远、马欣来、朱诠组成,党委书记余敏,党委副书记宋英亮；第三届纪委书记宋英亮,委员：宋英亮、闫秀英、孙继芬。

第四届党委、纪委名单：

2006年6月3日,中国出版科学研究所党委、纪委换届大会召开,选举产生中国出版科学研究所第四届党委、纪委组成人员。

党委书记郝振省,党委副书记宋英亮;党委委员:郝振省、宋英亮、辛广伟、魏玉山、时亮远、刘拥军、李晓晔。纪委书记宋英亮,纪委委员:宋英亮、郭云、丘淙、郝捷、石兴权。

第五届党委、纪委名单:

2012年7月17日,中共新闻出版总署直属机关委员会批复中国新闻出版研究院成立第五届党委、纪委。党委书记魏玉山,党委副书记郝振省、荣庆祥;党委委员:魏玉山、郝振省、荣庆祥、范军、刘拥军、张立、李晓晔。纪委书记荣庆祥,纪委副书记穆桂强;纪委委员:荣庆祥、穆桂强、李晓晔、石兴权、时亮远。

2015年党委、纪委名单:

党委书记黄晓新,党委副书记魏玉山、董毅敏;党委委员:黄晓新、魏玉山、范军、张立、董毅敏、王平、李晓晔。纪委书记董毅敏,纪委副书记穆桂强;纪委委员:董毅敏、穆桂强、李晓晔、时亮远。

四、中国新闻出版研究院历届工会组成人员名单

1993年4月16日,中国出版科学研究所全所工会会员大会选举洪忠炉、冯高潮、王秀芹、闫秀英、杨贵山、陈静、徐焕生、张俊杰、陆炳国等9人为首届工会委员会委员。洪忠炉为主席,冯高潮、王秀芹为副主席。新闻出版署工会5月20日批复同意。

2000年2月24日,新闻出版署直署机关工会联合会批复宋英亮、郝捷、郭云、姜远丽、杨贵山、刘勇、王大军等7人组成第二届工会委员会。宋英亮任工会主席。

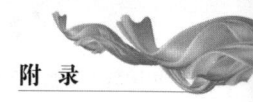

后增补孙继芬为工会副主席，穆桂强、王青为工会委员。

2010年8月23日，新闻出版总署直属机关工会委员会批复中国出版科学研究所（现中国新闻出版研究院）成立第三届工会委员会。

工会主席：范军，工会副主席：穆桂强；

工会委员：黄立平、范雪梅、姜远丽、武雅彬、周芷旭、饶兴峰、尹淑洁等7人。饶兴峰任经费委员会主任、黄立平任女工委员会主任。

五、中国新闻出版研究院历届团支部（团委）组成人员名单

1986年1月27日，中国出版发行科学研究所团支部成立。王文友任支部书记，陈静、龚家莹为任委员。

1987—1991年

支部书记：魏玉山

副书记：董淑华

委员：陆炳国、赵从旻、龚家莹

1991年6月21日，中国出版科学研究所团支部选举李宁、杨贵山、赵从旻、龚家莹四人组成新一届团支部委员会。赵从旻任书记，龚家莹任副书记。

1996 年左右
支部书记：刘元煌
团员（委员）：范雪梅、刘颖丽

1998—2003 年左右
支部书记：徐升国
团员（委员）：香江波、刘伟见、陈磊

2003—2007 年
支部书记：香江波
团员（委员）：刘伟见、陈磊

2007—2009 年
支部书记：香江波
委员：王杨、周芷旭

2009 年 6 月 11 日，按照中共新闻出版总署团委关于同意成立共青团中国出版科学研究所委员会的批复，由中国出版科学研究所全体团员选举产生了共青团中国出版科学研究所第一届委员会。

2009—2013 年
团委书记：香江波　团委副书记：刘柏良
组织委员：王杨　青年委员：张明波　文宣委员：周芷旭

2012 年团员变动情况：刘柏良调走。

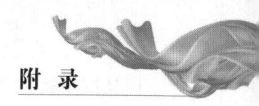

附 录

2013—今

团委书记：香江波　团委副书记：许婧

组织委员：王杨　青年委员：张明波　文宣委员：康婷婷

2015年团委委员变动情况：王杨、康婷婷调走。

六、中国新闻出版研究院职工名单

院领导　魏玉山　黄晓新　范军　张立　董毅敏
　　　　　王平

政协委员　郝振省

办公室　赵刚　张明波　许婧

人事部　赵冰　王卉莲　苏唯玮

党委办公室　穆桂强　黄立平

财务部　谷凤荣　顾萌　赵艺涵　蔡芫　王孟扬
　　　　　李正勃

科研管理部　黄逸秋　逄薇

国有资产与项目管理办公室　时亮远

信息中心　董淑华　高宁　范雪梅　宋士玲

中国出版网　章泽锋　王扬　邓杨　尚烨
　　　　　　　息慧娇

出版研究所　徐升国　姜晓娟　冯建辉　拜庆平　孙鲁燕
　　　　　　　庞沁文　曹凤祥　于秀丽　屈明颖　鲍红
　　　　　　　赵文飞　田菲　王珺　侯鹏　刘莹晨
　　　　　　　张晴

传媒研究所　刘建华　杨春兰　查国伟　李文竹

389

印刷研究所	张羽玲　刘成芳
市场（发行）研究所	张晓斌　陈含章　贾靓琨　王　曦 龚　玲　戴思晶　闫　鑫　李　薇 王　菲
数字出版研究所	王　飚　李广宇　孟晓明　刘玉柱 李　熙　毛文思　郝园园　徐　瑶 宋迪莹　杨　涛
标准化研究所	刘颖丽　香江波　张书卿　陈　磊　张倩影 李　旗　郎彦妮　卓岳东　谢　冰
政策法规研究所	杨　昆　郝丽美　刘　钊
调查统计中心	赵彦华　王　青　熊璞刚　阚若航　樊　伟 夏秋娥　孔　娜　林　玲　邸　昂　刘　峥 原　炜　张问问
工程研发中心	张凤杰　李　游　介　晶　梁楠楠　王　瑶 李嘉宁　张从龙　栾京晶　庞　峥　马春艳 李晓莲　王　超　李　昂　周　琨　尚　雨 张志鹏　刘　京　王　烨　李晓京　赵楠希 徐　璐
人才研究中心	李文娟　刘晶晶
对外合作交流中心	林晓芳　周建新　姜远丽
后勤服务中心	张征贤　李霄峰　薛　创　周文伟　石兴福 郭伍亭　肖文红　刘广洁　张贺珠　郄建英 张华松
城乡统筹发展研究中心	谢华平　梁胜红　张飞翔　吴蕴庭 武　桦　左志锐　李兰萍　孙彦群　李　荣 彭　铁　马　群　韩一鸣　李　峰　王　楠

附 录

	王　昱	吴星越	曹馨予	龙晓柏	牛兴奎
	彭晓辉	何　斌	黄泽南	韩　辉	朱　殷
	董卫彬	张　新	徐绍光	蒋玟萱	李雪琴
	陈雅琪	陈　苗	陈　壮	范秀晖	尹婉菁

北京希普思文化咨询有限责任公司　李大伟　原天平　王淑君
　　　　　　　　　　　　　　　　　　石今豪　刘利彬　余叶烨　宋婷婷
　　　　　　　　　　　　　　　　　　张久川　李平阳　单飞飞　孟程程
　　　　　　　　　　　　　　　　　　席彩玫　徐智杰　高　亮　高　洁
　　　　　　　　　　　　　　　　　　曹　泉　梁正晨　隗莉莉　鞠　龙

中国书籍出版社　赵安民　游　翔　孟怡平　陆炳国　刘　娜
　　　　　　　　　李田燕　武雅彬　房　珂　张瑞江　司昭敏
　　　　　　　　　秦　迪　孙　媛　卫玉婷　孙马飞　马　芝
　　　　　　　　　武　斌　牛　超　成晓春　戎　骞　王　淼
　　　　　　　　　毕　磊　卢安然　李　新　吴　琼　于建平
　　　　　　　　　李立云　宋　然　赵丽君　安玉霞　叶心忆
　　　　　　　　　庞　元　许艳辉　杨铠瑞　李国永　冯继红
　　　　　　　　　南恒轩　杨博威　李　婧　董苗苗　高增文
　　　　　　　　　王义革　杨晓纯　董　京　王本元　张　超
　　　　　　　　　刘新芹　霍建胜　马丽娜　姜万之　王　波
　　　　　　　　　陈德勇　张叶琳　刘一迪　武向娜

出版发行研究杂志社　李晓晔　刘冬燕　苏振才　杨　莹　郭佳宁
　　　　　　　　　　　魏羽雁　吴　遐　刘　兵

出版参考杂志社　李建红　缪立平　邸荣芬　甄云霞　刘宇阳
　　　　　　　　　李中南

传媒杂志社　杨驰原　卢剑锋　冉　然　高　方　王清江
　　　　　　　刘明禄　左志新　李　栋　杜静菊

　　　　苑佳馨　胡玉玲　曹　阳　鲁艳敏

新阅读杂志社　宗　蕾　邹　浩　李　汝　邓　雷

七、中国新闻出版研究院离退休人员名单

（按姓名首字笔画为序）

离休：冯建成　陆本瑞　袁　亮　袁继荨

退休：马斌元　王　瑶　王大军　石兴权　丘　淙　白古山
　　　冯高潮　闫秀英　朱　诠　孙海红　孙继芬　闫京萌
　　　李伯红　李晓燕　李淑侠　张美芬　张炤渭　张清雅
　　　余　敏　余甘澍　吴　巍　吴克明　沈菊芳　陈俊玥
　　　邵益文　荣庆祥　洪忠炉　郭　云　柳　华　徐焕生
　　　蒋伯宁　薛苏陵

八、中国新闻出版研究院优秀出版科研成果奖评选结果（部分年度缺）

1993年度

优秀科研成果奖获奖名单（按论文作者姓名笔画为序）：

1. 王建华：《东亚地区出版年鉴比较研究》
2. 孙煜华：《毛泽东同志早期的出版实践活动》
3. 孙鲁燕：《出版物面向市场与编辑工作的文化属性》
4. 闫京萌：《国外电子出版概况及其发展》
5. 杨贵山：《现代国际出版研究一瞥》
6. 周建新：《中国古籍的特点及对其出版发行应采取的对策》
7. 章宏伟：《雕版印刷术起源问题新论》
8. 魏玉山：《邓小平的出版实践与出版理论》

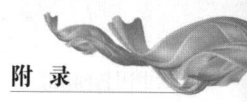

附录

1995 年度

一等奖

魏玉山、杨贵山：《西方六国出版管理研究》（专著）

二等奖

陆本瑞：《出版社的专业分工问题》（研究论文）

魏玉山、孙煜华：《百战不殆的秘密》（研究论文）

章宏伟：《秦汉出版业考述》（研究论文）

三等奖

朱诠：《改革图书价格政策 实施地区差别定价》（工作研究）

杨贵山：《美国电子出版现状》（调查资料）

周建新：《拍卖声逝去的余音》（调查资料）

1996 年度

二等奖

赵从旻：《对地方出版"局社合一"型体制的剖析》

三等奖

孙鲁燕：《六省市省级出版管理体制调查报告》

章宏伟：《魏晋南北朝出版业考述》

朱诠：《社会主义市场经济条件下出版人才成长机制》

孙继芬：《从中国出版科学研究所看干部聘任制》

1997 年度

二等奖

赵从旻、徐焕生：《当前非法出版活动产生的原因及对策》

朱诠、孙鲁燕：《关于买卖书号问题的研究报告》

三等奖
闫京萌：《我国图书重版率若干问题研究》
杨贵山：《英国出版管理》
章宏伟：《两宋出版事业研究》
陆本瑞：《注重实际技能训练的美国出版教育》

2006 年度

优秀科研项目奖：《全国国民阅读与购买倾向抽样调查报告（2006）》《中国主题图书在主要发达国家的出版情况研究》《版权战略研究》

优秀科研组织奖：《中国出版通史》编委会办公室

优秀科研论文奖：张立《我国数字出版产业发展规模》

优秀科研论文提名奖：贾靓琨、拜庆平《发达国家印刷出版业增加值在国民经济中的地位研究》

2009 年度

一、专著类奖

特等奖
基础理论研究室《中国出版通史》

一等奖
基础理论研究室《出版文化丛书（第一辑）》
应用理论研究室《中国阅读：全民阅读蓝皮书（第一卷）》

二等奖
国际出版研究室《国际出版业发展报告（2008版）》
数字出版研究室《跨媒体出版调查与测试报告》

二、科研报告类奖

一等奖

出版经济研究室《图书发行单位对图书出版单位结算信用情况调查报告》

出版经济研究室《新闻出版业"十一五"发展规划中期评估报告》

版权研究中心、出版经济研究室《中国版权产业的经济贡献》

二等奖

基础理论研究室《党的执政能力建设与提高新闻出版工作能力研究》

动漫研究室《中国动漫游戏产业现状调研报告》

传媒研究中心《核心期刊异化问题调研报告》

三等奖

数字出版研究室《2007—2008 中国数字出版产业年度报告》

国际出版研究室《国外的阅读调查与杂志出版企业的市场研究》

三、优秀论文奖

张晓斌《从税法视角看美国的非营利出版机构》

王化冰《论构建新闻出版公共服务体系的理论基础与现实需求》

庞沁文《论创意时代的创意出版》

2010 年度

2011 年 1 月 24 日评选出 18 项科研成果。

一、专著类奖（共计 3 项）

一等奖（1 项）

基础理论研究室《2009—2010 中国出版业发展报告》

二等奖（1 项）

版权研究中心《中国版权相关产业的经济贡献》

三等奖（1项）

应用理论研究室《2009民营书业发展研究报告——国有民营合作状况调查》

二、科研报告类奖（共计8项）

一等奖（1项）

经济研究室《2009年新闻出版产业分析报告》

二等奖（3项）

标准化研究室《新闻出版标准体系及重要标准研究》

版权研究中心《出版单位主管主办制度研究》

应用理论研究室《积极推动全民阅读，努力营造书香社会——2009年全民阅读活动情况调研报告》

三等奖（4项）

传媒研究中心《新闻出版公共服务体系建设"十二五"发展规划》

数字出版研究室《2009电子（纸）阅读器测试报告》

国际出版研究室《国际出版传媒集团战略研究与中国出版传媒"航母"的打造》

动漫游戏产业研究中心《2010动漫出版产业研究报告》

三、优秀论文奖（共计7篇）

一等奖（1篇）

基础理论研究室庞沁文《出版的基础规律是什么》

二等奖（3篇）

数字出版研究室张立、石昆《电子书产业发展状况及趋势》

应用理论研究室徐升国《对第七次中国国民阅读调查的思考》

《传媒》杂志周志懿《数字化背景下中国报业的出路》

三等奖（3篇）

标准化研究室张书卿《出版业应如何面对纷纷扰扰的电子书格式之争》

版权研究中心张凤杰《网络实名制：让虚拟网络实起来》

《传媒》杂志马莉《新媒体艺术彰显聚合转播效应——2008年北京奥运会开幕式的视觉文化解析》

2011年度

2012年1月10日评选出19项。

一、专著类奖

优秀奖（共计3项）

基础理论研究室《2010—2011中国出版业发展报告》

数字出版研究室《2009—2010中国数字出版产业年度报告》

张文彦、肖东发等《我国对外传播文化软实力研究》

二、科研报告类奖（共计9项）

一等奖（2项）

标准化研究室《国际标准文档关联编码》（ISDL）

出版经济研究室、统计处《2010年新闻出版产业分析报告》

二等奖（2项）

数字出版研究室《电子词典内容质量及版权状况检测报告》

版权研究中心《西方发达国家新闻出版法律规制研究报告》

三等奖（5项）

国际出版研究室《世界一流出版传媒集团发展研究》

动漫游戏产业研究中心《2011年动漫游戏出版产业研究报告》

统计处《"十二五"期间新闻出版统计制度改革研究》

版权研究中心《贯彻落实科学发展观与实施版权战略研究》

基础理论研究室庞沁文《2010年出版集团创新发展报告》

三、科技创新优秀奖（1项）

应用理论研究室《全国国民阅读调查样本户门牌地址生成及抽样系统》

四、标准文本优秀奖（1项）

标准化研究室《新闻出版数字资源唯一标示符》

五、优秀论文奖（共计5篇）

一等奖（1篇）

动漫中心王飚、中国书籍出版社李建红《中国动漫：从成长到成熟》

二等奖（2篇）

应用理论研究室屈明颖《当下数字阅读发展趋势解读》

应用理论研究室鲍红《光荣与梦想：盘点民营书业30年》

三等奖（2篇）

数字出版研究室毛文思《电子书的漫漫前行路——电子阅读器降价风潮下的重新审视》

《出版参考》杂志王化冰《出版业输出引进这十年》

2012年度

一、专著类奖（一、三等奖空缺）

二等奖

版权研究室《中国版权相关产业的经济贡献（2007—2008）》

数字出版研究所《2011—2012中国数字出版产业年度报告》

国际出版研究室《国际新闻出版业发展报告（2010）》

应用理论研究室《全国国民阅读调查报告（2010）》

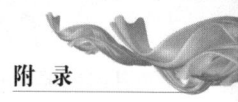

二、科研报告类奖（三等奖空缺）

一等奖（3项）

统计处《2011新闻出版产业分析报告》

出版经济研究室《北京中文在线数字出版有限公司上市募集资金投资项目可行性研究报告》

农家书屋工程建设评估

二等奖（3项）

国际出版研究室《新闻出版国际布局和实施方案研究》

数字出版研究所《江苏国家数字出版产业基地扬州园区中长期发展规划》

对外合作中心《全国新闻出版业网站年度报告》

三、论文类奖

一等奖（1项）

徐升国《数字出版：手机为王？——手机出版的特征及其在中国的发展》

二等奖（2项）

庞沁文《转型深化中的中国出版业——2011—2012中国出版业发展报告》

汤雪梅《内容为王时代，侵权何觅"避风港"》

三等奖（3项）

赵彦华《新〈文化及相关产业分类〉评价及其对新闻出版业的影响分析》

鲍红《教辅管理的现实方案》

李立云《中小学教辅图书质量的瓶颈及破解之法》

标准文本类优秀奖（1项）

标准化研究室《手机出版物质量规范》

2013年度

2014年1月22日评出。

一、年度报告类获奖成果（一、三等奖空缺）

二等奖

基础理论研究室《2012—2013中国出版业发展报告》

数字出版研究所《2012—2013数字出版产业年度报告》

二、科研报告类获奖成果

一等奖

应用理论研究室《国民阅读指数研究》

二等奖

出版经济研究室《新闻出版行业运行景气监测指标研究》

国际出版研究室《国际竞争力与影响力评价指标体系研究》

三等奖

基础理论研究室《新闻出版总署历史沿革研究》

政策法规研究所《中国版权产业的经济贡献（2010）》

标准化研究所《学术出版物标准符合性测试研究》

三、论文类获奖成果

一等奖

张晓斌、闫鑫《2000—2011年我国出版图书的商品贸易国际竞争力——基于新闻出版部门统计进出口数据的研究》

二等奖

汤雪梅《第三次技术革命中的科技与出版融合》

张文彦《阅读的力量》

杨春兰《2012年中国学术期刊发展报告》

三等奖

贾靓琨《出版发行上市公司经济竞争力比较》

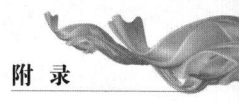

刘成芳《数字印刷发展现状与趋势》

李旗《浅析我国古代出版标准化意识》

李熙《新闻出版业科技融合的现状及发展方向》

冯建辉《"口述出版史"何以必要与何以可能》

四、其他类获奖成果（不设等级）

人才研究中心《新闻出版职业分类大典研究》

标准化研究所《电子书内容术语》

发行研究室《新闻出版产业政策汇编》

调查统计中心孔娜《期刊统计审核汇总系统》

2014 年度

2015 年 2 月评出，共 13 项成果。

一、年度报告／著作类获奖成果

一等奖

数字出版研究所《2013—2014 中国数字出版产业年度报告》

二等奖

工程研发中心《数字出版商业模式研究》

三等奖

国际出版研究室《国际出版蓝皮书（2012）》

二、科研报告类获奖成果

一等奖

政策法规研究所《中国版权产业的经济贡献（2012）》

二等奖

标准化研究所《数字出版核心基础标准研究》

人才研究中心《编辑人才选拔、培养及管理机制研究》

三等奖

李游《新闻出版产业项目策划、实施与评估问题研究》

杨春兰《我国学术期刊开放获取出版模式及策略研究》

传媒杂志社《2013中国媒体微博发展报告》

三、论文类获奖成果（一等奖空缺）

二等奖

汤雪梅《自组织视域下的自媒体研究》

刘成芳《喷墨打印头市场现状及展望》

三等奖

庞沁文《特殊管理股制度试点怎么试》

孙鲁燕《孜孜矻矻70载，沃野宝藏待深耕——叶圣陶编辑出版思想研究的现状与开拓》

九、历届全国出版科学研究优秀论文评奖活动及中华优秀出版物（论文）奖情况（部分资料不全）

（一）首届全国出版科学研究论文评奖活动

在新闻出版署直接指导下，由新闻出版报社、中国出版杂志社、《出版发行研究》编辑部、新华书店总店《图书发行》编辑部、中国出版工作者协会学术委员会、浙江教育出版社、天津市出版工作者协会、《编辑学报》编辑部等8个单位于1991年3月联合举办。评出优秀论文100篇。

中国出版科学研究所全国首届出版科学研究论文奖获奖名单：

陆本瑞：《提高队伍素质是发展出版事业的战略任务》

袁亮：《关于出版自由的是非问题》

邵益文：《试论图书的特点和作用》

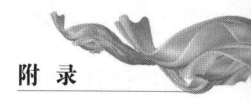

朱诠、周宝华：《中国文库编辑出版概况》

（二）第二届全国出版科学研究优秀论文评奖活动

评选范围为1991—1995年，1996年评出，共66篇论文获奖。

中国出版科学研究所第二届全国出版科学研究优秀论文奖获奖名单：

陆本瑞：《出版社的专业分工问题》

方厚枢：《当代中国出版史上特殊的一页》

（三）第三届出版科研优秀论文评奖活动

由中国出版工作者协会主办，中国出版科研奖励基金领导小组、中国出版科学研究所、中国出版年鉴社承办，评选范围是1996年1月1日—1999年4月31日，在省和省以上公开发行的报刊及论文集上发表过的有关出版工作和出版学、编辑工作和编辑学、发行工作与发行学以及出版史、著作权、音像电子出版等方面的研究论文。2000年7月28日揭晓，60篇论文获奖。

中国出版科学研究所第三届出版科研优秀论文奖获奖名单：

魏玉山：《我国出版业发展的战略目标》

徐升国：《走向市场之路——出版体制改革探索》

朱诠、周建新：《扩大一般图书发行量的策略》

（四）第四届全国出版科研优秀论文评奖活动

由中国出版工作者协会主办，中国出版科研奖励基金领导小组和中国出版科学研究所承办，2001年7月9日启动，评选范围为1999年5月1日—2001年6月30日在省和省以上公开发行的报刊及正式出版的论文集上首次发表过的出版方面的论文。2002

年6月14日揭晓,共58篇论文入选。

中国出版科学研究所第四届出版科研优秀论文奖获奖名单:

魏玉山:《关于组建出版集团的几个问题》

伍旭升:《出版策划——出版管理的科学变革》

徐升国:《互联网时代的出版社战略选择》

方厚枢:《五十年的巨变》

(五)第五届全国出版科学研究优秀论文评奖活动

由中国出版工作者协会主办,中国出版科研奖励基金领导小组和中国出版科学研究所承办,于2003年底启动,评选范围是2001年7月1日—2003年12月31日在省和省级以上书报刊上公开发表的论文。2005年6月17日揭晓,共评出获奖论文57篇。

(六)首届中华优秀出版物奖

"全国优秀出版科研论文奖"自1991年开始评选,连续举办了五届。2005年初在中央对奖项进行整改的工作中,根据中共中央办公厅、国务院办公厅印发的《全国性文艺新闻出版评奖管理办法》,经新闻出版总署和中国出版工作者协会申报,中共中央宣传部于2005年7月7日批复,同意中国版协将"全国优秀出版科研论文奖"设为"中华优秀出版物奖"三个子奖项(即"图书奖"、"音像、电子和游戏出版物奖"、"优秀出版科研论文奖")之一,每两年评选一次。根据中宣部的批复,由中国出版工作者协会举办的首届中华优秀出版物奖于2006年12月10日评选揭晓。其中包括首届中华优秀出版物(论文)奖55篇。

附 录

中国出版科学研究所首届中华优秀出版物（论文）奖获奖名单：

林晓芳：《地方出版集团的困境与出路》

（七）第二届中华优秀出版物奖

2008年12月25日，由中国出版工作者协会主办的第二届中华优秀出版物奖揭晓，59篇论文获全国优秀出版科研论文奖。本届评奖活动于2008年4月启动，评选范围为2006年1月1日—2007年12月31日期间的出版物和论文。

中国出版科学研究所第二届中华优秀出版物（论文）奖获奖名单：

庞沁文：《中国期刊集群化发展的战略构想》

张晓斌、王曦、贾靓琨：《中小学学生用书定价水平的初步评估》

（八）第三届中华优秀出版物（全国优秀出版科研论文）奖

2010年9月27日揭晓，共评出60篇。中国出版科学研究所第三届中华优秀出版物（全国优秀出版科研论文）奖获奖名单：

方厚枢：《新中国科技图书出版60年变迁》

庞沁文：《论创意时代的创意出版》

刘拥军、刘兰肖等：《改革开放三十年新闻出版工作的主要经验与启示》

（九）第四届中华优秀出版物（出版科研论文）奖

2013年3月6日揭晓，共评出54篇。中国新闻出版研究院第四届中华优秀出版物（出版科研论文）奖获奖名单：

张凤杰：《破解数字授权困局的几点思考》

吴晓君、张晓斌：《出版行业上市公司股价变动与大盘变动相关性的实证分析》

（十）第五届中华优秀出版物（出版科研论文）奖

2015年2月12日揭晓，共评出30篇。中国新闻出版研究院第五届中华优秀出版物（出版科研论文）奖获奖名单：

徐升国：数字出版：《手机为王？——手机出版的特征及其在中国的发展》

刘建华：《数字时代"扫黄打非"的落点与内化》

十、中国新闻出版研究院历年先进集体、先进工作者、突出贡献奖获得者及受表扬名单（部分年度缺）

1993年度

先进工作者：王新华、丘淙、冯高潮、戎凤喜、朱宇、闫秀英、毕鉴、张清雅、俞翔、韩文虎、章宏伟、魏玉山

1996年度

先进工作者：刘颖丽、赵从旻、周宝华、陆炳国、闫秀英

1997年度

先进工作者：孙煜华、刘颖丽、张海山、闫京萌、赵从旻

1998年度

先进工作者：董淑华、郭燕琍、郭云、房琍、朱宇、周文伟

附 录

1999 年度

先进集体：中国书籍出版社、出版发行研究杂志社

突出贡献奖：魏玉山、马欣来、沈菊芳

先进工作者：杨贵山、朱诠、周建新、史建斌、周宝华、薛苏陵、王瑶

受表扬个人：闫秀英、孙海红

2000 年度

突出贡献奖：魏玉山、马欣来、史建斌、沈菊芳

先进工作者：徐升国、苏振才、房珂、王瑶、赵海生、郭云

2001 年度

先进集体：中国书籍出版社、出版发行研究杂志社、应用理论研究室

突出贡献奖：魏玉山、马欣来、沈菊芳

先进工作者：中国书籍出版社王瑶、游翔、房珂、刘颖丽，应用理论研究室卫朝峰，信息资料室董淑华，出版参考杂志社鲍红

受表扬个人：科研办公室丘淙，传媒杂志社李淑侠，出版发行研究杂志社姜远丽

2002 年度

突出贡献奖：魏玉山、沈菊芳

先进工作者：徐升国、姜晓娟、李晓晔、游翔、苏振才、伍旭升

2003年度

先进集体：国际出版研究室、科研办公室、出版发行研究杂志社、出版参考杂志社

突出贡献奖：所长助理魏玉山，科研办公室主任、出版发行研究杂志社常务副社长沈菊芳，出版参考杂志社常务副社长、副主编伍旭升

先进工作者：应用理论研究室徐升国、卫朝峰，科研办公室丘涂，中国书籍出版社刘伟见、石兴权，出版发行研究杂志社闫京萌，出版参考杂志社香江波，传媒杂志社喻乐，人事处时亮远

受表扬个人：中国书籍出版社柳华、武雅彬，出版参考杂志社李萍

2004年度

先进工作者：徐升国、卫朝峰、石兴权、宗蕾、梁明新、苏振才、魏玉山、李晓晔、沈菊芳、伍旭升、孙海红

2005年度

先进集体：国际出版研究室、中国书籍出版社、出版发行研究杂志社、后勤服务公司

先进工作者：应用理论研究室徐升国，中国出版网站卫朝峰，信息中心董淑华，中国书籍出版社刘冬燕、陆炳国、郭云，中国印刷博物馆张连章、王中华，出版发行研究杂志社沈菊芳，出版参考杂志社向瑜，传媒杂志社查国伟，办公室赵程远，后勤服务公司石兴权，文化咨询公司李大伟

受表扬个人：应用理论研究室张凤杰，数字出版研究室张立，中国书籍出版社游翔、石兴福，出版参考杂志社宗蕾、香江波，

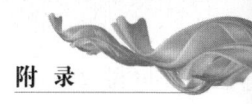

传媒杂志社王利明，办公室时亮远、闫秀英

2006 年度

先进集体：国际出版研究室、数字出版研究室、中国书籍出版社、中国印刷博物馆、出版发行研究杂志社、后勤服务公司

先进工作者：基础理论研究室刘拥军，应用理论研究室徐升国，国际出版研究室姜晓娟，数字出版研究室张立，中国出版网站卫朝峰，信息中心董淑华，中国书籍出版社游翔、周芷旭、刘冬燕，中国印刷博物馆王中华，出版发行研究杂志社沈菊芳，出版参考杂志社林晓芳，传媒杂志社王利明，办公室闫秀英、赵程远，后勤服务公司石兴权

受表扬个人：基础理论研究室徐焕生，应用理论研究室孙鲁燕，标准化研究室朱诠，科研管理处丘淙，中国书籍出版社陆炳国、熊力，中国印刷博物馆耿志起、李英，出版发行研究杂志社郝捷，出版参考杂志社王化冰，传媒杂志社杨春兰，新阅读杂志社宗蕾、魏世禅，办公室王杨、房琍，后勤服务公司张征贤、穆桂强

2007 年度

先进工作者：刘兰肖、张立、李熙、赵冰、董淑华、丘淙、游翔、刘颖丽、单德瑞、赵春英、沈菊芳、林晓芳、张姝、曲刚、李大伟、郭云、张征贤

2008 年度

先进集体：办公室、基础理论研究室、数字出版研究室、出版发行研究杂志社、传媒杂志社、后勤服务公司

先进工作者：基础理论研究室刘拥军，应用理论研究室徐升

409

国、出版经济研究室张晓斌，数字出版研究室李广宇，传媒研究中心李晓晔，版权研究中心赵冰，科研管理处丘淙，中国书籍出版社刘伟见、游翔、房琍，中国印刷博物馆耿志起，出版发行研究杂志社沈菊芳，出版参考杂志社林晓芳，传媒杂志社周志懿，新阅读杂志社魏世禅，中国出版网站卫朝峰，计财处郭云，后勤服务公司张征贤，希普思文化咨询公司刘利彬

受表扬个人：国际出版研究室王珺，数字出版研究室介晶，标准化研究室刘颖丽、周芷旭，信息中心董淑华，中国书籍出版社侯仰军、陆炳国，中国印刷博物馆李英、项国成，出版发行研究杂志社郝捷，出版参考杂志社王化冰，传媒杂志社黄逸秋，新阅读杂志社曲刚，中国出版网王扬，办公室刘建涛，后勤服务公司穆桂强，希普思文化咨询公司李晓莲

2009年度

先进集体：办公室、后勤服务中心、计财处、版权研究中心、出版发行研究杂志社、基础理论研究室、科研管理处

先进工作者：基础理论研究室刘拥军，出版经济研究室张晓斌，国际出版研究室姜晓娟，数字出版研究室张立，版权研究中心赵冰，传媒研究中心李晓晔，信息中心董淑华，科研管理处丘淙，中国书籍出版社侯仰军、游翔、孟怡平，出版发行研究杂志社沈菊芳，出版参考杂志社周崇尚，新阅读杂志社曲刚，中国出版网王扬，中国印刷博物馆李英、石秀峰，希普思文化公司李大伟，办公室刘建涛，计财处郭云，后勤服务公司石兴权

受表扬集体：中国印刷博物馆、数字出版研究室、出版经济研究室、标准化研究室、出版参考杂志社

受表扬个人：应用理论研究室徐升国，标准化研究室刘颖丽，

中国书籍出版社武雅彬、武斌，出版发行研究杂志社郝捷，传媒杂志社徐洁，新阅读杂志社李汝，中国印刷博物馆耿志起、梁霄，办公室时亮远，后勤服务公司张征贤，工会孙继芬

提出特别表扬：中国出版网卫朝峰，中国书籍出版社王平

2010年度

先进集体：办公室、人事处、科研管理处、出版经济研究室、数字出版研究室、出版标准化研究室、中国书籍出版社、出版发行研究杂志社、后勤服务中心、北京希普斯文化咨询有限责任公司

先进工作者：办公室刘建涛，人事处时亮远，财务处饶兴风，科研管理处丘淙，基础理论研究室刘兰肖，应用理论研究室徐升国，出版经济研究室张晓斌，国际出版研究室姜晓娟，数字出版研究室张立，出版标准化研究室刘颖丽，版权（法规）研究中心赵冰，动漫研究中心王飚，新闻出版人才研究中心，刘拥军，信息中心（资料室）董淑华，中国书籍出版社王平、游翔、陆炳国，出版发行研究杂志社沈菊芳，出版参考杂志社周崇尚，传媒杂志社徐洁，新阅读杂志社邹浩，中国出版网章泽锋，后勤服务中心石兴权，北京希普斯文化咨询有限责任公司李大伟，中国印刷博物馆张征贤、梁霄

受表扬集体：传媒研究中心、信息中心、中国出版网

受表扬个人：人事处张明波，基础理论研究室孙鲁燕，应用理论研究室拜庆平，出版经济研究室王曦，国际出版研究室王珺，数字版权保护技术研发工程总体组介晶、陈晰，出版标准化研究室周芷旭，新闻出版统计处曹后乐，版权（法规）研究中心张凤杰，传媒研究中心黄逸秋，动漫研究中心徐飞，新闻人才研究中心李文娟，信息中心（资料室）郭燕琍、范雪梅，中国书籍出版社孟

怡平、武斌、武雅彬，出版发行研究杂志社郝捷，出版参考杂志社王化兵，传媒杂志社李丽娜，中国出版网邓杨，后勤服务中心：黄立平、薛创，北京希普斯文化咨询有限责任公司田志刚，中国印刷博物馆项国成、高飞

2011年度

先进集体：出版经济研究室、出版标准化研究室、数字版权保护技术研发工程总体组、中国书籍出版社、出版发行研究杂志社、人事处、科研管理处、后勤服务中心

先进工作者：基础理论研究室孙鲁燕，应用理论研究室徐升国、鲍红，出版经济研究室张晓斌，国际出版研究室姜晓娟，数字出版研究室李广宇，出版标准化研究室刘颖丽，版权（法规）研究中心赵冰，动漫研究中心王飚，新闻出版统计处赵彦华，数字版权保护技术研发工程总体组李庆兵、李欣，中国书籍出版社王平、游翔、李建红、孟怡平，出版发行研究杂志社沈菊芳，出版参考杂志社周崇尚，传媒杂志社杨驰原，《新阅读》编辑部宗蕾，中国出版网卫朝峰，对外合作中心林晓芳，北京希普思文化咨询公司李大伟，中国印刷博物馆张征贤、项国成，办公室刘建涛，人事处时亮远，党委办公室穆桂强，科研管理处丘淙，信息中心董淑华，后勤服务中心石兴权

受表扬集体：国际出版研究室、新闻出版统计处

受表扬个人：基础理论研究室庞沁文，应用理论研究室屈明颖，出版经济研究室贾靓琨，国际出版研究室于华颖，数字出版研究室毛文思，出版标准化研究室周芷旭，版权（法规）研究中心张凤杰，传媒研究中心黄逸秋，动漫研究中心徐飞，人才研究中心李文娟，新闻出版统计处王青，数字版权保护技术研发工程

总体组介晶、高宁，中国书籍出版社武雅彬、孙马飞，出版发行研究杂志社胡学敏，出版参考杂志社韩阳，传媒杂志社刘明禄，《新阅读》编辑部邹浩，中国出版网章泽锋，北京希普思文化咨询公司刘利彬，中国印刷博物馆王中华、赵春英、梁霄，办公室许婧，人事处张明波，离退休党支部郭燕琍，财务处赵悦，科研管理处逯薇，信息中心范雪梅，后勤服务中心李霄峰、薛创、刘广洁。

2012年度

先进集体：出版经济研究室、国际出版研究室、数字出版研究室、出版标准化研究室、数字版权保护技术研发工程总体组管理办公室、中国书籍出版社、出版发行研究杂志社、中国出版网、北京希普思文化咨询有限责任公司、人事处、党委办公室、财务处、科研管理处、信息中心、后勤服务中心

先进工作者：基础理论研究室冯建辉，应用理论研究室徐升国，出版经济研究室张晓斌，国际出版研究室姜晓娟，数字出版研究室李广宇，出版标准化研究室刘颖丽，版权（法规）研究中心赵冰，传媒研究中心李晓晔，动漫研究中心王飚，数字版权保护技术研发工程总体组管理办公室介晶、高宁，新闻出版统计处赵彦华，中国书籍出版社王平、游翔、李建红、孟怡平、武雅彬，新阅读杂志社邹浩，中国出版网王扬，对外合作交流中心林晓芳，北京希普思文化咨询有限责任公司李大伟，城乡统筹发展研究中心梁胜红、李兰萍，办公室许婧，人事处时亮远，党委办公室穆桂强，科研管理处丘淙，财务处刘文，信息中心董淑华，后勤服务中心石兴权

受表扬个人：基础理论研究室孙鲁燕、陈含章，应用理论研究室鲍红，出版经济研究室李静，国际出版研究室王杨，数字出

版研究室李熙，数字版权保护技术研发工程总体组管理办公室李沙、曹春海，出版标准化研究室周芷旭，版权（法规）研究中心张凤杰，动漫研究中心孟晓明，人才研究中心刘晶晶，新闻出版统计处王青，中国书籍出版社孙马飞、房琍、秦迪、安玉霞，出版发行研究杂志社庞沁文，出版参考杂志社缪立平，传媒杂志社卢剑锋，新阅读杂志社宗蕾，中国出版网尚烨，对外合作交流中心周建新、姜远丽，北京希普思文化咨询有限责任公司刘利彬，办公室张明波，科研管理处黄逸秋，信息中心康婷婷，后勤服务中心石兴福、刘广洁

2013年度

先进集体：出版研究所应用理论研究室、数字出版研究所数字出版研究室、标准化研究所、传媒研究所、调查统计中心、数字版权保护技术研发工程总体组管理办公室（工程研发中心）、中国书籍出版社、出版发行研究杂志社、对外交流合作中心、人事处、党委办公室、财务处、科研管理处、信息中心、后勤服务中心

先进工作者：基础理论研究室孙鲁燕，应用理论研究室张文彦，出版经济研究室贾靓琨，国际出版研究室王珺，数字出版研究室汤雪梅，标准化研究所刘颖丽，版权（法规）研究中心赵冰。传媒研究中心杨春兰，动漫研究中心孟晓明，人才研究中心刘晶晶，数字版权保护技术研发工程总体组管理办公室栾京晶、李晓莲，新闻出版统计处王青，印刷研究所张羽玲，出版物发行研究室陈含章，中国书籍出版社王平、孟怡平、赵安民、陆炳国、武雅彬，出版发行研究杂志社沈菊芳，出版参考杂志社李建红，传媒杂志社杨驰原，新阅读杂志社宗蕾，中国出版网王扬，对外合

作交流中心林晓芳，北京希普思文化咨询有限责任公司李大伟，城乡统筹发展研究中心谢华平、武桦，办公室张明波，人事处时亮远，党委办公室穆桂强，科研管理处黄逸秋，财务处赵悦，信息中心董淑华，后勤服务中心石兴权

受表扬集体：国际出版研究室、出版参考杂志社、北京希普思文化咨询有限公司、城乡统筹发展研究中心、办公室

受表扬个人：基础理论研究室于秀丽，应用理论研究室拜庆平，国际出版研究室王杨，标准化研究所李旗，数字版权保护技术研发工程总体组管理办公室张从龙、庞峥，版权（法规）研究中心杨昆，传媒研究中心刘建华，新闻出版统计处刘峥，中国书籍出版社孙马飞、武斌，出版发行研究杂志社杨莹，出版参考杂志社缪立平，传媒杂志社冉然，中国出版网孟琳，对外合作交流中心姜远丽、周建新，北京希普思文化咨询有限责任公司刘利彬，财务处蔡芫，科研管理处邉薇，后勤服务中心郭伍亭

2014 年度

先进集体：标准化研究所、出版研究所应用理论研究室、对外合作交流中心、市场（发行）研究所出版经济研究室、数字出版研究所、人事部、信息中心、后勤服务中心、中国书籍出版社、出版发行研究杂志社、出版参考杂志社

先进工作者：出版研究所基础理论研究室冯建辉，出版研究所应用理论研究室拜庆平，出版研究所国际出版研究室王珺，传媒研究所杨春兰，印刷研究所张羽玲，市场（发行）研究所出版经济研究室贾靓琨，市场（发行）研究所发行研究室陈含章，数字出版研究所数字出版研究室李广宇，数字出版研究所动漫研究中心孟晓明，标准化研究所张倩影、香江波，政策法规研究所杨

昆，调查统计中心王青、刘峥，工程研发中心张凤杰、栾京晶、张从龙，人才研究中心刘晶晶，对外合作交流中心林晓芳、周建新，科研管理部黄逸秋，办公室张明波，财务部顾萌，人事部苏唯玮，党委办公室穆桂强，信息中心董淑华，中国出版网邓杨，后勤服务中心薛创，国有资产与项目管理办公室李游，中国书籍出版社王平、游翔、陆炳国、武雅彬、赵安民、孟怡平，出版发行研究杂志社魏羽雁，出版参考杂志社李建红，传媒杂志社高方，新阅读杂志社宗蕾，希普思文化咨询公司李大伟，城乡统筹发展研究中心谢华平、梁胜红

受表扬集体：工程研发中心、人才研究中心、印刷研究所、党委办公室、财务部、希普思文化咨询公司

受表扬个人：出版研究所基础理论研究室孙鲁燕，出版研究所应用理论研究室屈明颖，市场（发行）研究所出版经济研究室王曦，工程研发中心王瑶，对外合作交流中心姜远丽，财务部李正勃，后勤服务中心张华松、郭伍亭，中国书籍出版社房琍、马丽娜，出版发行研究杂志社苏振才，出版参考杂志社缪立平，传媒杂志社卢剑锋，希普思文化咨询公司：刘利彬

十一、中国新闻出版研究院年近年获得的各类重要奖项

2010年4月2日，中央国家机关文明单位表彰大会在国务院机关事务管理局召开。在由中央国家机关精神文明建设协调领导小组组织的评审活动中，中国出版科学研究所再度荣膺"中央国家机关文明单位"称号。这是研究所连续四年获此殊荣。

2010年5月28日,中国出版科学研究所代表新闻出版总署参加中央国家机关第三届职工运动会,在广播操比赛中获得二等奖。

2010年9月13日,经第三届中华优秀出版物奖评委会评选,由中国出版科学研究所组编、中国书籍出版社出版的《中国出版通史》(9册)荣获第三届中华优秀出版物图书提名奖。

2011年6月29日,在新闻出版总署庆祝中国共产党成立90周年表彰先进暨歌咏大会上,中国新闻出版研究院演唱了《中国中国鲜红的太阳永不落》《共和国之恋》两首歌曲,荣获歌咏大会二等奖。

2011年10月18日,中国新闻出版研究院团委被新闻出版总署机关团委授予2011年"新闻出版总署五四红旗团委(支部)"。

2012年4月14日,中国新闻出版研究院参加新闻出版总署在圆明园举办的广播操比赛获得优秀奖。

2012年5月,中国新闻出版研究院获中央国家机关精神文明单位荣誉称号。

2013年6月,中国新闻出版研究院参加国家新闻出版广电总局工会组织的羽毛球比赛,分获女子单打第一名和女子双打第一名。

2013年6月,中国新闻出版研究院参加国家新闻出版广电总局新闻出版方面第六届职工乒乓球比赛。女子团体获第一名,男

子团体获第二名。女子单打包揽了前三名。男子处级组获第三名。

2014年3月，中国新闻出版研究院原应用理论研究室被国家新闻出版广电总局工会评为"巾帼文明岗"先进集体。

2014年6月6日、7日，中国新闻出版研究院参加国家新闻出版广电总局新闻出版方面第七届职工乒乓球比赛。团体比赛获得女子第一名，男子第四名。女子单打获第一名、第三名。

2014年9月，中国新闻出版研究院被中共中央组织部、中共中央宣传部、人力资源和社会保障部、科技部授予专业技术人才先进集体荣誉称号。

2015年3月，中国新闻出版研究院标准化研究所被中华全国妇女联合会授予巾帼文明岗。

2015年4月，中国新闻出版研究院被中央直属机关精神文明建设委员会评为2012－2014年度中央直属机关文明单位，同时被国家新闻出版广电总局精神文明建设委员会评为2012－2014年度国家新闻出版广电总局文明单位标兵。

2015年10月23日，在国家新闻出版广电总局第七届"祖国在我心中"合唱节活动中，中国新闻出版研究院获得二等奖。